제2판

놀이중심 영유아 동작교육

오연주·이경실·조신희·김수진

창지사

머리말

영유아 동작의 모든 부분은 신체를 잘 인식하고 움직이면서 이루어지는 것이다. 동작은 단순히 가르치는 것이 아니라 놀이로 배울 때 효과적이다. 영유아들은 놀이를 통해서 활동할 때 적극적으로 참여하고 놀이를 하면서 창의적인 동작을 만들어 낸다.

영유아들은 놀이를 통해 성장하므로 다양한 놀이 활동을 많이 접하게 해야 한다. 그러나 때론 교사들이 교구나 교재를 활용한 놀이가 교육적이라는 인식 때문에 놀이 활동을 폭넓게 찾지 못하는 경우도 있다. 유아들은 주변에서 흔히 보거나 놀잇감이 아닌 물건을 가지고 놀이를 하고, 또한 자기 몸을 이용하여 친구들과 놀이를 즐긴다. 풀, 돌, 흙, 땅과 같은 자연물을 이용하여 놀이하기도 하고, 씨름이나 말뚝박기와 같이 놀잇감 없이 몸을 이용한 놀이가 진행된다. 유아기에 필요한 신체 인식과 동작 활동을 유아와 교사들이 쉽고 즐겁게 다가갈 수 있는 활동으로 다시 재해석하였다. 2판을 준비하며 영유아의 놀이중심 동작교육 진행 시 교사의 지원 부분에 대한 유의점을 더욱 세밀하게 안내하여 현장에서 교사가 놀이중심으로 동작 놀이 활동이 진행될 때 참고하였으면 하는 마음으로, 실제편과 이론편으로 나누어 기술하였다. 또한 영유아들이 스스로 만들어가는 놀이 속에서 교사가 놀이를 동작에 맞추어 경험하게 하도록 하는 예를 담고자 하였다.

영유아들이 쌓기 영역에서 블록을 쌓다가 '누가 높이 쌓았나' 놀이로 발전시킨다면 교사는 그것을 보고, 교사가 제시한 선 안에서 '팔을 누가 더 많이 뻗나', '다리를 누가 더 많이 뻗었나' 등 비슷한 동작을 놀이로 연결해 줄 수 있다. 이는 영유아들의 즐거움뿐만 아니라 성장과 발달에도 많은 도움을 줄 수 있으며,

또래와 놀이를 하는 과정에서 협동심과 인내, 끈기 등을 경험하게 하는 것이다. 영유아들이 동작 놀이를 통하여 움직이고자 하는 욕구의 충족과 건강한 신체 발달, 운동 지각 능력 발달, 자신의 감정 표현, 원만한 인간관계의 형성을 돕는 통합적인 교육 활동이 이루어지길 소망한다.

놀이는 영유아와 뗄 수 없는 만큼 앞으로는 놀이중심 관련 활동이 다양한 영역에서 접근될 것이다. 동작이라는 영역도 놀이와 접목시켜 영유아들과 교사들이 더 풍요로운 활동이 되어 유아들의 건강과 올바른 신체적 성장도 함께 이루어지길 기대한다.

끝으로 이 책이 나오기까지 도움을 주신 창지사 사장님과 편집부 직원 여러분께 감사의 마음을 전한다.

건강하고 행복한 아이들의
움직일 놀이를 꿈꾸며

2025년 7월 저자 일동

차 례

실제편

이론편

제 1 장

유아 동작교육의 개념 및 목적

유아기는 상상력이 풍부하고 호기심이 많은 시기이다. 끊임없이 움직이며, 자발적으로 주위를 탐색한다. 이러한 움직임은 태내의 태동에서부터 시작되며 출생 후에는 걷고, 달리고, 뛰고, 흔들고, 구르는 등 다양한 형태의 움직임을 통해 신체를 조절하게 된다. 유아는 자신감을 얻고 성취감을 느끼게 되며 주위를 탐색하며 환경과의 관계도 인지하게 된다.

유아가 움직이며 자기 자신의 생각과 감정을 표현하고 싶어 하는 욕구는 유아기의 두드러진 발달적 특성 중의 하나이다. 몸의 움직임은 언어 능력이 제한된 유아들에게 비언어적 상징을 통한 의사 표현의 한 방법이기도 하다. 이러한 이유로 유아기의 동작교육은 중요한 의미를 가지며, 유아를 위한 동작교육에서는 유아의 움직이고자 하는 본성을 최대한으로 끌어내어 자발적이고 창의적인 동작이 되도록 이끌어야 한다.

이에 본 장에서는 유아 동작교육이란 무엇이며, 어떠한 중요성을 갖고, 동작교육을 통하여 어떠한 목적을 이루고자 하는지에 대해 알아보고자 한다.

1. 유아 동작교육의 개념

동작교육(movement education)은 우리나라에서 1980년대에 동작 활동, 또는 동작교육으로 소개되어 '신체 표현 활동', '유아 무용 교육', '음률 활동', '창의적

표현 활동' 등 다양한 이름으로 불리었다. 이러한 명칭은 창의적인 신체 표현만을 강조하는 무용 지향적인 표현이라고 할 수 있다. 동작교육은 창의적인 움직임과 함께 다양한 신체 운동 활동(예: 이동, 비이동, 조작 활동 등)이 제공되어야 하기 때문에 정확한 표현이라고는 할 수 없다(이기숙, 1992). 동작교육은 신체활동(physical activity), 유아체육놀이, 유아체육 활동이라고도 불리어 왔다. 동작교육에서 다양한 용어가 사용된 것은 동작교육의 접근 방법이 '동작 또는 움직임'에 기초한 접근 방법과 '체육'에 기초한 접근 방법으로 달랐기 때문이다.

근래에는 '움직임 교육'이라는 용어와 '동작교육'이라는 용어가 함께 쓰이기도 한다. 동작교육의 모태가 되었던 체육은 그동안 신체 교육에서 신체를 통한 교육으로 발전되고 다시 Laban에 의해 인간 움직임 교육으로 발전되어 왔다.

Laban은 유아에게 획일적인 동작을 요구하는 고전 발레 등과 같은 신체 활동에 반대하며 스스로 움직임을 이해하고 발견하는 '움직임 교육(movement education)'을 강조하였다. 1970년대 우리나라에 소개된 이 접근 방법은 신체 활동에서 창의력과 표현력을 강조하기 때문에 교사 중심적인 율동 교육의 대안으로 주목받았다. Laban은 인간이 효율적이면서도 창의적으로 움직일 수 있을 뿐만 아니라 움직임을 통해서 운동 지각 능력을 발달시킬 수 있다고 주장하였다(육완순, 이희선, 1992). Laban의 움직임 교육과 유사한 접근 방법으로서 Pica(1995)는 움직임 교육을 기본 운동 능력과 이를 활용한 게임, 스포츠, 기구 운동, 일상생활 움직임 등을 아동들이 능동적으로 탐구하는 아동 중심 체육교육 접근 방법이라고 하였다.

Gallahue(1976)는 동작교육의 역할을 강조하며 동작교육을 '동작을 위한 학습'(learning to move)과 '동작을 통한 학습'(learning through movement)으로 나누어 설명했다. 동작을 위한 교육이란 동작을 가르치는 교육으로서 주로 자기 발견을 강조하는 체육교육의 일부이다. 이는 신체의 움직임을 통한 기술인 기능적인 움직임(functional movement)을 의미한다. 동작을 통한 교육이란 몸을 움직임으로써 인간의 전반적인 발달을 추구하고자 하는 목적을 가지고 여러 가지 다양한 동작을 시도하고 경험하게 하는 교육이다. 이는 자신의 감정이나

생각을 나타내는 표현적인 움직임(expressive movement)을 강조한다.

NASPE(2004)는 전통적인 체육인 스포츠 등에 대한 교사 주도적인 교육에 대한 반성으로, 아동의 연령차와 개인차를 존중하고 전인교육 측면에서 움직임과 체력, 인지와 정서의 통합적 측면을 강조하는 발달적 체육을 강조한다. 우리나라의 유아교육 현장에서는 교사의 일방적인 지도에 따르는 재롱잔치 중심의 율동으로 무용적 접근이 주를 이루고 있는 형편이었으며(김은심, 1994; 원정자, 1987; 윤정림, 1993), 신체 활동의 또 다른 중요한 요소인 창의적인 신체 활동은 제대로 이루어지지 않았다. 유아의 창의적 신체 표현을 향상시키기 위해서는 기본 동작의 발달이 함께 실시되어야 한다. 우리나라의 유아교육 현장에서는 그동안 동작교육(움직임 교육)이 체육적 접근이 아니라 무용적 접근을 하였기 때문에 동작교육(움직임)의 기초가 되는 기본 동작을 소홀히 다루게 되었다.

동작교육에 대한 정의를 김현지 · 오연주(1998)는 유아가 신체를 인식하게 하고, 동작의 기초 영역(기본 동작과 동작의 기본 요소)에 대한 이해와 동작에 영향을 주는 노력, 공간, 시간 등과 같은 요소들에 대한 인식을 발전시키며, 창의적이고 효율적인 표현의 수행과 운동 능력을 기르고, 이를 통해 인지적 · 사회적 · 정서적 발달을 도모할 수 있는 영역이라고 했다. 배인자 · 한규령(1996)은 동작교육을 유아가 신체 탐색을 함으로써 동작 구조를 이해하며 자신의 신체기술 능력을 증진시키도록 돕고, 창의적인 자기표현을 도모하는 교육 영역이라 정의하고 있다.

동작교육은 여러 학자(이영, 1993; Bentley, 1970; Dauer, 1972; Gallahue, 1976; Gerhardt, 1973; Lynch-Fraser, 1991; Nicholes, 1986; Seefeldt, 1976)들에 의해서도 정의되어 왔다.

동작교육은 유아들의 기본 움직임과 신체 능력을 탐색하고 발견하며 다양한 동작을 시도하고 경험하는 교육이다. 근육의 발달과 함께 운동 기능을 획득하며 자신의 내적 감정과 생각을 표현하도록 한다. 동작 요소(신체 인식, 공간, 힘, 시간, 흐름, 관계 등)를 탐색하며 심리적인 경험을 갖는다. 신체 동작을 통하여 자신의 몸을 복합적으로 활용하는 능력을 기르며, 신체적 능력을 깨닫고 효과

적으로 사용하여 독창적인 아이디어를 몸으로 표현하도록 한다. 자아 인식, 심미감을 기르며 사회적으로 협동하는 능력을 기르게 된다.

2. 유아 동작교육의 중요성

유아기의 풍부한 신체 활동 경험은 일생 동안의 신체 활동이나 운동 능력을 좌우한다. 유아기에는 가능한 한 많은 신체 활동을 경험하는 것이 필요하다. Gallahue(1996)는 어린 시절의 활발한 신체 활동이 성인기의 신체 활동이나 건강과 직접적으로 관련된다고 하였다.

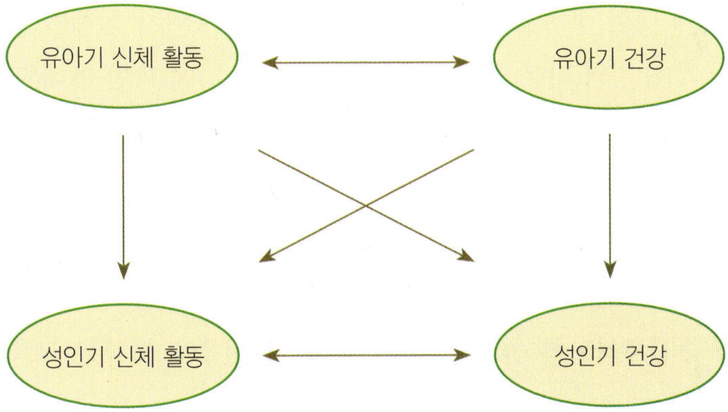

[그림 1-1] 유아기 신체 활동의 영향(Gallahue, 1996)

최근 증가하고 있는 아동의 비만 문제는 유아기 신체 활동이 더욱 강조되어야 할 필요성을 제기한다. 미국의 경우 최근 2~5세 유아의 비만이 20.6 %에 달하고 있어 사회 문제화되고 있다. 이 문제의 심각성을 인식하여 아동 비만 문제를 사회운동의 한 측면으로 접근하고 있다(Huetting, Sanborn, DiMarco, Popejoy, & Rich, 2004). 미국체육학회(American Alliance for Health, Physical Education Recreation, and Dance: AAHPERD)에서는 '건강한 국민 2010(Healthy People 2010)'

이라는 슬로건을 내걸고 체육 활동을 범국민운동과 함께 생활화하고자 노력하고 있다.

유아기에는 신체 발달뿐만 아니라 인지적 · 정서적 · 사회적 · 언어적 측면의 발달이 급속하게 이루어진다. 이 시기는 감각적 · 생리적 · 운동적 수용력이 최고조에 달하여 학습의 최적 시기라고 할 수 있다. 특히 유아기는 대근육 · 소근육의 발달이 활발하게 진행되는 시기로, 기초 운동 기능을 습득하는 데 이상적인 시기이다. 유아기와 아동기, 청소년기에 형성된 신체 활동 습관은 성인기의 신체 활동에 영향을 미치는 주요 요인이 된다. 초기 유아기에 익힌 기본 운동 능력은 후기 유아기에 이르러 복잡한 운동 기능 학습을 용이하게 한다(George, 1992). 유아기에 익힌 기본 운동 능력(걷기, 달리기, 던지기, 잡기 등의 발달)은 이후의 복잡한 운동 기능 학습에 많은 영향을 미친다(김재은, 2000). 따라서 유아기에 다양한 놀이와 동작 활동을 통하여 협응성, 평형성, 리듬감, 민첩성, 유연성, 근력, 지구력, 순발력 등의 기초 운동 수행 능력을 기르는 것이 중요시된다.

최근에 유아들은 컴퓨터나 매스미디어의 증가로 앉아서 하는 활동이 증가하고, 도시화로 인한 놀이 공간의 부족, 위험 상황에 대한 부모들의 지나친 우려로 인한 놀이 기회의 부족, 부모나 교사의 동작 활동에 대한 지식 부족 등으로 유아기에 발달되어야 하는 운동 기술을 충분히 발달시키지 못하고 있다. 이에 놀이와 일상생활을 통한 유아기 동작교육의 중요성이 더욱 강조된다. 유아는 끊임없이 움직이고 싶어 하며 자신의 감정을 표현하고자 한다. 유아의 기본적인 욕구를 채워 주며, 자연스럽게 움직임을 유도하여 만족과 기쁨을 느끼도록 하는 것이 동작교육이 갖는 중요성이라고 할 수 있다.

3. 유아 동작교육의 목적

동작교육의 목적은 유아가 신체 활동을 통하여 신체를 효율적으로 사용할 수 있고, 움직임을 통하여 즐거움을 느끼며, 표현력 · 탐구력 · 창의력을 기르는

전인적 발달을 도모하는 것이다. 동작 활동을 통한 유아의 발달을 구체적으로 살펴보면 다음과 같다.

첫째, 동작교육을 통해 기초적인 운동 능력을 발달시킨다.

유아의 운동 능력 발달은 출생 전부터 시작하여 성숙할 때까지 연속적으로 진행된다. 유아는 자신의 신체를 다양하게 움직이는 방법을 배움으로써 감각 기능이 발달되고, 대·소근육이 발달된다. 신체의 균형 유지, 신체 부분 간의 협응력, 신체 기관의 유연성, 순발력, 지구력 등의 기초적인 신체 조정 능력이 길러진다.

최근 유아의 체격은 향상되고 있는 추세인 데 반해 체력은 오히려 떨어지고 있으며, 반사 기능이 저하되어 부상을 입는 일이 많아졌다(심은정, 1994; 오연주, 2000; 이혜영, 1994; 임미경, 1992). 신체 활동과 체격 발달에 관한 연구는 전반적으로 체육 활동 프로그램 실시로 체격이 향상되었으며(하상훈, 2003), 유아기 체육 프로그램이 체격 발달에 효과가 있음을 밝히고 있다(박경화, 2001). 신체 활동과 운동 능력 간의 관계에 관한 연구(노순주, 2003; 민현숙, 1997; 서연태, 김종탁, 2000; 이상헌, 2001)들은 전반적으로 신체 활동 프로그램 실시가 유아의 운동 발달에 효과가 있음을 보고한다.

둘째, 동작교육을 통해 기본적인 인지 능력을 발달시킨다.

유아는 수학, 과학, 언어, 독서와 철자법과 같은 인지 활동에 필요한 공간 관계, 동작 효율성, 연속 기술, 크기, 모양 및 시간 개념을 신체적 경험을 통해 발달한다(김현지, 오연주, 1997). 유아들은 기본적인 동작 활동을 통해 자연현상, 사회현상에 대한 개념이나 수 세기, 형태, 분류, 비교 등의 기본적인 인지 개념을 학습하게 되며 규칙과 질서에 대해서도 체험할 수 있다. 신체 활동이 지적 발달에 미치는 영향에 관한 연구(김은정, 2003; 이숙재, 1996)들은 대체로 신체 활동이 지적 능력 향상에 도움이 된다고 보고하고 있다. 특히 창작무용 활동이 기존의 학습 방법에 비해 더 큰 효과가 있음을 보고한다.

셋째, 동작교육을 통해 언어 능력을 기른다.

유아들은 동작 활동을 통하여 교사의 지시나 설명, 움직임 활동 시의 대화 등을 통해 다양한 어휘를 획득할 수 있다. 눈과 손의 협응력, 손의 파악 능력이 향상되어 쓰기를 위한 준비 교육이 된다. 손과 손가락의 리듬 있는 동작 등을 통해 유아들이 쓰기에 필요한 근육을 조절할 수 있으며 협응 능력을 기를 수 있다. 손과 눈의 협응은 유아들의 읽기 능력을 돕는다.

넷째, 동작교육을 통해 표현 능력을 기른다.

동작 활동은 표현의 한 형태로서 유아 자신이 바라는 욕구와 관심을 외면화하고 발전시켜 나갈 수 있게 한다. 표현하기 위해 탐색하고 발견하는 기회를 통해서, 유아는 이미 알고 있는 지식에 상상력을 발휘하여 표현적인 동작을 확장해 간다. 계획된 동작 탐색 시간과 창작의 과정을 거친 후, 결과를 평가하고 이어지는 동작 표현에 대해 계속 생각해 보는 것은 표현 능력 발달에 중요한 영향을 미치게 된다(김혜옥, 1984). 유아들은 동작 활동을 통하여 슬픔, 무서움, 분노 등의 다양한 감정을 건설적이고 적합한 방법으로 표현하는 방법을 배우며 리듬감을 익히고 심미감을 기를 수 있다.

신체 활동이 창의성 발달에 미치는 영향에 관한 연구들은 유아 중심의 동작교육과 통합적 동작 활동 프로그램이 표현 능력과 창의성 발달에 효과가 있으며, 기본 운동 능력이 발달한 아이일수록 표현 능력이 우수하다는 결과를 보고하고 있다(공갑례, 1997; 이순례, 2003; 정금자, 석은조, 2000; 정세호, 엄정애, 2002). 창의성은 상상력, 독창성, 환상, 호기심을 토대로 개발되는 것이며, 사고와 감정 그리고 신체와 정신이 모두 관계되기 때문에 창의적 신체 표현 활동이 창의성 개발에 도움이 된다고 분석하고 있다.

다섯째, 동작교육을 통해 정서 · 사회 발달을 이룬다.

놀이 및 신체 활동을 통하여 얻어지는 성취감, 만족감 등은 유아의 자아 개념 형성에 중요한 역할을 한다. 어릴 때 운동 기능이 발달하면, 집단에서 리더십을 발휘하게 되며 신체적 안정감과 심리적 안정감을 느끼게 된다. 다른 유아들과 함께 동작 활동을 하면서 친구와 협동하는 방법과 의사소통 능력을 기르며 타인의 생각을 존중하고 타인과 원만한 관계를 유지하는 방법을 획득하게 된다.

신체 활동이 유아의 정서에 미치는 영향에 대한 연구(김정아, 2002; 정경미, 2001)들은 신체 활동이 정서 발달에 미치는 긍정적인 영향력을 보고하고 있으며 유아는 운동을 통해 자신감과 독립심을 얻으며, 이로 인한 만족감과 행복감, 정서의 순화 및 즐거움을 느낄 수 있음을 보고하고 있다.

신체 활동이 사회성 발달에 미치는 영향 연구(김상국, 이광욱, 이성진, 1998; 김수연, 2002; 박장근, 이현자, 2002; 박철, 2001; 백민호, 2002; 이숙재, 1998)들은 신체 활동을 시행함으로써 유아들의 과제 집중력, 자아 존중감, 친사회적인 행동이 발달되었음을 보고하였다. 주로 집단 활동 형태로 이루어지는 신체 활동에는 규칙, 예의, 규범, 협동 정신 등 사회성의 내용이 풍부하게 내포되어 있기 때문으로 분석하고 있다.

유아교육기관의 유아 움직임 교육 실태 및 발전 방향에 관한 연구(강정원, 최훈, 2001; 윤애희, 2000; 박정민, 윤애희, 2002; 이희선, 2003; 황옥운, 1995)들은 전체적으로 교사들이 유아 움직임 교육에 대한 이해는 높지만, 동작 지도의 어려움, 공간이나 설비와 같은 환경적 지원의 부족, 적절한 프로그램 미비 등으로 동작 활동이 잘 이루어지지 않고 있는 것으로 보고하고 있으며, 우리나라 유아와 교사에게 적절한 프로그램이 제공되어야 함을 강조하고 있다.

제 2 장

시대 변천에 따른 동작교육의 관점

동작교육에 대한 관점이 역사적 변천에 따라 어떻게 변화해 왔는가를 알아보는 것은 동작교육에 대한 이해와 앞으로의 동작교육의 방향을 이해하는 데 도움을 줄 것이다.

인간이 자신의 의사를 표현하기 위한 수단으로 사용하였던 몸짓은 인류의 진보와 더불어 언어가 발달하게 됨에 따라 차츰 종교적인 목적을 달성하기 위한 무용으로 변천하였다. 무용은 신과 인간의 대화의 역할, 또는 신을 즐겁게 하는 의사 전달을 위한 표현 수단으로써, 신체의 언어였던 것이 차츰 동물의 동작이나 사물의 움직임을 모방하는 등 움직임의 종류와 방법이 발전하게 되었다(송수남, 1995).

역사적으로 볼 때 동작교육의 개념 및 방법은 아동을 어떻게 보느냐, 교육을 어떻게 보느냐, 또는 아동기의 신체 운동 발달의 중요성을 어떻게 보느냐와 밀접한 관계를 맺으면서 많은 변천을 해 왔다(Seefeldt, 1976).

본 장에서는 시대적 배경에 따른 동작교육에 대한 관짐의 변화와 학자들의 사상을 이해하고 우리나라 유아교육에서 동작교육에 대한 관점의 변화를 알아보고자 한다.

1. 고대

1) 원시 시대

원시 시대의 움직임 활동은 주술적인 의미를 가지고 종교 의식 속에서 춤으로 나타났다. 수렵, 낚시, 채집이 주생활이었던 이 시기에는 사냥 주술에 연관된 춤의 형태가 많았다. 이러한 일상 활동을 통해 자연적으로 신체의 발달이 이루어졌고, 적으로부터의 위협을 막기 위해 체력을 기르고 발달시켰다. 원시 시대의 사람들은 그들의 운명을 지배한다고 생각하는 신들을 찬양하기 위하여 무도의 형식이나 종교에 의한 지식을 모방적으로 어린이들에게 전수하였다. 무도는 그들을 보호하는 신들의 영(靈)을 빌고 감사하기 위한 것이었지만 한편으로는 레크리에이션이나 사회 문화의 수단으로 이용되었다(원영신, 윤용진, 1998).

2) 그리스

고대 그리스인은 탐미 사상이 높았으며 균정(均整)의 미를 최고로 여겼다. 그들은 심신 일원론적인 인생관과 결부시켜서, 균정한 미는 건전한 신체에서 비롯된다고 생각하고, 이것은 무용을 통해서 얻어지는 것이라고 생각하였다. 철학자 Socrates는 "건강을 위해, 신체의 완전하고 조화 있는 발달을 위해, 적정한 체중을 유지하기 위해, 왕성한 식욕을 얻기 위해, 또 숙면을 즐기려면 춤은 보다 많은 사람에게 가르쳐져야 한다"라고 제안하였다(육완순, 이희선, 1992).

고대 그리스에서 교육으로서의 무용은 대단히 성행하였고 일반화되어 있었다. 무용 교육이 성행하게 된 것은 모든 그리스인이 무용 전문가가 되기 위해서도 아니었고, 오락을 위해서 한 것도 아니었으며, 오로지 높은 인간을 육성하기 위해서였다(송수남, 1995). 그리스인들은 정신과 신체를 분리하여 설명할 수 없으며 두 가지가 균형 있는 조화를 이루어야 한다고 생각하였던 것이다.

3) 로마

로마인들은 그리스인과는 달리 실제적 군사 능력을 기르는 실리주의적 인간성을 추구했기 때문에 체육을 심신의 아름다움, 기품과 규제, 완전한 조화적 발달을 얻기 위한 수단으로 여기지는 않았다(원영신, 윤용진, 1998). 그러나 체조의 유효성을 강조하고 체조의 가치를 인정하였다. Deimus Junius Juvenalis는 그의 풍자시에서 "건전한 정신은 건전한 신체에서"라고 하였고 의학자 Galenos는 '섭생과 훈련', '건강의 유지와 스포츠 마사지'에 대하여 논하며 체조의 중요성을 강조하였다(송수남, 1995). 그들은 생활에서 스포츠 관람을 즐겼으며, 운동을 함으로써 건강을 유지하고 질병을 예방하며, 피로감을 덜어 주는 효과를 얻었다.

2. 중세와 문예 부흥기

서양에서 중세의 정신생활의 중심은 그리스도 신앙이었다. 초기의 그리스도 교회에서는 종교적 예배의 수단으로 무용을 사용하였으나 점차로 교회는 무용을 금지하고 교회 안에서 점차 배척하였다. 이 시대에는 체육교육이란 악마적인 것으로서 육체에 초점을 맞추는 것에 대해 비난을 받음으로써 무시되었다(이기숙, 1992). 인간과 신의 조화를 추구하면서 교육의 관점을 인간의 정신세계에 치중하여 체육을 경시하고 학교의 교과과정에서 제외시켰다. 성직자들은 유아의 정신과 신체는 현세의 생활을 위해 훈련시키는 것이 아니라, 미래의 세계를 위한 영혼을 배양하는 데 있다고 보았다(김옥련, 1992).

즉, 중세에는 신체와 정신의 조화가 균형을 잃고 심미적인 인식을 통한 영적 발달 측면이 강조되었다(이영, 1993).

문예 부흥기에는 명문가의 명예와 재산의 유지·운영을 위해 훌륭한 자제를 육성하는 것에 교육의 관심을 두었으며, 특히 남아에게는 전신의 움직임을 강조하는 여러 가지 운동이 장려되었다. 문예 부흥기는 중세의 신 중심적인 사고

에서 벗어나 다시 신체와 정신의 조화를 추구한 시기이다.

16세기 프랑스의 수필가 Momtaigne는「어린이의 교육」이라는 그의 논문에서 교육이란 성격과 생활을 위한 훈련이 포함되어야 한다고 하며, 훈련을 시키는 것은 정신만이 아니며 육체만도 아니고 인간이라고 주장하였다. 그러므로 운동과 오락, 달리기, 씨름, 무용, 사냥, 승마, 검술 등은 수업의 한 부분이 되어야 한다고 주장하였다(육완순, 이희선, 1992). 또한 17세기 교육 사상가인 John Loke는 "어린이는 지능의 발달뿐만 아니라 신체 조직의 단련을 통하여 건강한 신체와 건전한 정신을 가져야 한다."라고 주장하였다(김옥련, 1992).

3. 문예 부흥기 이후~19세기

18세기에는 다시 신체와 정신을 분리하여 신체 발달을 위한 체육교육의 중요성이 인식되었으나 주로 상류층에서만 행하여졌고, 하류층에서는 신체적 놀이를 즐길 시간이 없었다. 다만 체육 활동은 학교를 중심으로 이루어졌다. 근대 체조의 아버지 Johann Gutsmuths는『젊은이의 체조』라는 책에서 "춤은 신체 운동을 위한 하나의 수단"이 된다고 주장하며 적극적으로 무용을 장려하며, 체육무용(gymnastic dance)이라는 말을 처음 사용하기도 하였다. 그 이후 다른 교육자들도 간단한 행진, 뜀뛰기, 스텝, 달리기 동작으로 구성된, 이른바 민속무라고 하는 체조 무용을 소개했고, 이것들은 항상 노래나 음악의 연주가 함께 나오는데 미국에서는 체조 움직임이라고 하였다(육완순, 이희선, 1992).

4. 20세기 이후

19세기 말부터 20세기 초가 되어서는 형식화·인습화된 발레에 대하여 전면적으로 부정하고 자유롭고 자연스러운 신체 예술로 되돌리고자 하는 움직임이

시작되었다. 이 시기에 활동한 세 명의 무용가를 중심으로 동작교육에 대한 시대적 흐름을 살펴보면 다음과 같다.

1940년을 전후하여 Laban은 인간의 움직임이라는 새로운 개념을 제시하였다. 움직임 교육의 주요 사상 중의 하나인 움직임의 탐구는 어린이 중심의 지도 방법으로 개인 지도, 창조성, 자연성 및 자기 발견 등을 강조하였다.

움직임 교육은 Laban의 네 가지 움직임의 요소, 즉 공간(space), 힘(force), 시간(time)과 흐름(flow)을 이용하여 신체 운동을 가르쳤다. 움직임 교육의 방법은 재래의 체육과는 달리 개인적인 지도 방법으로 어린이가 자신의 신체 능력을 이해하고 체력을 발달시키며 동시에 놀이, 일(work) 및 창조적 표현에서 움직임을 효과적으로 사용하게 한다. 또한 정서적인 면도 중요시되어 지적 · 정서적 · 심동적 영역을 모두 만족시킬 수 있는 방법이라고 할 수 있다.

사고와 감정의 상호 전달 매체로서 움직임의 개념을 확립한 Delsarte의 움직임 이론은 현재의 움직임 교육에 큰 영향을 미쳤다.

Francois Delsarte는 외적인 동작에 내면적인 정신세계를 연관시키려고 노력한 Delsarte식 체계의 운동을 개발시켰으며, 움직임의 자유와 조화를 강조하였다. Isadora Duncan은 "자연으로 돌아가라"를 모토로, 그녀의 무용에서 형식에 사로잡히지 않는 자유분방한 표현을 만들어 냈다. 또한 현대무용의 아버지라고 불리는 Rudolf Laban은 새로운 무용의 기초 이론과 체계를 확립했고, 'human movement'의 개념을 정립하였다. 이들은 공통적으로 "움직임 속에 곧 정신이 들어 있다"라는 무용과 체조의 연구에 새로운 접근을 하도록 큰 공헌을 하였다(배인자, 한규령, 1996).

한편, 1930년대부터 신체, 사회, 정서, 언어, 인지 발달의 영역을 각각 분리시켜 분석하는 것은 타당하지 않다고 인식하면서, 1940년에 이르러 소위 '전인적 아동(the whole child)'의 개념이 형성되었다(이영, 1993). 결국 개인차의 개념이 크게 강조되면서 아동의 사회 및 정서 발달이 특히 강조되었다. Laban은 아동의 무용 교육에서 움직임을 어떻게 조절하는가를 연구하였으며, 동작교육에 있어서 창의력과 표현력을 강조할 것을 제안하였다.

1960년대에 이르러 소련의 인공위성 Sputnik 발사를 계기로 미국을 비롯한 세계 각국에서 지적 발달에 대한 갑작스러운 관심이 증가되었다. 유아교육자들은 유아기 신체 발달을 돕는 동작교육에 대한 새로운 이해를 위해 다학문적인 접근을 시도하였다. 이러한 접근은 심리학자인 Kephart에 의해서 지지되었는데, 그의 연구로 특수아들을 중심으로 하여 신체 동작 훈련 프로그램을 개발하게 되었다. Kephart는 Godfrey와의 공동 연구를 통해서 움직임 교육에서 신체적 적응, 근육 단련 또는 스포츠나 게임의 능력을 기르기보다는 정신 운동과 지각–운동 발달과 행동에 주로 초점을 맞추었다. 그리하여 "동작교육이란 체육교육과 일반 교육의 기초가 되는 내용이다"(이영자, 이기숙, 이정욱, 1999)라고 밝히고 있다.

유아교육자들은 신체 동작의 역할을 인간 발달의 측면에서 새롭게 인식하면서 여러 다른 학문 분야와 연결을 맺기 시작하였다. 1970년 National Association for the Education of Young Children(NAEYC) 등에서 유아와 체육교육에 관한 연구 모임을 개최하게 되었고 움직임(movement)과 개념화(conceptualization) 사이에 기본적 틀을 마련하였다. 이러한 다학문적인 접근 과정에서 체육교육자들은 Laban의 인간 동작의 기본 요소들에 관심을 가졌다. Laban은 자기표현의 기회가 없는 고전 발레 등과 같은 일련의 움직임에 반대하고, 인간은 효율적으로 다양하게 움직일 수 있을 뿐 아니라 움직임을 통해서 강한 운동 지각 능력을 개발시킬 수 있다는 믿음에서 이론을 체계화하였다(육완순, 이희선, 1992).

Laban의 원리는 동작 행동을 관찰하고, 기능적 · 표현적 동작 경험을 계획하고 조직할 때 매우 유용한 구조를 제공해 주기 때문에 현대 동작교육의 기초가 되었다.

1) Laban, Delsarte, Duncan의 동작교육에 대한 사상

(1) Rudolf Laban의 움직임 이론

체코슬로바키아에서 태어난 Rudolf Laban은 일생 동안 무용과 근로자의 일

(work)을 포함한 인간의 움직임(human movement) 연구에 일생을 바친 안무가이자 철학자이며 교육자이다. Laban은 무용 사상 처음으로 무용의 이론을 정립시켰으며, 인위적이고 형식적인 미를 강조하는 전통적 발레로부터 자유와 창조성을 중히 여기는 현대무용으로 옮기는 데 공헌함으로써 현대무용의 아버지로 불리고 있다. Laban은 근로자를 위한 효율적인 인간의 움직임, 어린이를 위한 움직임 교육(movement education), 현대무용, Labanotation(Laban이 발명한 무용 표기법) 및 체육의 학문성에 지대한 영향을 끼쳤다.

'human movement'는 일반적으로 인간의 신체나 신체의 부분들을 시간 및 공간에서 변화시키는 과정 내지 동작을 뜻한다. Laban은 human movement를 시간(time), 힘(force), 공간(space), 흐름(flow) 등 네 가지 요소로 구분하였다.

첫째, 시간은 신체나 신체의 각 부분이 여러 가지 속도로 움직일 수 있는 능력을 말한다. 예를 들면, 빨리 혹은 천천히 또는 움직임이 가속되어 진행될 수 있고 혹은 감속으로 진행될 수 있으며, 리듬에 맞추어 움직일 수도 있다.

둘째, 힘이란 신체의 움직임에서 근육의 수축 정도를 말한다. 즉, 움직임이 무거울 수도 있고 가벼울 수도 있는 상태이다.

셋째, 공간이란 신체가 공간을 어떻게 사용하는가를 말한다. 신체나 신체의 각 부분이 여러 방향(앞, 뒤, 옆)으로, 여러 궤도(똑바로, 돌아서)로 그리고 여러 단계로 움직일 수 있다.

넷째, 흐름이란 움직임의 계속적 특징을 말한다. 쉽게 멈출 수 있는 움직임이 있는가 하면 좀 더 계속적인 움직임이 있다.

Laban은 이상 움직임의 네 가지 기본 요소를 이용하여 내리 베기(slashing), 누르기(pressing), 비틀기(wringing), 때리기(punching), 미끄러지기(gliding), 털기(flicking), 토닥거리기(dabbing), 뜨기(floating) 등 8가지 기본 동작과 인식(awareness), 집단 느낌(group feeling), 움직임에 대한 표현적 질(expressive qualities) 등 10가지 움직임의 테마를 설명하였다.

Laban은 또한 이러한 움직임의 4요소를 작용하게 하는 인간의 노력(effort)이 있다고 주장하였다. Laban은 노력(effort)을 움직임(movement)을 하기 위한

충동으로 움직임에 대한 질적인 면(qualitative aspect)이라고 정의하였다. 노력(effort)이 모아져서 공간, 힘, 시간 및 흐름의 특성을 가진 움직임을 만든다고 보았다.

Movement education(움직임 교육)의 개념

1940년을 전후하여 Laban이 인간의 움직임이라는 새로운 개념을 제시하면서 시작되었다. 당시 영국의 체육교육은 스웨덴 체조 프로그램의 전통적 영향을 받아 형식적이고 딱딱하였다. 체육교육에 불만을 가진 영국의 교사들은 Laban의 인간 움직임의 개념과 학생 위주의 교육 방법에 많은 관심을 가지게 되었다.

'movement education'이란 전통적인 주입식 교육 방식에서 벗어나 학생들로 하여금 스스로 움직임을 이해하고 발견하고 창조해서 여러 가지 운동 기술을 연습하도록 지도하는 체육 교수 방법이다. 예를 들면, 교사는 학생으로 하여금 생각 없이 무조건 지시에 의해 움직이게 하는 것이 아니라 자기 신체가 지금 무엇을 하고 있고 어디에서 움직이고 있으며(using space), 어떻게 움직이고(using effort) 있는가를 이해하도록 도와준다.

움직임 교육은 많은 종류의 운동 기구(주로 값이 싼)를 사용하여 학생들로 하여금 자유롭게 기어오르기, 뛰기, 점프, 평형 잡기(balancing), 공을 이용한 기술 등을 연습하게 함으로써 재미있고 자유스러운 학습 분위기에서 기초적 움직임 기술을 배우도록 유도해 나간다(육완순, 1986).

영국의 초등학교에서 시작된 Laban의 움직임 교육은 기존의 교육 지도 방법에 새로운 변화를 가져왔다. 공간의 유용화를 위해 2개 학급 또는 그 이상의 학급이 합반으로 수업을 받게 되었고 둘 또는 그 이상의 교사 지도를 받을 수 있었다. 즉, 공간의 유용화를 통해 학습 지도가 좀 더 개인화되고 어린이들은 각자의 속도나 능력의 수준에 따라 진보하도록 허용되었다. 이러한 학습 지도 방법은 'open education'이라 불리었고 체육에 그대로 반영되어 'movement education'으로 불리었다. Laban의 움직임 교육은 미국에서도 커다란 관심을 불러일으켰으며 open education의 이론이 뿌리를 내리기 시작하였다.

또한 당시 어린이들은 운동 학습(motor learning)으로부터 모든 배움을 시작한다는 심리학자 및 교육학자의 이론이 뒷받침되어 Laban의 움직임 교육은 더욱 인기를 끌게 되었다.

움직임 이론은 영국에서 현대 교육 무용(modern educational dance), 현대 교육 체조(modern educational gymnastics)로 불렸다. Laban의 움직임 교육은 운동에 대한 여러 가지 개념, 움직임의 탐구(exploration), 많은 용구 및 기구의 사용, 창조적인 지도(creative teaching), 자유스러운 수업 분위기 등을 중요시하였으며 전인 교육을 주창하였다.

움직임 교육의 목적은, 신체는 진공 상태에서 훈련될 수 없다는 원리하에 다양한 환경에서 신체를 효과적으로 움직이는 기술을 발달시켜 주고, 동시에 체육 프로그램의 일부로서 효과적 · 효율적 · 표현적 움직임(movement)의 반응을 발달시키는 것이다.

움직임의 탐구(어린이들이 신체 경영을 배우는 과정)는 문제 해결(problem solving)과 지도식 발견(guided discovery)을 통해 이루어진다. 문제 해결이란 교사가 학생에게 문제를 던지고 시간을 제공한 후 문제의 답을 잘 다듬고 해결한 다음 평가, 분석 및 의논을 위해 시범을 보이는 방법이다. 지도식 발견은 바람직한 결과가 일어날 수 있도록 교사가 좀 더 직접적으로 수업에 관여하는 것이다. 교사는 이 두 가지 지도 방법에서 관심을 가지고 관찰만 한다고 생각해서는 안 되고 전 수업 시간을 통해 능동적으로 가르쳐야 한다. 시범을 보이지는 않더라도 어떤 동작이 좀 더 편안하고 능률적인지에 대한 이해를 도와야 한다. 어린이들에게 기본적인 동작을 충분히 가르친 다음 그 기초 위에서 게임이나 스포츠의 기술을 지도해야 한다(육완순, 1986).

(2) Frangois Delsarte의 동작 표현

사고와 감정의 상호 전달 매체로서 움직임의 개념을 확립한 Delsarte의 움직임 이론은 현재의 움직임 교육에 큰 영향을 미쳤다.

몸, 마음, 정신의 통일체로서의 인간 개념을 명백히 한 Delsarte의 삼위일체의 법은 '조화의 법칙'이다. 이 법칙은 하나하나의 정신적인 기능에 대하여 몸의 기능이 반응하는 것으로 몸의 기능들에 대해 정신적인 행동이 조화를 이루는 것이다. 즉, 표현 동작은 그 동작에 영감을 주는 사상과 감정에 상호 교류함을 말한다.

그는 동작을 분석해서 긴장과 이완, 평형과 형태, 원심성(eccentric, 중심이 되는 자신으로부터 확장된 움직임), 구심성(concentric, 중심을 향한 수축성 동작), 정상적인 동작(normal motion, 양극단 사이의 동작은 균형을 잘 이루는 동작)으로 분류하고, 이 동작들의 질 중에서 둘을 서로 교체시키고 화합시켜서 원심성, 구심성, 정상적인 동작의 결합으로 정리하여 '9단계의 조화'라고 불렀다. 그의 세밀한 움직임의 분석은 속력과 반응의 법칙과 더불어 무용과 체조의 연구에 새로운 접근 방법을 이끌어 냈다(김인희, 1994).

그는 공간 속에서의 움직임을 분석, 분류하여 인체를 머리(정신적 · 지적 영역), 상체와 팔(정서적 · 도덕적 · 영적 영역), 하체와 다리(활력적 · 육체적 영역)의 세 영역으로 나누었고, '움직임의 3대 질서'와 동작의 9개 법칙을 공식화하였다.

Delsarte는 인위적이고 획일적인 무대 동작에 반대하였다. 그는 여러 상황에서 인간의 감정적 반응을 연구하면서 몸의 움직임과 태도, 행위에 미치는 감정의 효과를 관찰하고 그 자료를 분류하였다. 그의 세밀한 움직임의 분석은 속력과 반응의 법칙과 더불어 무용과 체조의 연구에 있어서 새로운 접근 방법을 이끌어 냈다(김인희, 1994).

(3) Isadora Duncan의 표현의 자유

전통 발레와는 대조적으로 그녀의 춤은 사상과 감정을 자유롭고 자연스러운 움직임을 통해 표현했다. Duncan은 몸의 조화로운 발전을 위해 체조의 중요성을 강조하였으며 유연성과 근력 운동을 함으로써 신체가 영혼의 낭만과 사상

을 표현하기 위한 (가능한 한 완전한) 매개체로 사용하였다.

Duncan은 학생들에게 자연현상과 움직임을 관찰해서 즉석에서 몸으로 표현하게 하였다. 그녀는 걷기, 뛰기, 스키핑, 점핑, 무릎 꿇기(kneeling), 눕고 일어나기와 같은 동작을 자신의 독특한 스타일로 민감하고 예술적인 움직임으로 즉석에서 만들어 냈다.

그리스 문화는 그녀의 표현 예술에 강하게 영향을 미쳤다. 그녀의 움직임은 그리스의 꽃병에 새겨진 무용수들의 형태와 자세로부터 영향을 받았으며, 그 당시에는 충격적이었던 그리스식 튜닉(tunic)과 맨발 같은 것이 그녀의 표현 예술에 나타났다.

제 3 장

우리나라의 동작교육

1. 유치원 교육과정 제정과 동작교육

우리나라 유치원 교육과정의 제1차 교육과정에서부터 제5차 교육과정까지에서는 '건강생활' 또는 '신체 발달 영역'에서 주로 기초적 운동 능력, 지각운동 능력 배양을 목표로 하여 지각운동, 초보적 운동 능력, 감각·운동과 신체조절 등을 내용으로 기초 운동 능력이 중심이 된 내용이었다.

1969년 문교부가 제정·공포한 '유치원 교육령'에서 신체 활동에 초점을 둔 건강 영역과 예능 영역의 교육 목표를 중심으로 동작교육과 관련된 내용을 살펴보면 다음과 같다. 건강 영역에서는 자신의 몸에 관심을 갖고 건강하게 생활할 수 있는 습관과 태도를 기르며, 기초적인 운동 능력을 기르고 안전한 생활을 위한 내용으로 구성되어 있다. 예능 영역의 춤추기는 동작교육과 연결시켜 이해할 수 있는데 창의적인 표현 능력 기르기를 강조한 것으로 볼 수 있다.

1979년 제2차 유치원 교육과정에서는 사회정서 발달 영역에서 심미 및 창의를 교육 내용으로 제시하고 있으며, 신체 발달 및 건강 영역에서 지각운동 기능, 초보적 운동 능력, 건강, 안전에 관한 내용을 다루고 있다.

1981년 제3차 교육과정에서는 신체 발달 영역에서는 지각운동 기능, 초보적 운동 능력을 감각 기능, 운동 및 신체 조절로 재조직하여 제시하였고, 건강과 안전을 통합하였으며, 정서 발달 영역에서 긍정적 태도, 성취감, 심미감 및 창의적 표현을 강조하였다.

1987년 제4차 유치원 교육과정에서는 신체 발달 영역의 목표로 감각운동 간의 협응력, 지각 능력, 신체 조절 능력, 위생, 영양, 안전 등 기초적인 습관을 제시하였고 정서 발달 영역에서는 자신에 대한 긍정적 태도, 호기심과 성취 의욕, 창의적 표현을 강조하였다.

'1992년 제5차 유치원 교육과정'에서 동작교육과 주로 관련된 부분은 건강생활 영역과 표현생활 영역이다. 건강생활 영역의 목표와 내용은 유아들이 건강하게 뛰어놀고, 안전한 생활을 할 수 있도록 구성하였다. 표현생활 영역에서는 정서, 표현, 감상으로 나누어 신체를 이용하여 다양한 표현하기와 다양한 종류의 춤 감상하기 등의 내용으로 되어 있다.

'2000년 제6차 유치원 교육과정'에서 신체 활동 관련 영역은 건강생활과 표현생활에 포함되어 있다. 건강생활 영역에서는 기초 체력 형성을 강조하는 목표가 추가되었다. 신체 자아 개념과 기초력의 형성을 강조하였으며 유아의 정신건강을 위한 목표가 신설되었다. 제6차 유치원 교육과정에서는 감각을 통해 사물의 차이를 식별하고 감각기관을 협응하여 활동하기, 신체 각 기관에 대한 관심을 가지고 협응하기, 지각과 운동을 협응하여 활동하기, 대·소근육 활용하기, 신체 활동에 적극적으로 참여하기, 놀이기구를 이용하여 신체 활동하기, 안전하게 놀기, 탐색, 표현, 감상 등 8가지 주요한 특징을 나타낸다.

'2007년 개정 유치원 교육과정'의 건강생활 영역은 자신의 신체를 긍정적으로 인식하고 생활에 필요한 기초 체력을 기르며, 건강하고 안전한 생활 습관을 가지도록 하는 데 중점을 두었다. 개정의 중점은 감각 경험 및 신체에 대한 긍정적 인식 강조, 기본 운동 기능 강조, 정기적인 바깥놀이 활동 강조, 건강한 생활 태도 형성 강조, 안전한 생활 습관 형성 강조, 초등학교 교육과정과의 연계성 고려이다. '2007년 개정 유치원 교육과정'의 '건강생활 영역'은 신체와 마음을 포괄하는 용어인 '몸'을 사용하여 신체 건강과 정신 건강을 함께 증진하고자 하였다. '나의 몸 움직이기'의 하위 내용인 '이동하며 움직이기', '제자리에서 움직이기', '도구 및 놀이시설을 활용하기', '바깥에서 신체 활동 하기'를 함으로써 유아의 기본 운동 기능을 기르는 데 중점을 두었다. 또한 기본적으로 유아는 자

연 속에서 자유롭게 뛰어놀며 몸과 마음이 건강해질 수 있도록 하는 것이 바람직하다는 점에 중점을 두었다. '2007년 개정 초등학교 교육과정'의 '즐거운 생활'은 생활 체험을 중심으로 '놀이와 표현'에서는 걷기, 달리기, 뜀뛰기, 시설물이나 기구를 이용하여 신체적 활동을 강조하고 있으며, '이해'에서는 신체의 움직임 요소를 제시하고 있다.

내용 요소의 '여러 가지 놀이하기'에서 신체적 활동으로 걷기, 달리기, 매트·공 등의 시설물과 기구를 이용하는 놀이 활동, 여러 가지 흉내 내기, 계절 놀이하기가 제시되어 있어 유치원 교육과정의 건강생활 영역과의 연계가 가능하다 (교육과학기술부, 2008).

2. 2019 개정 누리과정

2011년부터 만 5세 유아들의 유치원과 어린이집 교육과정의 통합을 목적으로 '만 5세 누리과정'으로 시작하여 2012년 3~4세까지 누리과정을 확대 도입하였고, 2013년부터 '3-5세 연령별 누리과정'으로 어린이집과 유치원 공통과정으로 시행되었다. '3-5세 연령별 누리과정'은 유치원 교육과정과 3~5세 보육과정을 통합한 공통과정으로서, 유치원과 어린이집 유아들이 공통의 교육 내용을 경험할 수 있도록 하는 성과를 이루었다. 그러나 '3-5세 연령별 누리과정'은 연령별 교육 내용이 과다했기에 이에 '2019 개정 누리과정'에서는 새로운 시대의 요구에 따라, 교육 내용을 간략화하고 유아가 주도하는 놀이를 통해 배움이 구현될 수 있도록 유아·놀이중심 교육과정으로 나아가고자 하였다(교육과학기술부, 2019).

'2019 개정 누리과정'은 2020년 3월 1일부터 시행되었다. 이 중 유아의 동작교육과 관련된 신체운동·건강 영역에 대해 살펴보면 다음과 같다.

1) 성격

최근 생활 환경의 변화로 인해 유아들의 신체운동 기회가 점차 줄어들어 기초 체력이 저하되고, 식습관 변화로 비만 등의 문제가 발생하고 있으므로 유아기에 건강하게 생활할 수 있는 올바른 습관과 자신의 신체를 이용한 운동을 통해 기초 체력을 형성하는 것이 중요하다. 또한 생활 속에서 일어나는 안전사고와 자연재해와 같은 위험이 증가하고 있으므로, 유아들이 다양한 신체운동 활동에 적극적이고 지속적으로 참여함으로써 기본 운동 능력을 형성하고 건강하고 안전한 생활 습관을 기르도록 지원하는 것이 중요하다. 여러 가지 신체 활동을 즐기고 건강한 생활을 하며 위험으로부터 자신을 지키는 방법과 태도를 자연스럽게 습득하도록 한다.

2) 목표

"실내외에서 신체 활동을 즐기고, 건강하고 안전한 생활을 한다."

신체운동 · 건강 영역의 목표는 유아가 다양한 신체 활동에 즐겁게 참여하고, 청결과 위생, 즐거운 식사, 적당한 휴식을 통해 건강한 생활 습관을 기르며, 일상에서 안전하게 생활하는 방법을 배우고 실천하는 것이다.

가. 신체 활동에 즐겁게 참여한다.
나. 건강한 생활 습관을 기른다.
다. 안전한 생활 습관을 기른다.

3) 내용

유아기는 신체 각 부분의 움직임과 기능에 대해 많은 경험과 지식을 얻는 시기이다. 그러므로 이 시기에는 신체 부위의 위치와 명칭, 신체 각 부분의 중요성을 알게 하는 것이 중요하다. 신체 움직임을 통한 감각 인지는 신체 감각 발

달에 중요한 역할을 한다. 또한 신체운동을 통한 감각 인지도 향상은 사물에 대한 구별 및 학습 능력을 향상시키는 데 도움을 준다.

신체운동 · 건강 영역의 내용 범주는 '신체 활동 즐기기', '건강하게 생활하기', '안전하게 생활하기'의 세 가지 내용 범주로 구성되어 있다.

'신체 활동 즐기기'에서는 유아 스스로 신체를 움직이는 동안 자연스럽게 자신의 신체를 인식하고, 조절하며, 실내외에서 다양한 신체 활동에 자발적으로 참여하면서 신체 활동을 즐길 수 있도록 한다.

'건강하게 생활하기'에서는 유아 스스로 몸과 주변을 깨끗이 하고, 즐겁게 식사하며, 자신의 신체 리듬에 맞춰 휴식을 취하고, 질병을 예방하는 다양한 방법을 실천하도록 한다.

'안전하게 생활하기'에서는 유아들이 안전하게 놀이하고 생활하며, TV와 컴퓨터 및 스마트폰을 바르게 사용하고 안전한 생활을 위한 교통안전 규칙과 안전사고 및 화재, 재난 등에 대처할 수 있는 방법을 알게 한다.

〈신체운동 · 건강 영역의 세부 내용〉

내용 범주	내용
신체 활동 즐기기	신체를 인식하고 움직인다.
	신체 움직임을 조절한다.
	기초적인 이동 운동, 제자리 운동, 도구를 이용한 운동을 한다.
	실내외 신체 활동에 자발적으로 참여한다.
건강하게 생활하기	자신의 몸과 주변을 깨끗이 한다.
	몸에 좋은 음식에 관심을 가지고 바른 태도로 즐겁게 먹는다.
	하루 일과에서 적당한 휴식을 취한다.
	질병을 예방하는 방법을 알고 실천한다.
안전하게 생활하기	일상에서 안전하게 놀이하고 생활한다.
	TV, 컴퓨터, 스마트폰을 바르게 사용한다.
	교통안전 수칙을 지킨다.
	안전사고, 화재, 재난, 학대, 유괴 등에 대처하는 방법을 경험한다.

4) 지도 원리

- 신체운동을 통해 교사와 유아들의 긍정적인 상호 작용 형성에 도움이 되도록 한다.
- 교사의 지시에 따라 유아들의 적절한 반응을 유도한다. 교사가 신체 부위의 명칭을 말하면 유아는 지시된 부위를 잡거나 움직이기 활동을 한다거나, 교사의 움직임 구호에 맞추어 움직여 보기 활동을 진행하는 것이 한 방법이다.
- 신체 각 부분에 대해 관심을 갖고 협응하도록 교사의 적절한 시범도 필요하다. 교사가 구부리는 시범을 보여 준 후 유아들에게 턱을 가슴에 닿아 보게 하는 활동도 적절하다.
- 지각과 운동을 협응하여 활동하도록 한다. 시각과 운동 능력의 협응을 위해 평균대나 모래밭의 테두리나 바닥에서 두 팔을 벌리고 균형을 잡으며 걸어 보는 활동을 해 본다거나, 청각과 운동 능력의 협응을 위해 박수 소리나 악기 소리에 따라 보물이 있는 장소로 움직이게 하는 활동을 해 볼 수 있다. 또한 촉각과 운동 능력의 협응을 위해 "오른쪽으로 두 발짝 걸어서 친구를 잡아 보세요."처럼 교사의 지시에 따라서 유아들이 움직여 보게 한다.
- 대·소근육 활용하기를 통하여 협응성, 평형성, 리듬감, 민첩성, 유연성, 근력, 지구력, 순발력 등의 기초 운동 수행 능력을 기를 수 있도록 한다.
- 교사의 적극적인 상호 작용을 통하여 공간, 시간, 힘, 흐름 등의 동작의 기본 요소가 반영되도록 한다.
- 교사는 신체운동을 통하여 유아들이 즐거움을 느낄 수 있도록 배려하여 유아들이 적극적으로 신체운동에 참여하도록 한다.
- 놀이기구(철봉, 그네, 정글짐, 미끄럼대, 구름다리, 막대 오르기, 그물 오르기 등)를 이용하여 신체운동을 하는 기회를 제공한다.
- 소도구(공, 리본 막대, 줄, 타이어, 신문지 등)를 적절히 사용하는 방법을

익히고, 이러한 기구들을 적절히 활용함으로써 다양한 신체운동을 경험할 수 있도록 한다.

- 친구들과 안전하게 놀이하는 방법과 규칙, 장소를 알게 한다. 그네나 미끄럼틀, 복합놀이기구의 안전한 사용법을 알고 지켜야 할 약속을 정하고 이를 지키도록 한다.

3. 표준보육과정

2005년 국가수준의 보육과정으로 개발된 표준보육과정은 보육시설 영유아의 보육 목적과 목표를 달성하기 위한 국가수준의 보육과정이다. 2012년 3~5세 누리과정 도입에 따라 2013년 1월 누리과정과 연계한 제3차 어린이집 표준보육과정이 개정 고시되었다. 2020년 9월부터 시행된 제4차 어린이집 표준보육과정은 3~5세 보육과정인 2019 개정 누리과정과 연계하였으며, 2024년 12월 고시된 개정 표준보육과정은 0~2세 표준보육과정 일부 개정 내용을 담고 있는데, 유보 통합의 맥락에서 0~5세 통합 교육과정 마련을 위한 전환점으로 볼 수 있다.

표준보육과정의 신체운동·건강 영역은 다양한 신체활동을 통하여 영유아가 자신의 신체에 대해 긍정적으로 인식하고 일상생활에 필요한 기본운동능력을 기르며, 건강하고 안전한 생활습관을 기를 수 있도록 하기 위한 영역이다.

1) 성격

실내외에서 신체 활동을 즐기고 건강하고 안전한 일상생활을 경험하기 위한 신체운동 영역은 '신체 활동 즐기기', '건강하게 생활하기', '안전하게 생활하기'의 세 가지 내용 범주로 구성되어 있다. '신체 활동 즐기기'에서는 영아의 다양한 감각을 경험하고 신체와 주변을 탐색하며, 대·소근육을 조절하고 기본 운

동을 시도해 봄으로써 실내외 신체 활동을 즐겨본다. '건강하게 생활하기'에서는 도움을 받아 몸을 깨끗이 하고 음식에 관심을 가지며 하루 일과를 편안하게 경험하며 건강한 배변 습관을 갖도록 하며, '안전하게 생활하기'에서는 안전한 상황에서 놀이하고 생활하며, 안전한 상황에서 교통수단을 이용해 보고 위험하다는 말에 주의하며 위험한 상황에 대처하는 방법을 경험해 보도록 한다.

2) 0~1세, 2세 목표

"실내외에서 신체 활동을 즐기고, 건강하고 안전한 일상생활을 경험한다."

① 감각 경험과 신체 활동을 즐긴다.
② 건강한 일상생활을 경험한다.
③ 안전한 일상생활을 경험한다.

3) 0~1세, 2세 내용

내용 범주	내용	
	0~1세	2세
신체 활동 즐기기	다양한 감각을 경험한다.	다양한 감각을 경험한다.
	신체와 주변을 탐색한다.	신체를 인식하고 움직인다.
	대·소근육을 조절한다.	대·소근육을 조절한다.
	기본 운동을 시도한다.	기본 운동을 즐긴다.
	실내외 신체 활동을 즐긴다.	실내외 신체 활동을 즐긴다.
건강하게 생활하기	도움을 받아 몸을 깨끗이 한다.	자신의 몸과 주변을 깨끗이 해 본다.
	음식에 관심을 가진다.	음식을 즐겁게 먹는다.
	하루 일과를 편안하게 경험한다.	하루 일과를 즐겁게 경험한다.
	건강한 배변 습관을 갖는다.	건강한 배변 습관을 갖는다.
안전하게 생활하기	안전한 상황에서 놀이하고 생활한다.	안전하게 놀이하고 생활한다.
	안전한 상황에서 교통수단을 이용해 본다.	안전한 상황에서 교통수단을 이용해 본다.
	위험하다는 말에 주의한다.	위험한 상황에 대처하는 방법을 경험한다.

4) 3~5세 목표

"실내외에서 신체 활동을 즐기고, 건강하고 안전한 생활을 한다."

① 신체 활동에 즐겁게 참여한다.
② 건강한 생활습관을 기른다.
③ 안전한 생활습관을 기른다.

5) 3~5세 내용

내용 범주	내용
	3~5세
신체 활동 즐기기	신체를 인식하고 움직인다.
	신체 움직임을 조절한다.
	기초적인 이동운동, 제자리 운동, 도구를 이용한 운동을 한다.
	실내외 신체 활동에 자발적으로 참여한다.
건강하게 생활하기	자신의 몸과 주변을 깨끗이 한다.
	몸에 좋은 음식에 관심을 가지고 바른 태도로 즐겁게 먹는다.
	하루 일과에서 적당한 휴식을 취한다.
	질병을 예방하는 방법을 알고 실천한다.
안전하게 생활하기	일상에서 안전하게 놀이하고 생활한다.
	TV, 컴퓨터, 스마트폰 등을 바르게 사용한다.
	교통안전 규칙을 지킨다.
	안전사고, 화재, 재난, 학대, 유괴 등에 대처하는 방법을 경험한다.

4) 지도 원리

- 6개월 미만의 영아는 머리 가누기, 앉기 등의 활동을 통하여 몸의 균형을 잡으며, 엎드려서 가슴 들기와 물체를 향해 손 뻗기 등의 활동을 통해 신체 조절 능력과 협응력을 기른다. 그러므로 운동적 활동을 촉진하고, 감각을 통해 주변 환경을 탐색하도록 해야 한다. 몸의 자세를 바꾸어 가며 주위 둘러보기, 물체 쪽으로 손 움직이기 등의 활동을 제공하는 것이 좋다.

- 6개월 이상의 영아는 배밀기, 기어가기 등의 활동을 적극적으로 하도록 격려해 주며, 걷기를 시작하도록 도와준다. 교사는 간단한 도구를 이용하여 놀이하기로 유도하며, 손가락으로 물건 집어 올리기 활동을 해 보도록 지도한다. 팔을 뻗어서 사물 잡기를 한다거나 치기 활동을 하며 감각기관을 이용하여 다양한 방법으로 주변 환경을 탐색한다. 미끄럼 방지 양말을 신고 걷기 연습을 실시한다. 걷기 연습을 하다가 넘어지더라도 주변의 물건에 걸리지 않도록 주변 정리를 한다.
- 1세 이후에는 손을 잡고 계단 오르내리기 등을 연습한다. 주변의 물건을 집어 올리고, 물건을 원하는 위치에 놓기 등의 활동을 통해 신체 조절 능력을 기르도록 하며, 간단한 도구를 이용하여 놀이를 통해 협응력이 발달하도록 한다. 눈과 손의 협응으로 정확하게 손으로 사물을 잡아 보거나 손이나 팔을 이용하여 물건을 굴리고 잡아 보기 등의 활동을 해 보도록 한다.
- 2세 영아는 다양한 감각기능이 발달되어 감각의 차이를 구별하고, 이에 대응하는 능력이 있는 시기이다. 신체 활동 참여를 격려하고, 기본적 운동 능력 발달을 도모하며, 기초 체력을 형성토록 한다. 낮은 지면을 이용하여 걸어 보기, 평균대 활동은 몸의 평형력 발달을 유도하며, 일상생활에서 필요한 숟가락, 포크 등의 사용법을 익히면서 신체 조절 능력과 협응력이 발달된다. 영아용 미끄럼틀과 그네 등의 놀이기구를 이용한 대근육활동을 통해 기본 운동 능력을 발달시키도록 한다.
- 보육교사는 0, 1, 2세 영아의 움직임에 적절히 반응함으로써 신체 활동을 격려하고, 신체 활동 후에는 간단한 휴식 시간을 마련하여 신체 리듬의 조절을 도와야 한다. 또한 안전을 위하여 반드시 보육교사가 지켜보아야 한다.

제 4 장 영유아의 발달과 동작교육

영유아들은 깨어 있는 대부분의 시간은 놀이를 하며 보내고, 이러한 놀이를 통하여 신체 발달을 이룬다. 유아가 신체적으로 건강하지 못하면 활발한 놀이가 이루어지지 못한다. 몸이 허약하거나 신체적 운동 기능이 발달되지 못하고 장애가 있을 때는 여러 가지 놀이와 활동을 원활히 할 수 없는 것이다. 따라서 신체적 운동 기능의 발달은 인지, 정서, 사회, 언어 발달을 촉진시키는 아주 중요한 기초가 된다.

본 장에서는 유아에게 발달에 적합한 동작 프로그램을 계획하고 실행하기 위한 기초로서, 유아의 동작과 관련된 신체 · 운동 발달의 특징과 동작을 습득해 가는 과정에 대해서 알아보고자 한다.

또한 이러한 유아의 발달에 기초하여 발달에 적합한 동작교육 프로그램과 부적절한 동작교육 프로그램이 무엇인지도 함께 살펴보고자 한다.

1. 발달의 개념 및 원리

1) 발달의 개념

인간은 출생 이후 외부의 환경과 접촉하는 과정에서 개인이 가지고 있는 잠재적인 능력을 개발하고 신체적, 행동적으로 성장 · 발달해 간다.

발달의 개념에는 성장(growth)과 성숙(maturation)의 개념이 포함되는데, 성장이란 크기의 증대로 인한 양적 변화로, 몸무게가 증가하고 키가 커지는 것 등이 여기에 속한다. 성숙은 인간 행동의 많은 변화 중에서 주로 유전 정보에 의해 야기되는 프로그램화된 변화이다. 태아의 발달, 뼈의 성장, 치아의 돌출, 사춘기, 호르몬의 변화에 따른 변성, 발모, 초경 등은 신체적 성숙의 전형적인 예이다.

성장 또는 성숙의 개념에 더하여 발달을 이야기할 때 빼놓을 수 없는 것이 바로 '경험(experience)'이다. 경험은 학습의 과정을 통하여 발달적 특성을 다양하게 변화시키는 환경 내의 요인들을 의미한다.

결과적으로, 발달이란 경험과 학습 및 훈련과 같은 외적 작용에 의한 연령적 변화와 함께 유전 인자에 의한 내적 작용에 의한 생리적 변화를 모두 포괄하는 개념이라고 할 수 있다.

2) 발달의 일반 원리

일반적으로 인간의 발달에 적용될 수 있는 다음과 같은 몇 가지 기본 원리가 있다(서봉연, 2007).

① 발달은 대부분 일련의 순서에 따라 진행된다.

모든 유아는 앉은 다음에 설 수 있다. 타인에게 의존한 후에 스스로 독립할 수 있으며, 간단한 사물을 비교·분류한 후에 좀 더 추상적이고 복합적인 사고를 할 수 있게 된다. 즉 유아의 신체, 언어, 인지, 정서의 발달은 간단한 것에서 복합적인 것으로, 구체적인 것에서 추상적인 것으로 일련의 순서에 따라 진행된다.

② 발달은 연속적이지만 항상 고르고 점차적으로 이루어지는 것은 아니다.

발달 과정은 연속적으로 이루어지지만 발달의 속도는 개인의 정신적·신체적 기능에 따라 각기 다르다. 발달 과정 중 급격한 발달이 이루어지는 시기가

있고 그렇지 않은 시기가 있다. 예를 들어, 키의 성장과 몸무게의 증가는 출생 후 처음 1년 간에 일생 중 가장 큰 증가를 보이며, 그 후 사춘기 때 급속히 성장한다. 어휘와 운동의 발달은 유아기에 다른 때보다 가장 크게 발달하며, 논리적인 문제 해결능력은 사춘기를 중심으로 한 시기에 현저하게 발달한다.

③ 모든 개개인의 발달 특성 및 능력은 성숙과 경험(학습)의 상호 작용에 의해서 이루어진다.

심리적 발달에 미치는 성숙과 경험이 주는 영향은 분리하기가 매우 어려운 일이다. 균형 잡힌 성장과 발달은 주로 성숙에 의해 이루어지며, 운동 능력의 발달은 성숙과 경험의 상호 작용에 의해서 이루어진다. 성숙 요인은 발달의 시기를 결정해 준다. 유아가 걷게 되는 시기에 실제 경험을 제한하였다고 하여(최악의 제한이 아닌 한도 내에서) 그 걷는 시기가 지연되지는 않는다.

④ 발달에는 개인차가 있어서 발달 단계를 거치는 속도나 양상에는 많은 차이가 있다.

⑤ 발달의 각 영역은 서로 상호 작용한다.

유아의 신체 능력이 향상됨에 따라 지적 능력이 증가되며 사회적 행동에도 영향을 미치게 된다. 즉, 한 영역의 발달이 다른 영역의 발달에 직·간접적으로 영향을 미치게 되는 것이다.

2. 영유아기 운동 능력의 특성과 동작 활동

1) 영유아기 운동 능력 발달의 특성

영유아기에 있어서 가장 중요하고 가장 급속히 이루어지는 발달 형태 중의 하나가 신체 근육을 조절할 수 있는 운동 기능의 발달이다. 이러한 운동 능력 발달에는 발달이 진행되는 일정한 경향이 있다(조복희, 2010).

① 운동 능력은 뇌에서 가장 가까운 부분부터 발달한다.

눈 운동, 머리 운동과 손의 협응 동작이 먼저 이루어지고, 서고, 걷고 하는 다리 운동이 그 후에 이루어진다.

② 운동 능력은 중심 부분에서 말초 부분으로 발달한다.

몸의 중심 부분의 운동 능력이 먼저 발달하고 말초 부분은 뒤에 발달한다. 아기가 물체를 손으로 잡을 때 어깨와 팔꿈치가 먼저 움직이고 다음에 주먹이나 손가락을 움직이는 세밀한 동작이 발달한다.

③ 운동 능력은 대근육이 먼저 발달하고 소근육이 나중에 발달한다.

손가락을 가지고 장난감을 다루는 동작을 하기 위해서는 먼저 몸 전체의 움직임이 있고, 다음에 팔의 움직임이 있으며, 그 다음은 손목, 마지막에는 손가락으로 무엇을 조작하는 동작이 이루어진다.

④ 운동 능력은 양방에서 일방으로 발달한다.

유아의 신체 구조는 생리적으로 상하 양방 관계로 균형을 이루고 있으나 점차 어느 한쪽을 선택하여 발달하게 된다. 유아는 처음에는 양쪽 손을 모두 사용하게 되지만 초등학교 입학 시기쯤에는 어느 한쪽 손을 주로 사용하게 된다는 것이다.

⑤ 운동 능력은 수평적인 동작에서 수직적인 동작으로 발달한다.

유아는 걷고 앞으로 뛰는 동작을 학습한 후 수직으로 뛰는 동작을 학습하게 된다.

위와 같이 유아의 운동 기능의 발달은 다섯 가지의 원리에 의해서 이루어진다. 유아기의 운동 발달은 신경 조직의 성숙과 병행해서 이루어지며 유전적 성숙 계획에 따라 이루어진다.

2) 영유아기 운동 능력의 발달 과정

유아기에서 아동기를 거치면서 운동 기능은 주로 이동성(locomotor), 조작적(manipulative), 비이동성 혹은 안정(stability) 능력을 다루게 된다. 유아는 자신의 신체를 다양하게 움직이는 방법을 배우게 됨으로써 대·소근육이 발달하고 신체의 균형 유지, 신체 부분 간의 협응력, 공간 지각 등의 기초적인 신체 조정 능력이 길러지게 된다.

Gallahue(1995)는 운동 기능의 발달적 단계를 연령에 따라 반사적 동작(reflexive movement), 초보적인 동작(rudimentary movement), 기본적인 동작(fundamental movement), 전문화된 동작(specialized movement) 단계로 구분하였다(이영자 외, 1999).

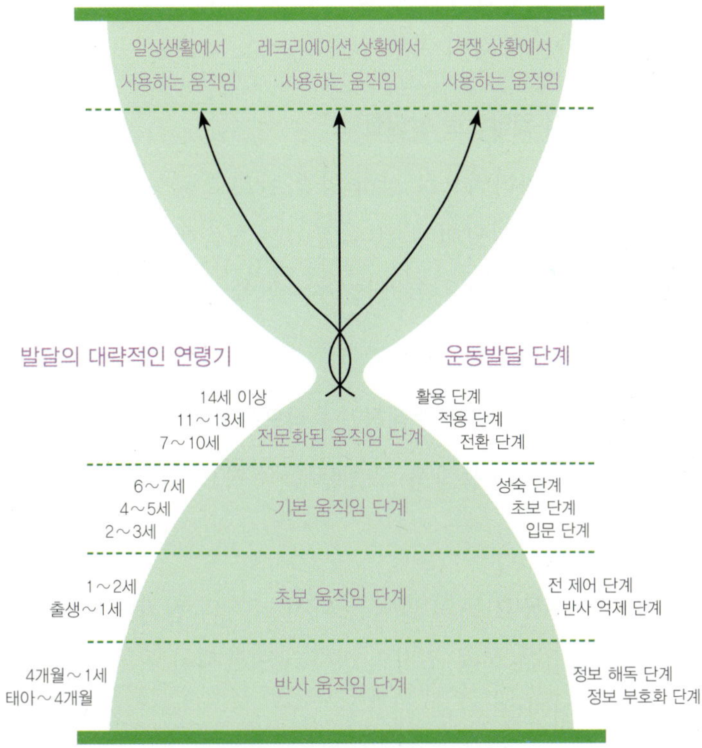

[그림 4-1] 운동 발달 단계

출처: Gallahue Ozmun, 2009, 김경원, 송우엽에서 재인용

Gallahue의 연령별 운동 발달 단계

1 1단계: 반사적 동작 수준(reflexive movement)

➔ 태아 · 신생아기

반사적 동작은 태아와 신생아기에 나타나는 최초의 운동 발달의 특징이다. 반사는 외적인 자극에 따라 무의식적으로 신체가 움직여지는 것을 말한다. 반사는 주로 먹는 기능과 생리적 기능을 유지하는 데 유용하며, 신생아를 위험으로부터 보호해 주는 기능을 한다. 대표적인 반사 동작들을 보면, 빨기 반사, 방향 반사, 바빈스키 반사, 모로 반사, 파악 반사 등이 있다. 이러한 반사적 행동이 점차적으로 통제되면서, 이와 함께 발육이 불완전하기는 하지만 초보적인 운동 능력(rudimentary movement)의 발달로 발전해 간다.

2 2단계: 초보적 동작 수준(rudimentary movement)

➔ 출생 직후의 영아에서부터 약 2세까지

이 시기는 의도적인 신체 운동이 시작되는 주요한 시점이다. 목 · 머리 · 몸을 통제하기 시작하며 앉고 서는 비이동(안정적) 동작이 가능하다. 팔꿈치와 엉덩이로만 기어가는 동작(crawling)과 손과 무릎을 사용하여 기어가는 동작(creeping), 그리고 걷기(walking)와 같은 이동 동작을 할 수 있다. 조작적 동작 기능으로서 사물에 손을 뻗치는 것이나 물건을 잡았다가 놓는 경험도 갖게 된다. 이 시기에는 이 세 가지 능력이 상호 작용하며 발달되는데, 그 발달 수준은 생존을 위해 필요한 가장 초보적인 단계에 그친다.

3 3단계: 기본적인 동작 수준(fundamental movement)

➔ 생후 2년에서 약 7세까지

이 시기에는 기초적 동작 능력은 초보 단계에서 기본 단계로 옮겨 간다. 여러 가지 기본 동작은 성숙하게 수행할 수 있을 정도가 된다. 그러나 아직은 세분화되고 정확한 기술적인 움직임은 발달되어 있지 않다. 유치원 시기에 이르게 되면 기본적인 동작은 뛰어넘기와 스키핑(skipping)을 제외하고는 대부분 할 수 있다. 스키핑은 대부분의 유아가 배울 수 있기는 하지만, 어떤 유아는 초등학교에 올라가서도 어려움을 느끼는 경우도 있다. 공 던지는 모양도 상당히 다양하다. 어떤 유아는 밑으로 던지고, 또 다른 유아는 옆으로 던지고, 머리 위로 던지는 경우도 있다. 왼발을 앞으로 하고 오른손을 뒤로 해서 던지는 모양은 초등학교 1학년에 가서야 가능하게 된다. 공을 받는 기능도 유아들이 받을 때 얼굴에 맞지 않을까 하는 공포감 때문에 아직 미숙하다.

4 4단계: 스포츠와 관련된 동작(sports-related movement)

➔ 7세 이후 청년기까지

이 시기는 보다 세분화된다. 초등학교 저학년(7~10세) 시기에는 일반적인 운동(general movement) 능력이 발달하게 된다. 기초적인 동작 발달 단계보다 각종 동작을 정확하게 할 수 있게 된다. 초등학교 고학년(11~13세) 시기에는 보다 세분화된 운동(specific movement) 능력이 발달하며 복합된 동작 기술이 나타난다. 14세부터 청년기까지는 전문화된 운동 기술(specialized skill)이 발달된다. 이제까지 습득한 모든 운동 능력을 경쟁적이고 오락적인 각종 스포츠나 레크리에이션에 적용할 수 있는 시기이다(이영, 1993).

〈표 4-1〉 선별된 안정성 능력들의 출현 순서

움직임 패턴	선별된 관련 능력	대략적인 연령
동적 평형성 동적 평형성은 무게중심이 이동할 때 평형을 유지하는 능력을 뜻한다.	1인치(2.5cm) 너비의 직선 위에서 걷기	3세
	1인치(2.5cm) 너비의 원형선 위에서 걷기	4세
	낮은 평균대 위에 서 있기	2세
	4인치(10cm) 너비의 평균대 위에서 짧은 거리 걷기	3세
	4인치(10cm) 너비의 평균대 위에서 발 번갈아 가며 걷기	3~4세
	2인치 혹은 3인치(5.1cm 혹은 7.6cm) 너비의 평균대 위에서 걷기	4세
	기초적인 앞구르기 하기	3~4세
	성숙된 형태의 앞구르기 하기	6~7세
정적 평형성 정적 평형성은 무게중심이 고정되어 있을 때 평형을 유지하는 능력을 뜻한다.	서는 자세로 당겨 주기	생후 10개월
	손 잡아 주지 않고 서기	생후 11개월
	혼자 힘으로 서기	생후 12개월
	한 발로 3~5초 균형 유지하기	5세
	신체의 세 부위를 대고 기초적인 물구나무서기	6세
축성 움직임 축성 움직임은 굽히기, 펴기, 비틀기, 몸 돌리기 등과 같은 정적 자세를 뜻한다.	축성 움직임 능력들은 유아 초기에 발달하기 시작하며, 던지기, 받기, 차기, 치기, 트래핑 등과 같은 조작적 패턴들이 나타나기까지 점차적으로 정교해진다.	생후 2개월~6세

출처: Gallahue Ozmun, 2009, 김경원, 송우엽에서 재인용

균형을 잡는 동작은 여러 다양한 동작 활동의 기초가 된다. 안정되게 균형을 유지하기 위해서는 근육의 발달과 더불어 시각적 요인도 작용한다. 가령 눈을 감고 한쪽 발로만 균형을 잡고 있으면 몸이 흔들리기도 하며 눈을 뜨고 있더라도 시선을 움직이면 균형을 유지하기 어려워한다. 균형을 유지하는 동안 시선을 한 점에 고정하는 것이 도움이 된다.

3. 동작 기술의 학습 과정과 지도 방법

Gallahue(1996)는 동작 기술의 난이도 및 수준에 따라 교사가 적용할 수 있는 지도 방법을 [그림 4-2]와 같이 제시한다.

움직임 발달의 단계는 기초적인 움직임의 기술적 측면(움직임 발달 단계의 기초·성숙의 단계)과 스포츠나 무용과 관련된 움직임 측면(움직임 발달 단계의 과도기적·적용적 그리고 평생 생활 적응의 단계)으로 나뉜다. 움직임 학습의 단계(초급-중급-고급)에서는 교사의 적절한 지도가 필요하다. 초급 단계에서는 기초 움직임 기술을 습득할 수 있도록 한다. 중급 단계에서는 직·간접적인 교육 방법을 동원하여 학습자가 자신의 기술을 강화하고 적절히 적용할 수 있도록 한다. 이때 다양한 게임, 율동 및 자기평가적인 활동이 활용될 수 있다.

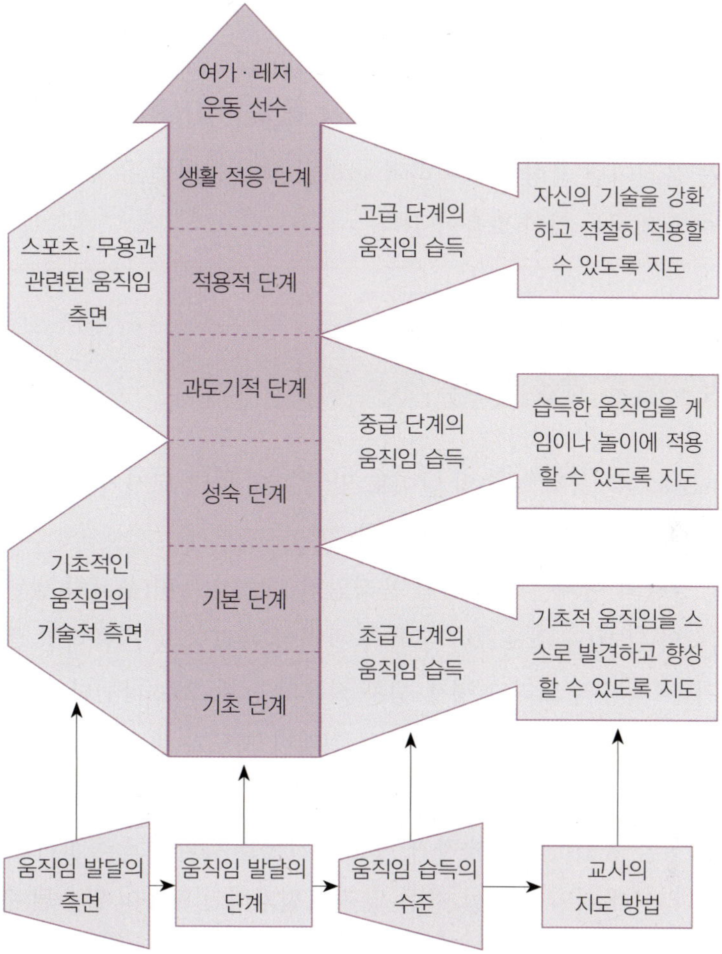

[그림 4-2] Gallahue(1987)의 움직임 기술의 난이도 및 수준에 따른 발달의 진행에 적용되어야 하는 교사의 교육 역점

4. 발달에 적합한 동작교육 프로그램

유아의 동작교육 프로그램은 성인과는 달리 유아들 스스로 움직여 보도록 제공되어야 한다. 유아의 발달적 특징이 고려되어야 하고 유아가 자신의 환경과 상호 작용하면서 학습을 이루어 가도록 해야 하며, 적극적인 참여자가 되어

학습할 수 있도록 해야 한다. 이를 위하여 교사는 유아들이 활동에 몰입할 수 있도록 적절한 환경을 제공하며 안내자의 역할을 해야 한다. 유아들이 좀 더 발달된 동작 기술을 습득하기 위해서는 특별히 계획된 동작 경험과 다양한 놀이를 경험할 수 있도록 도와주어야 한다.

1) 발달에 적합한 동작 프로그램의 요소와 부적절한 동작 프로그램의 구성 요소

미국 유아체육교육위원회인 COPEC(the Council on Physical Education for Children)은 체육교육과 움직임의 영역에 있어서 효과적인 지도를 위해 가이드라인을 제시한 바 있다. 발달에 적합한 동작 프로그램의 구성 요소 25가지를 제시하고 이에 따른 적절한 실제와 부적절한 실제에 대한 지침을 제공하였다.

COPEC의 지침은 발달적으로 적합한 실행을 규정하는 NAEYC(미국유아교육협회)의 지침과 호환된다. 지침은 어린 유아들의 인지, 사회-정서적, 신체적 발달에 있어서는 해당되지 않으며 적용에는 교사의 적절한 판단이 요구된다.

<표 4-2>는 유아의 운동 발달을 위한 지침의 내용이다.

〈표 4-2〉 유아의 운동 발달을 위한 지침

학급의 크기를 제한한다.
교사는 아이들에게 발달적으로 적합한 개별화된 교육을 위하여 그룹의 크기를 제한한다. 4~5세 유아에게는 교사 1인당 9~10명 이상의 유아가 속하면 안 된다. 더 어린 유아들의 경우에는 더 작은 그룹일 필요가 있다(Bredekamp 1987).
최대한의 참여를 촉진한다.
교사들은 유아들이 배제되지 않는 활동을 하며 최대한의 참여를 이끌어 내기 위하여 자주 활동에 변화를 주기도 한다. 교사는 유아들이 특정한 활동에 열심히 참여한 뒤에는 짧으나마 휴식 시간이 필요하다는 사실을 안다. 교사들은 충분한 장비를 제공하여 각 유아들은 최대한으로 참여할 수 있다. 이러한 장비는 다양한 모양, 크기, 질감과 무게로 준비되어 실험과 능동적인 참여를 가능하게 하며, 유아가 자신의 기술 수준에 자신감을 가질 수 있도록 한다. 전통적으로 사용되지 않았던 도구들도 적절한 곳에 사용된다. 예를 들면, 잡기 활동을 위해서는 스카프를 이용한다든지, 배구에 풍선을 활용한다든지 하는 것이다.

움직임 프로그램과 놀이를 통합한다.
움직임 프로그램은 총체적인 교육 프로그램의 일부로서 교사에 의해 계획되고 조직된다. 이러한 프로그램들은 매일 매일의 교육과정에 포함되어 있다. 규정된 실내, 실외 프로그램 경험은 유아들의 놀이 경험을 향상시킨다.
반복과 다양성을 허용한다.
교사들은 같은 운동 기술을 위해 여러 다양한 학습 경험을 제공한다. 여러 가지 환경 맥락에 따라 제시되는데, 이는 기대되는 움직임 패턴에 대한 점진적인 발달을 가능하게 한다. 교사는 지도 시간을 통해 확장의 기회를 제공하며, 이러한 기술을 정교화하도록 한다.
학습 경험을 계획한다.
교사들은 교육 방법에 있어서 직접적, 간접적인 방법을 모두 사용한다. 직접적 지도 모델은 유아들이 따라 할 수 있는 가르침의 모델이 된다. 간접적 지도 모델은 유아로 하여금 운동의 가능성에 대해 탐구하고 그 범위를 알 수 있도록 한다. 교사는 유아가 환경을 능동적으로 탐구하면서 활동 속에서 혹은 활동 사이 사이에 선택할 수 있는 기회를 제공한다. 교사는 촉진자로서 도전적인 활동에 대해 유아를 자극할 수 있는 환경을 제공한다.
총체적 발달을 돕는다.
교사들은 움직임 활동을 유아들의 총체적 발달을 위해 계획한다. 교사는 유아들이 운동, 인지, 정서, 사회적 발달을 향상시킬 수 있는 발달적으로 적합한 움직임 프로그램의 범위 안에서 다양한 기회를 제공한다. 예를 들면, 협력, 차례 기다리기, 공유 등의 사회적 기술을 가르치는 기회는 일련의 과정 속에서 이루어진다. 이러한 과정 속에서 여러 가지 통로로 유아들이 움직이면서 공간적 인지 능력을 발달시키며 기본적인 움직임 기술을 실행해 보게 된다. 인지는 여기에서 활동과 연계되며, 이러한 움직임이 건강한 생활양식에 미치는 영향은 더욱 강화된다. 교수 과정은 유아의 양육 과정과 유아가 환경을 받아들이는 과정 속에서 총체적인 발달의 중심이 된다.

출처: Sanders, S. W., 2002.

제 5 장 유아 동작교육의 내용

유아가 경험할 수 있는 동작교육의 내용 및 범주는 학자들마다 조금씩 다르게 분류하여 제시하고 있다. 이러한 분류는 동작 활동에 대한 접근 방법에 따라 신체적 접근 방법에 초점을 맞춘 것과 극적인 접근에 초점을 맞춘 것이 있다. 전자는 동작교육의 내용을 기본 동작 및 체육 동작 기술로 제시함으로써 체육교육 지향적인 반면에 후자는 기본 동작을 포함하여 리듬 활동이나 창의적 동작 등을 제시함으로써 보다 포괄적인 동작교육을 지향하고 있다.

여러 학자들의 동작교육의 내용 분류를 살펴보면 다음과 같다.

Laban은 동작의 네 가지 구성 요소를 이용하여 8가지 기본 동작을 제안하였다. 8가지 기본 동작으로는 비틀기, 누르기, 미끄러지기, 뜨기, 튕기기, 밀어내기, 내리쳐 베기, 토닥거리기 등이다. 이러한 8가지 기본 동작은 대부분 일상생활을 영위하는 생활 움직임과 일치하거나 응용되어 동작의 폭넓은 범위와 경험을 통해 운동의 효과는 물론 생활의 리듬감도 갖게 될 수 있다고 보았다(이영, 1993).

Gallahue(2009)는 유아와 초등학교 저학년을 위한 체육 활동은 기본적 운동기술(이동운동 기술, 비이동운동 기술, 조작운동 기술)과 동작 개념(노력, 공간, 관계)인 게임, 댄스, 자기 테스팅 활동의 형태로 다루어야 한다고 하였다.

게임은 기본적인 동작과 규칙이 단순한 놀이 방법을 의미하며, 댄스는 리드미컬한 움직임의 확장을 위한 것으로 기본적인 리듬, 노래 리듬, 창의적인 리듬

활동을 포함시켰다. 기본적인 리듬은 리듬의 다양한 요소에 대한 인식을 발달시키고 표현하는 활동이며, 노래 리듬에는 라임이나 동시, 손유희, 노래하며 춤추기가 포함되었고, 창의적인 리듬 활동은 초등학교에 포함시켰다.

어린 유아의 체육교육에 가장 중요한 부분으로 자기 테스팅 활동을 강조하였는데, 이 활동은 유아 개인적 입장에 따라 참여하며 여기에는 탐색 활동, 체력 활동, 스턴트, 텀블링, 작고 큰 종합 놀이기구 활동을 포함한다. 탐색 활동은 달리기, 점핑, 던지기, 잡기, 비틀기와 같은 기본적인 동작을 탐색하는 개별적인 움직임 탐색 활동과 지각운동 활동(신체 인식, 공간 인식, 운동감각 기억, 청각 인식, 시간 인식이 포함된 활동)이 포함된다. 체력 활동은 체력의 구성 요소 증진과 각 개인의 체력 수준 개선을 목적으로 하는 것으로 조깅이나 줄넘기 등이 여기에 속한다. 작고 큰 종합 놀이기구 활동은 풍선, 팥주머니, 줄, 지팡이, 평균대, 수평 사다리, 뜀틀, 기어오르기 시설, 모형 선박 등을 이용한 활동을 말한다(윤애희, 2000).

Pica(1995)는 Gallahue의 분류에 체육 동작 기술(gymnastic movement skill, 구르기, 무게중심 옮기기, 균형 잡기, 기어오르기, 매달리기를 따로 포함시킴)을 첨가하여 네 가지 유형으로 나누었다.

Gabbard 등(1988)은 동작교육 내용의 범위를 동작 활동의 기초 영역과 응용 영역으로 나누었다. 동작 활동의 기초 영역은 이동 동작, 비이동 동작, 조작적 능력과 동작의 기본 요소에 대한 인식으로 구성되었으며, 이를 토대로 창의적 신체 표현 활동, 게임 활동, 체조 활동으로 구성된 동작 활동을 응용 영역으로 구분하였다.

이밖에 다른 학자들은 이동 동작, 비이동 동작, 조작적 동작 유형들은 물론, 음률 활동(rhythmic activities)을 포함시키거나 또는 창의적 동작을 포함시키기도 한다.

여러 학자들의 움직임에 관한 견해는 움직임 교육을 맨 처음 시작한 Laban의 움직임에 대한 기본적인 입장을 크게 벗어나지 않고 있다. 이동운동, 비이동운동, 조작적 운동을 통해 신체 인지, 움직임의 질, 공간 인지, 관계의 개념을 익히

고 몸에 대한 이해를 통하여 더욱 높은 수준의 운동 기능을 효율적으로 수행할 수 있도록 하는 것이다.

여러 학자들의 내용 분류에 대한 견해에 기초하여 본서에서는 동작교육의 내용 범주를 동작교육의 기초 영역과 응용 영역으로 나누고 기초 영역에서는 동작의 기본 요소와 이동 동작, 비이동 동작, 조작적 동작을 알아볼 것이다. 응용 영역에서는 리듬 활동, 창의적 활동에 대해 알아보고자 한다.

1. 동작교육의 기초 영역

동작 활동의 기초 영역은 몸의 각 부분을 이용하여 동작의 기본 요소인 시간, 공간, 무게, 흐름을 탐색해 보는 활동이다. 이는 신체적 접근 방법이라고도 한다(이영, 1993). 동작 활동의 기초 영역은 동작의 기본 요소의 인식을 기초로 하는 기본 동작 능력인 이동 동작 능력, 비이동 동작 능력, 조작적 능력으로 나누어진다(Gabbard, Leblanc, & Lowy, 1988). 이러한 동작 활동의 기초 영역을 경험하고, 차츰 동작 활동을 확장시켜 리듬에 맞추어 움직이거나 상상을 통해 창의적인 동작 표현을 경험하도록 해야 한다.

1) 동작의 기본 요소

인간의 동작은 동작의 기초가 되는 요소들로 구성되는데, 동작 구성 요소를 이해함으로써 유아는 신체의 어느 부분을, 어디로, 어떻게 움직일 수 있는가를 보다 명확하게 인식하게 된다.

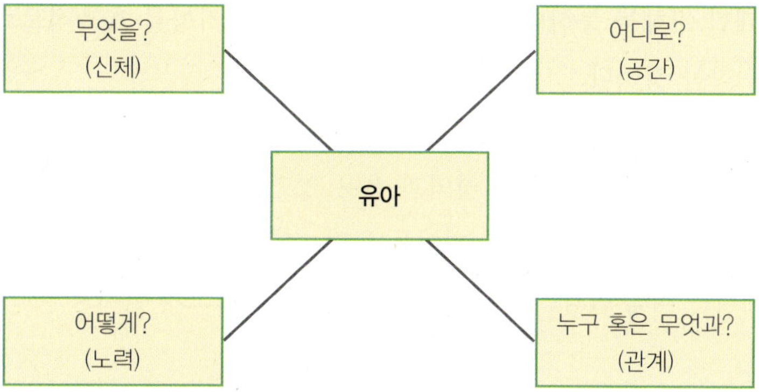

[그림 5-1] 동작의 기본 요소

출처: Slater, 1993.

위의 [그림 5-1]과 같이 Slater(1993)는 동작의 기본 요소를 신체를 중심으로 '무엇을', '어디로', '어떻게', '누구와'로 나누었다.

대부분의 동작교육자들은 인간의 동작을 분석하는 기준으로 Laban의 이론을 참고하되 다소 다른 용어를 사용하기도 하고 다른 요소를 포함시키기도 한다. 하지만 대체로 신체 인식(body), 공간(space), 시간(time), 힘(force), 흐름 (flow), 관계(relationships) 등을 인간의 동작을 구성하고 동작의 질을 좌우하는 기본 요소로 보았다.

(1) 신체 인식(body awareness)

신체 인식이란 '무엇이 움직이는가?'를 이해하는 것이다. 자신의 신체 각 부분의 명칭을 인식하고 이러한 부분들은 어떻게 움직일 수 있는지 탐색해 보며, 신체의 각 부분으로 만들 수 있는 신체의 형태를 발견할 수 있다.

신체 인식을 경험하게 하기 위해서는 유아들에게 신체의 구조적 특성 및 기능을 간략하게 설명하고, 신체 부위의 명칭과 부위별 움직임의 특성을 알게 한다. 신체 인식 활동을 통해 유아는 신체 동작(구부리기, 쭉 펴기, 꼬기), 신체 활동(비이동운동, 이동운동, 조작운동), 신체 모양(둥글게, 쭉 펴서, 꼰 채로)을 조절하는 것을 배우게 된다(Thomas et al., 1998). 또한 다른 사람들과의 의사소통과

자신의 감정 표현을 위해 신체를 어떻게 사용하는가에 대한 것도 이해하게 된다(원영신, 윤용진, 1998).

따라서 신체 개념의 하위 요소는 신체 부분, 신체 전체, 신체 모양, 신체 표면, 신체 활동을 포함할 수 있고 하위 요소는 다음과 같다.

- 신체 부분: 독립적 동작, 주도적 동작, 무게 지탱하기
- 신체 전체: 흔들기, 꼬기, 돌기, 구부리기, 뻗기, 가라앉기, 누르기, 떨기
- 신체 모양: 직선 모양, 곡선 모양, 꼬인 모양
- 신체 : 앞, 뒤, 옆 방향
- 신체 활동: 비이동운동, 이동운동, 조작운동

〈표 5-1〉 기본 운동

신체 개념(활동으로서)		
이동운동	비이동운동	조작운동
걷기	돌기	던지기
달리기	비틀기	잡기
홉핑	구부리기	치기
스킵	멈추기	차기
말뛰기	구르기	떨어뜨리기
미끌어지기	균형 잡기	되차기
오르기	옮기기	라켓으로 치기
뛰어오르기	점프하기	긴 손잡이 도구 치기
기기	스트레칭하기	
질주하기	비틀기	
	흔들기	
	피하기	

동작의 기본 요소					
시간		힘			흐름
속력	리듬	세기	창조적인 힘	흡수하는 힘	범위
천천히	연달아 치기	강하게	출발	멈추기	개인 동작
중간	율동적 흐름	보통으로	지탱	받기	공동 동작
빠르게	패턴	약하게	격정적인	안정시키기	변화
가속			점진적인		

공간 개념			
공간 자기 공간 일반 공간	**방향** 위/아래 앞에/뒤에 오른쪽/왼쪽 옆쪽 시계 방향 시계 반대 방향	**높이** 높게 보통 낮게	**경로** 일직선 곡선 지그재그
관계 개념			
자신의 신체와의 관계			사람과 사물과의 관계
신체 부분 머리, 목, 귀, 눈, 코, 어깨, 무릎, 발뒤꿈치, 팔, 허리, 가슴, 배, 엉덩이, 다리, 척주, 손, 손가락, 발목, 손목, 팔꿈치, 발톱	**신체 모양** 크게/작게 곡선/직선 넓은/좁은 꼬기 같은/같지 않은	**역할** 주요한 따르기 모범 조화 교대 솔로 파트너 그룹	**위치** 가까이/멀리 위에/아래 –의 앞에/–의 뒤에 함께/따로따로 대면하는/늘어서 있는 주위에/–의 끝에서

출처: Sanders, S. W., 2002.

활동의 예

- 내 몸이 크레용이 된 것처럼 상상하여 움직이기
- 누워서 발끝으로 천정에 커다란 그림을 상상하여 그리기
- 손에 풀을 발랐다고 상상하면서 바닥에 손을 붙여 보기
- 몸의 여러 부분을 바닥이나 벽에 붙이기
- 가위가 되었다고 상상하고 몸을 크게 움직이기

바닥에 등 대고 누워 있기

손바닥을 바닥에 붙이고 있기

유의점

- 가능한 한 '크게', '천천히', '빠르게'의 순서로 속도를 조절하도록 한다.
- 유아의 상상력과 창의력을 존중하고 신체의 부분을 이용하여 재미있게 표현하도록 한다.

(2) 공간

동작 표현에서 공간에 대한 이해란, 인간의 움직임 형태에서 "어디로 움직일 수 있는가?"를 이해하는 것이다.

공간 인식이 발달한 유아는 다른 사람들과 충돌하지 않으면서 공간 속에서 움직일 수 있다. 움직이면서 신속히 높이를 변화시킬 수 있으며, 짝과 함께 또는 물체를 가지고 복잡한 공간에서 움직일 수 있다. 뿐만 아니라 신체 부분을 공간 속에서 섬세하게 변화시킬 수 있다(Hoffman, Young & Klesius, 1981). 공간은 상하, 전후, 좌우로 무한하게 펼쳐져 있기 때문에 동작의 크기에 따라 달라지는 공간의 높이, 움직임이 이동할 때 생기는 높낮이, 움직이는 방향 등에 의해 다양한 움직임이 생기게 된다. 공간 개념에는 대체로 자기 공간, 일반 공간, 방향, 높이, 범위, 경로를 포함하고 있으며 하위 요소는 다음과 같다.

- 장소: 자기 공간(개인 공간), 일반 공간(공동 공간)
- 방향: 앞, 뒤, 옆, 위, 아래
- 높이: 높게, 보통, 낮게
- 범위: 크게, 보통, 작게
- 경로: 직선, 곡선, 조합

또한 공간은 개인 공간(personal space), 일반 공간(general space)으로 분류될 수 있다.

❶ 개인 공간 또는 자기 공간(Personal Space or Self-space)

개인 공간은 자기 자신만을 위한 공간으로, 신체에 아주 가까이 있는 앞 · 뒤 · 옆의 공간을 말한다. 자신의 개인 공간을 확보하기 위해 유아들에게 자기의 팔이나 다리를 사방으로 뻗어 보게 하거나 양팔을 벌리고 자기 몸을 축으로 한 바퀴 회전하도록 하여 다른 유아의 움직임에 방해를 주지 않도록 할 수 있다. 개인적 공간 활동은 제자리에서 신체를 움직이는 활동을 말한다. 예를 들면, 높은 자세나 낮은 자세 취하기, 팔을 여러 방법으로 움직여 보기 등이다.

활동의 예

- 한 지점에서 몸을 높게, 낮게, 중간으로 하기
- 몸 주위의 공간을 탐색하기 위하여 팔을 여러 가지 방법으로 움직여 보기
- 이동하지 않고 신체로부터 멀리 떨어져 있거나 가까운 영역을 탐색해 보기
- 위, 아래, 앞, 한쪽, 반대쪽 등의 공간을 탐색하기
- 바닥 위에서 발을 위로 높게 올려 보기

한 지점에서 몸을 높게, 낮게, 중간으로 하기

유의점

- 몸 주변의 공간을 보다 효율적이고 안전하게 탐색하기 위해 위험한 물건을 미리 치워 두어 안전하게 활동할 수 있게 한다.
- 자신의 몸에서 가까운 공간부터 점차 넓혀 가며 공간을 탐색할 수 있도록 한다.

❷ 일반 공간 또는 공동 공간(General Space or Shared Space)

일반 공간은 이동하면서 집단이 함께 공유하는 공간이다. 유아들이 일반 공간을 돌아다닐 때 지켜야 할 규칙은 다른 사람과 부딪히거나 균형을 잃지 않도록 주의하는 것이다. 일반적 공간 활동은 다른 위치로 이동해 보는 활동을 말한다. 예를 들면, 비눗방울이 되어 교실 주위를 걷기, 번개가 되어 보기 등이다.

활동의 예

- 공간의 구석구석을 돌아다녀 보기
- 공간을 차지하기
- 공중이나 마루에 다양한 패턴 만들기(커브, 지그재그, 직선, 원)
- 유아들을 남자아이가 반, 여자아이가 반으로 나누어 서로 마주 보게 한 후 자리 바꾸기 활동하기(교사는 "남자 친구들은 모두 일어나 다른 친구들과 부딪히지 않게 반대편으로 자리를 바꾸세요."라고 말한다).
- 넓은 공간에 훌라후프를 흩어 놓고 3명만을 뺀 모든 아이들이 훌라후프 안에 앉기. 3명의 유아는 훌라후프를 건드리지 않고 주위의 공간 돌아다니다가 신호가 울리면(아이나 교사) 3명의 유아가 움직이지 않기. 모든 유아가 활동을 해 본 후 끝내기

공간의 구석구석을 돌아다녀 보기

공중이나 마루에 다양한 패턴 만들기

유의점

- 탐색할 수 있는 공간을 작게 또는 크게 준비하여 다양한 공간을 경험할 수 있게 한다.
- 교사가 활동하기 전 미리 의미 있는 공간을 만들어 두면(예를 들어, 색깔 관련 공간, 느낌 관련 공간, 크기 관련 공간 등) 더 풍부한 활동이 가능하다.

(3) 힘(force)

힘과 시간은 동작에 질적인 특징을 부여하는 것으로, '신체가 어떻게 움직여지는가'에 관심을 갖는다. 힘이란 동작의 강도와 노력(effort)를 말한다. 동작의 강약은 다양한 느낌을 표현하는 데 매우 중요한 요소로, 사용된 힘의 양은 움직임을 질적으로 변화시킨다(원용신, 윤용진, 1998). 유아는 움직임을 통해 신체의 어느 부분을 힘 있게 또는 가볍게 할 수 있는지, 재빨리 또는 부드럽게 표현할 수 있는지, 흐르는 듯 연결되는 움직임과 끊어지는 움직임은 어떻게 해야 하는가를 경험할 수 있다.

김길숙(2003)은 힘 개념의 하위 요소로 힘의 세기와 힘의 질을 포함시켰다.

- 힘의 세기: 강하게, 보통으로, 약하게
- 힘의 질: 점점 강하게, 점점 약하게

활동의 예

- 싸우는 동작 탐색해 보기
- 하늘을 부드럽게 나는 새의 깃털처럼 부드럽게 움직이기
- 걸음걸이를 작게 하여 빠르게 달려 보기
- 로봇처럼 몸이 딱딱하다고 생각하며 움직이기
- 종이의 흔들림을 관찰하고 몸으로 표현하기
- 여러 가지 물체의 움직임을 관찰하고 몸으로 표현하기

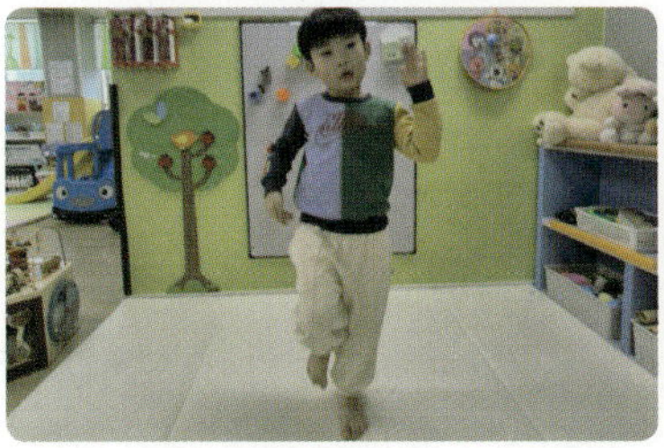

로봇처럼 몸이 딱딱하다고 생각하며 움직이기

종이의 흔들림을 관찰하고 몸으로 표현하기

유의점

- 몸의 다양한 부분에 힘을 주어 힘의 세기에 따라 달라지는 동작을 충분히 느낄 수 있도록 한다.
- 힘은 세기뿐만 아니라 순간적인 힘으로 빠르기를 나타낼 수도 있음을 알고 다양한 활동을 경험하도록 한다.
- 힘은 필요한 상황에서 올바르게 사용해야 모두 다 함께 안전한 생활을 할 수 있다는 것을 충분히 인식시켜 주는 것이 필요하다.

(4) 시간

동작에서 시간은 '얼마나 변화 있게 움직이는가?'를 의미하는 것으로, 신체 전체나 신체의 각 부분이 여러 가지 속도로 움직일 수 있게 한다. 즉, 시간이란 속도의 요인으로, 빠르고 느리고의 리듬 차이에 반응하여 얼마나 변화 있게 움직이는가를 의미한다. 동작 속에는 필수적으로 시간(리듬) 요소가 포함되는데, 움직임에 생명력을 느끼게 하는 리듬감과 속도감을 준다. 특히 리듬감은 유아들이 다양한 기본 운동 능력(예를 들어, 뛰기, 스킵, 앙감질 등)을 탐색하는 데 가장 많은 영향을 주는 요소로 꼽을 수 있다.

시간 개념의 하위 요소로는 속도, 리듬이 있으며, 구성 요소는 다음과 같다.

- 속도: 빠르게, 보통, 느리게, 점점 빠르게, 점점 느리게
- 리듬: 리듬 맞추기, 리듬 패턴

활동의 예

- 빠르게, 보통, 느리게 치는 타악기 소리의 속도를 구별하기
- 점점 빠르게와 점점 느리게 동작을 포함시켜 몸 움직이기
- 느리게 움직이는 동물들의 움직임을 관찰하고 따라 해 보기(예: 지렁이, 뱀 등)
- 빠르게 움직이는 동물들의 움직임을 관찰하고 따라 해 보기(예: 원숭이, 쥐 등)
- 사계절의 날씨에 대해 이야기해 보고 계절의 변화에 맞추어 동작으로 표현하기

• 계절마다 특징을 찾아 신체로 표현하기

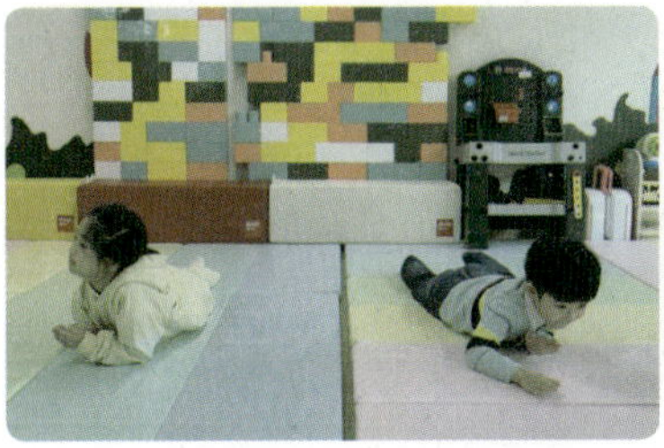

느리게 움직이는 동물들의 움직임을 관찰하고 따라 해 보기

빠르게 움직이는 동물들의 움직임을 관찰하고 따라 해 보기

유의점

• 제시해 주는 소리의 속도가 익숙해질 정도로 느끼게 한 후 속도의 변화를 주어 변화를 느끼게 한다. 속도에 익숙하지 않은 채 바로 변화를 주면 충분한 변화를 알 수 없거나 리듬을 느낄 수 없다.
• 다양한 리듬에 맞추어 다양한 움직임을 나타내 보기 위해 적절한 자료를 제공한다.

(5) 흐름

흐름은 '인간이 어떻게 하면 몸을 더 잘 움직일 수 있는가'를 이해하는 것으로, 힘을 조절하는 것을 의미한다. 즉, 흐름이란 자유롭고 연속적으로 움직이는 것으로 동작이 연속적인지 비연속적인지를 말한다. 동작의 흐름은 자유로운 흐름(free flow)과 제한된 흐름(bound flow)으로 구분되는데, 자유로운 흐름은 움직임이나 움직임의 부분들을 부드럽게 함께 연결시키는 것을 의미한다. 제한된 흐름은 동작의 끝이나 동작의 일부가 끊어지는 것을 의미한다. 흐름 개념의 하위 요소는 다음과 같다.

• 자유로운 흐름: 유연하게, 유창하게, 계속적으로, 자유롭게
• 제한된 흐름: 유연하지 않게, 끊기게, 제한되게, 정지된

활동의 예

- 자유롭게 돌아다니다 '멈춤' 신호에 따라 움직임을 멈추기
- 「그대로 멈춰라」 노래에 맞춰 동작 활동하기
- 음악을 듣고 흐름에 따라 몸으로 표현하기
- 멈췄을 때 새로운 동작을 발견하고 신체를 조절하기
- 대조적인 음악을 듣고 대조적인 부분을 찾아 움직임으로 나타내기

자유롭게 돌아다니다
'멈춤' 신호에 따라 움직임을 멈추기

「그대로 멈춰라」 노래에 맞춰
동작 활동하기

유의점

- '멈춤' 신호를 단순히 소리뿐 아니라 다양한 매체를 이용하여 멈추는 활동을 하면 더욱 재미있는 활동이 될 수 있다(예를 들어, 교사가 움직임과 멈추기의 의미가 들어 있는 색깔 막대기를 뽑아 신호를 줄 수 있다).
- '무궁화꽃이 피었습니다', '여우야 여우야 뭐 하니' 등의 전래놀이를 통해서도 흐름을 경험할 수 있다. 이때 유아들이 빠르게 도망치거나 멈추는 과정에서 안전사고가 발생하지 않도록 유심히 살핀다.

(6) 관계

동작에 있어서 관계란, 유아와 교사와의 관계, 유아와 유아와의 관계, 한 집단의 유아와 다른 집단의 유아와의 관계, 유아와 물체와의 관계를 뜻한다. 신체 간의 관계는 움직이면서 신체 부분을 멀리, 가까이 하며, 사람과의 관계는 혼자서, 짝과 함께, 소그룹, 대그룹으로 상호 유도하며 따라 해 볼 수 있는 기회를 제공하는 것이다(김길숙, 2003). 사물과의 관계는 공간 속에서 사물을 조정하는 능력을 의미하는 것으로, 던지기, 잡기, 차기 같은 활동을 통해 사물을 조작하는 방법을 익히는 것이다(Day, 1994; 배인자, 한규령, 1996에서 재인용). 관계 개념의 하위 요소는 다음과 같다.

- 사람과의 관계 : 짝, 집단
- 사물과의 관계 : 위로, 아래로, 앞으로, 밖으로, 주변을 돌면서, 넘어서

활동의 예

▣ 혼자서
- 학급의 다른 어린이들과 일반 공간을 공유하는 것 배우기
- 개인 공간과 일반 공간에 관하여 학습하기
- 타악기, 음악 그리고 그 밖의 다른 외적 자극에 관하여 학습하기

▣ 둘이서
- 공통된 과제를 하는 다른 어린이와 공간을 공유하기
- 리더를 따라 하기

▣ 셋이서
- 소그룹에서 어린이들에게 리드를 하거나 따라 해 보는 기회 제공하기

▣ 대그룹으로
- 여러 명의 다른 어린이들과 함께 아이디어나 동작을 공유하는 기회를 제공하기. 여러 가지 다른 그룹 편성에서 동작을 해 볼 수 있는 기회 제공하기(직선, 원, 사각, 두 줄, 다른 수준의 그룹 등)

리더를 따라 하기

유의점

- 혼자서 하는 활동을 할 경우에도 다른 친구들의 활동도 충분히 관찰하고 긍정적인 부분을 모방할 수 있도록 자극해 준다.
- 둘이서 활동하는 경우 협동심을 기를 수 있는 놀이를 제공해 주고 리더의 역할을 충분히 경험할 수 있도록 역할을 바꾸어 준다.
- 여러 명이서 활동하는 경우, 각각의 유아가 활동에 대한 반응이나 그 팀 안에서의 역할을 잘 수행하고 있는지 세심한 관찰을 통하여 부족한 부분을 도울 수 있도록 한다.

출처: 김은심, 1994.

〈표 5-2〉 움직임 개념의 구성 요소

움직임 개념	하위 개념	내용 요소
신체 개념	• 신체 부분	신체 안 : 근육, 뼈, 마디, 심장, 허파, 관절 등 신체 밖 : 머리, 목, 어깨, 팔, 손, 등, 엉덩이, 다리, 발 등
	• 신체 동작	흔들기, 꼬기, 돌기, 구부리기, 뻗기, 가라앉기, 누르기, 떨기, 비틀기, 돌리기, 휘돌리기, 일어서기, 비꼬기
	• 스텝	걷기, 달리기, 뛰어넘기, 건너뛰기, 뛰어오르기, 껑충 뛰기, 질주하기, 미끄러지기
	• 신체 모양	직선 모양, 곡선 모양, 꼬인 모양
	• 신체 표면	앞, 뒤, 옆
	• 신체 관계	가까이, 멀리
	• 신체 활동	비이동운동, 이동운동, 조작운동
공간 개념	• 장소 • 방향 • 높이 • 범위 • 경로 • 모양 • 초점	자기 공간, 일반 공간 앞, 뒤, 옆, 위, 아래 높게, 보통, 낮게 크게, 보통, 작게 직선, 곡선, 조합 공간 속에서 몸의 구도 눈의 방향
힘 개념	• 힘의 세기 • 힘의 질 • 공격 • 무게 • 내구력	강하게, 보통으로, 약하게 점점 강하게, 점점 약하게 날카로운, 부드러운 무거운, 가벼운 팽팽, 느슨
시간 개념	• 속도 • 리듬 • 박자 • 강약 • 지속 • 형식	빠르게, 보통, 느리게, 점점 빠르게, 점점 느리게 리듬 맞추기, 리듬 패턴 맥박 힘 길게, 짧게 조화
흐름 개념	• 연속 흐름 • 한정 흐름	유연하게, 계속적으로, 자유롭게 끊기게, 정지된, 제한된, 조심스러운
관계 개념	• 사람과의 관계 • 사물과의 관계	짝, 집단 위로, 아래로, 앞으로, 밖으로, 주변을 돌면서, 넘어서

출처: Mary Joyce, 1980; 오연주 외, 2001.

〈표 5-3〉 움직임 개념의 계열성을 고려한 내용 조직

	활동명	유아 동작교육 내용 영역			
		지각 운동	기본 운동	리듬 동작	표현 동작
1	자기 공간에서 움직이기	공간			
2	여러 방향으로 움직이기				
3	다른 높이로 움직이기	⇓			
4	선 따라 움직이기			모방 운동	모방 표현
5	신체 모양 만들기	신체			
6	신체 움직이기	⬇			
7	힘을 느끼며 움직이기			⇓	
8	구부리기와 뻗기	힘			
9	흔들기와 돌기	⇓	비이동		
10	균형 잡기		⇓		
11	앞구르기, 옆구르기				
12	속도를 느끼며 걷고 달리기				⇓
13	리듬에 맞추어 걷고 달리기	시간	이동		
14	두 발 모아 뛰기			리듬 감각 운동	
15	뛰어넘기				
16	한 발 뛰기(앙감질)	⇓	⇓		
17	말뛰기				
18	미끄러지기				
19	공 던지고 받기	관계	조작	⇓	
20	공차기				
21	자전거	⇓			
22	비행기	흐름			
23	국수				
24	팝콘	⇓			상상 표현 (즉흥)
25	바람				
26	나뭇잎				⬇
27	비눗방울				

출처: 이은희, 2009.

움직임 개념의 난이도에 따라 유아 동작교육 내용 영역을 계열화하였으며, 이는 <표 5-3>에 제시된 바와 같다. 먼저 내용 영역별로 지각운동 영역은 공간 지각, 신체 지각, 힘 지각, 시간 지각, 관계 지각, 흐름 지각 순으로 위계화하였다. 기본 운동 영역은 비이동(안정성)운동, 이동운동, 조작운동 순으로, 리듬동작 영역은 모방운동에서 리듬감각운동으로, 그리고 표현 동작 영역은 모방표현에서 상상표현 순으로 위계화하였다(이은희, 2009).

2) 기초적 동작

〈표 5-4〉 기초적인 동작의 유형

이동 동작	비이동 동작	조작적 동작
걷기(walking)	구부리기(bending)	던지기(throwing)
달리기(running)	뻗기(stretching)	받기(catching)
뛰어넘기(leaping)	꼬기(twisting)	차기(kicking)
뛰기(jumping)	회전하기(turning)	공 되받아치기(volleying)
앙감질(hopping)	흔들거리기(swinging)	공 튀기기(bouncing)
말뛰기(galloping)	구르기(rolling)	
미끄러지기(sliding)	균형 잡기(balancing)	
스키핑(skipping)	피하기(dodging)	
오르기(climbing)		

출처: Gallahue, 1995; Pica, 1995: 이영자, 이기숙, 이정욱, 1999에서 재인용.

(1) 비이동 동작(non-locomotor movement)

비이동 동작은 서기, 앉기, 쪼그리고 앉기, 출발, 정지, 들어올리기, 밀기와 당기기, 흔들거리기와 흔들기, 떨기와 튀기기, 비틀기와 돌기 등으로(김현지, 오연주, 1997), 안정(stability) 동작이라고도 한다. 비이동 동작이란 신체가 한 자세를 유지하는 동안 일반적으로 행해지는 기본적인 동작으로, 몸을 축으로 하여 장소를 옮기지 않고 움직이는 동작을 말한다.

정확한 비이동 동작은 몸의 올바른 자세를 형성시켜 주기 때문에 매일의 일상적인 생활에 반드시 필요한 교육 내용이다.

❶ 구부리기(Bending)

구부리기는 신체를 접는 동작을 통하여 근접한 두 신체 부위를 접근시키는 움직임을 말한다. 목, 허리, 팔꿈치, 무릎, 손목, 발목 등을 구부려 볼 수 있다.

활동의 예

- 서서 앞, 뒤, 옆으로 몸을 구부려 보기
- 앉아서 옆으로 구부려 보기
- 무릎을 꿇고 뒤로 구부려 보기
- 「높은 곳, 낮은 곳」 노래에 맞춰 몸으로 높고, 낮게를 표현해 보기
- 허리와 머리를 자기 발이 보이게 아래로 굽힌 후 굽힌 상태에서 10까지 세어 보기
- 줄을 이용하여 여러 높이의 울타리를 설치한 후 여러 가지 방법으로 울타리 아래로 통과해 보기(가장 낮은 줄 아래로 윗몸을 뒤로 굽혀 통과하는 유아를 격려해 주기)

서서 앞, 뒤, 옆으로 몸을 구부려 보기

앉아서 옆으로 구부려 보기

유의점

- 다양한 방법으로 몸을 구부리되 힘이 들지 않을 정도로 제한하고, 동작 활동 전 충분한 몸풀기를 통해 몸에 무리가 가지 않도록 한다.
- 여러 가지 소도구들을 이용하여 구부리기 활동이 풍족할 수 있게 접근한다.

❷ 뻗기(Stretching)

신체의 여러 부위를 수직이나 수평으로 펴는 움직임을 말한다. 굽히는 동작(bend)과 쭉 펴는 동작(stretch)은 반대되는 동작으로 함께 병행할 수 있는 움직임이다.

활동의 예

- 구부린 상태에서 몸을 쭉 펴기
- 다리를 벌리고 오른쪽, 왼쪽으로 허리를 굽혀 손을 발끝 쪽으로 뻗어 보게 하기
- 기지개 켜는 흉내 내기
- 음악에 맞추어 몸을 구부리고 쭉 펴는 동작을 계속해서 해 보기
  (유의점: 둘이 짝을 지어 등을 맞대고 두 팔을 깍지 끼기)
- 교사의 호루라기 소리에 달려가 튜브를 머리에서 다리(위에서 아래)로 통과한 다음 다시 제자리로 달려오게 하기(튜브 속으로 들어가 팔을 쭉 뻗은 채 튜브를 머리 위로 올린 후, 다시 발 쪽으로 내리면서 통과하기)

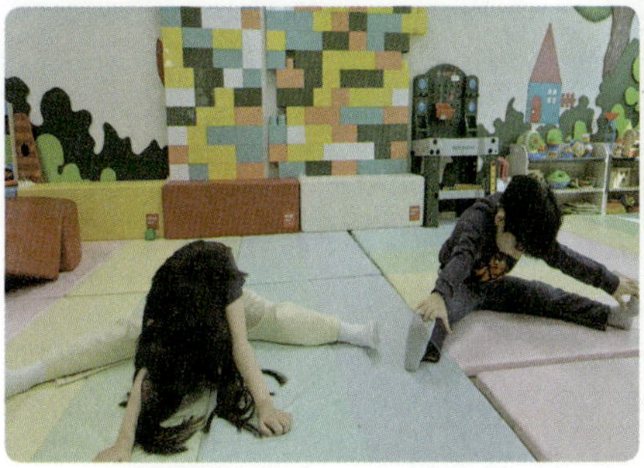

구부린 상태에서 몸을 쭉 펴기

기지개 켜는 흉내 내기

유의점

- 쭉쭉 뻗는 동작은 유아들의 성장과 발달에 도움을 주기 때문에 놀이와 함께 연결하여 자주 경험하게 한다.
- 구부렸다 뻗기, 앉았다가 뻗기 등의 다른 동작과 연결하여 할 수 있는 다양한 방법을 제시하여 유아들이 스스로 여러 동작과 뻗기를 연결할 수 있는 경험을 하게 도와준다.

❸ 꼬기(Twisting)

축을 중심으로 신체의 한 부분을 다른 부분으로 회전시키는 움직임이다. 회전하기(turning)가 몸 전체를 완전히 회전하는 연속적인 운동인 데 반해, 꼬기(twisting)는 몸의 일부분만을 꼬는 것이다.

활동의 예

- 우리 몸의 여러 부분을 실제로 꼬아 보기(예: 팔과 팔, 다리와 다리, 몸통 등)
- 몸의 여러 부분을 동시에 꼬아 보기
- 음악에 맞추어 자유자재로 몸의 각 부분을 꼬아 보기
- 발을 맞대고 누워 두 다리를 교차시켜 꼬인 모양 만들어 보기
- 오른팔을 어깨 너머 등으로, 왼팔을 옆구리를 지나 등으로 가져가 등 뒤에서 양손을 맞잡고 서로 당기기
- 여러 사람이 움직여서 전체적으로 꼬인 모양 만들어 보기
  (모든 유아가 손을 잡고 둥글게 서서 한쪽을 끊은 다음, 제일 처음 유아가 제일 마지막과 그 옆 유아의 팔 밑으로 들어가 한 바퀴 돌고, 다음에는 그 옆 유아의 팔 밑으로 들어가는 식으로 하여 팔이 X자로 꼬이는 활동을 해 보기. 전체를 다 꼰 다음에는 반대 방향으로 나와서 꼬인 팔을 풀어 보기)
- 그네의 줄처럼 꼬았다가 풀리는 동작 해 보기(예: 꽈배기, 꼬인 종이, 새끼줄 등)
- 수건 또는 스카프를 한 장씩 나누어 주고 마주 꼬아 보기

우리 몸의 여러 부분을 실제로 꼬아 보기

그네의 줄처럼 꼬았다가 풀리는 동작해 보기

유의점

- 꼬기의 의미를 알기 쉽게 활동하기 전 여러 가지 물건 등을 사용하여(수건, 점토, 털실 등) 꼬아 보는 활동을 하면서 변화를 관찰하는 것이 좋다.
- 친구들과 함께 꼬기 동작을 할 때 다른 친구가 아플 정도로 꼬기 동작을 하지 않도록 충분히 설명하여 안전하고 즐겁게 활동할 수 있도록 한다.

❹ 회전하기(Turning)

회전하기(돌기)는 몸 전체를 수직이나 수평의 축으로 돌리는 것을 말한다. 이때 팔과 머리는 최대의 효율성을 얻기 위해서 돌리는 방향으로 움직여야 한다.

활동의 예

- 팽이가 도는 것처럼 몸의 한 부분을 축으로 하여 제자리에서 또는 자리를 옮겨 가면서 돌아 보기(예: 꼬인 그네, 시계, 바늘 등)
- 시곗바늘이 도는 것처럼 일정한 점을 정하고, 그 점을 중심으로 돌아 보기
- 두 팔로 다양한 모양을 만들면서 돌아 보기
- 음악을 들려주고 음악에 맞추어 자유롭게 돌아 보기
- 매트를 깔고 제자리에서 반 바퀴 돌기를 한 후, 또 반 바퀴를 돌고 양발을 모아 앞쪽으로 뛰어가기

두 팔로 다양한 모양을 만들면서 돌아보기

팽이가 도는 것처럼 한 부분을 축으로 하여 제자리에서 또는 자리를 옮겨 가며 돌아 보기

유의점

- 너무 많이 돌 경우 어지러움을 느낄 수 있으니 정해진 정도만큼만 활동할 수 있도록 한다.
- 위험 요소를 없애고 매트를 깔아 안전하게 활동할 수 있도록 지원한다.

⑤ 흔들거리기(Swinging)

흔들거리기는 팔 또는 다리를 시계추처럼 흔드는 동작이다. 즉, 신체의 한 부분 끝을 고정하고 다른 부분은 포물선을 그리면서 앞과 뒤로 자유롭게 움직이는 동작이다. 머리, 팔, 다리 등으로 스윙을 할 수 있으며, 몸 전체로도 스윙을 할 수 있다. 스윙 동작은 편안하고 리드미컬해야 하며 잘 흔들거릴 수 있도록 몸의 중심을 꼿꼿하게 잘 유지해야 한다.

활동의 예

- 로프나 그네 등 진폭을 그리며 스윙을 나타내는 물건 보며 흔들리는 모습 탐색하기
- 팔을 앞뒤로 흔들거리기
- 팔이 가슴 앞으로 지나가도록 흔들거리기
- 철봉에 매달려 몸을 흔들거리기
- 시계의 추나 종 속에 달린 추의 움직임처럼 동작하기
- 그네에 앉아 있다고 생각하고 스윙 동작하기

팔을 앞뒤로 흔들거리기

철봉에 매달려 몸을 흔들거리기

유의점
- 너무 세게 흔들거리기를 할 경우 신체에 무리가 갈 수 있으므로 힘을 조절한다.
- 흔들거리기는 몸의 중심을 잘 유지해야 바른 자세가 나올 수 있기 때문에 교사는 유아들의 자세를 살피고 중심을 잘 유지할 수 있도록 돕는다.

❻ 구르기(Rolling)

구르기는 신체가 순간적으로 앞, 뒤, 옆의 공간으로 뒤바뀌는 것을 말한다. 먼저 손은 어깨 너비로 땅을 짚고 무릎을 구부린 자세로부터 시작된다. 몸을 뒤집을 때 무게는 유아의 손과 어깨에 놓이게 되고 등은 둥글게 된다. 구르기는 몸 움직임 활동의 가장 기초가 되는 활동 중의 하나로, 몸의 균형 기능과 신체 인식 및 공간 인식을 발달시키는 데 아주 좋은 활동이다(Skinner, 1979).

구르기 지도 시 유아들의 안전에 유의하고, 어려워하는 유아는 교사가 옆에서 보조해 주도록 한다. 앞구르기가 익숙해지면 몸을 똑바로 하고 누워 옆으로 데굴데굴 굴러 볼 수 있게 한다.

활동의 예

- 실내에 매트를 깔아 주고 두 손을 바닥에 대고 머리를 바닥에 댄 후 굴러 보기
- 매트 2~3장을 옆으로 연결하여 깔아 주고 손을 머리 위로 올리고 몸을 앞에서 옆으로 뒤로 천천히 굴러 보기

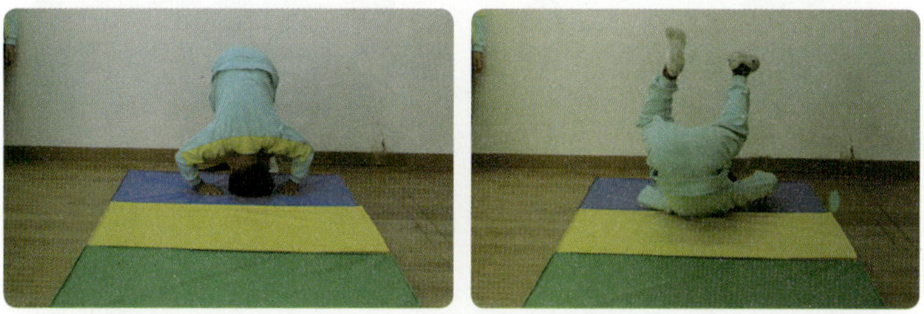

실내에 매트를 깔아 주고 두 손을 바닥에 대고 머리를 바닥에 댄 후 굴러 보기

유의점

- 구르기 활동에는 매트가 꼭 필요하다. 이때 매트는 너무 푹신하면 구르기에 방해가 될 수 있고, 올바른 자세를 유지할 수 없으므로 매트 종류를 잘 선택해야 한다.
- 올바른 자세를 익히지 못한 채 구르기를 할 경우는 다칠 위험이 있으므로 교사는 자세를 정확히 알려 주고, 어려워하는 유아들의 옆에서 올바른 자세로 구르기를 할 수 있도록 돕고 용기를 북돋워 준다.

❼ 균형 잡기(Balancing)

균형 잡기란 신체 중력의 중심이 몸을 잘 지지해 주는 상태인데 균형 잡기는 정지된 상태에서도 할 수 있고 움직이면서도 할 수 있다. 정지된 상태에서 균형 잡는 것을 고정적 균형(static balances)이라고 하며, 평균대 위로 걸어가기와 같이 움직이면서 균형 잡는 동작을 역동적 균형(dynamic balances)이라고 한다.

활동의 예

- 간단한 악기에 맞추어 발꿈치를 땅에 대지 않고 발끝으로 걸어 보기(앞, 뒤, 오른쪽, 왼쪽 등)
- 바닥에 모양(원, 직선, 곡선, 지그재그 등)을 그리며 걸어 보기
- 발끝으로 걷기가 익숙해지면 발꿈치로도 다양하게 걸어 보기
- 음악에 맞추어 발끝이나 발꿈치로 다양하게 움직여 보기
- 세 명이 한 조가 되어 교사가 탬버린을 치면 부채가 펴진 모양으로 서로 균형 잡기
- 튜브 위에 긴 널빤지를 얹어 널뛰기를 할 수 있도록 꾸미기. 한쪽에 유아가 선 후 다른 쪽에 균형을 맞출 수 있는 유아가 서 보기
- 팥주머니 이고 걷기

바닥에 모양을 그리며 걸어보기

발끝으로 걷기가 익숙해지면
발꿈치로도 다양하게 걸어보기

유의점

- 균형 잡기는 서서, 앉아서, 어딘가에 올라서서 등 여러 가지 방법으로 할 수 있다. 따라서 여러 번의 활동으로 나누어 다양한 균형 잡기의 경험을 충분히 즐길 수 있게 계획한다.
- 각각의 유아 수준에 맞는 균형 잡기를 제시한다. 발달에 맞지 않게 너무 어려운 과제를 내주면 균형 잡기에 흥미를 잃을 수 있다.

❽ 재빨리 피하기(Dodging)

피하기는 일반적으로 사물이나 사람을 피하기 위하여 재빨리 역동적으로 몸 전체를 사용하는 것을 말한다. 흔히 서 있는 상태에서 피하는 동작이 이루어지는 경우가 많으며, 달리기와 함께 동작을 하게 되면 이동 동작 기술이 될 수 있다.

활동의 예

- 「여우야 여우야 뭐 하니」 노래에 맞춰 술래를 피하여 도망치기
- 술래를 정하고 그림자를 밟히지 않도록 피하기
- 원 안에서는 술래가 굴리는 훌라후프 피하기

술래를 정하고 그림자를 밟히지 않도록 피하기

유의점

- 재빨리 피하기는 순간적으로 방향을 바꾸기 때문에 유아들끼리 부딪히거나 다른 물체에 부딪히지 않도록 주의하여야 한다.
- 달리면서 피할 경우 유아들이 뒤를 보며 뛰는 경우가 있는데, 위험할 수 있기 때문에 이 부분에 대해서 안전교육을 해야 한다.

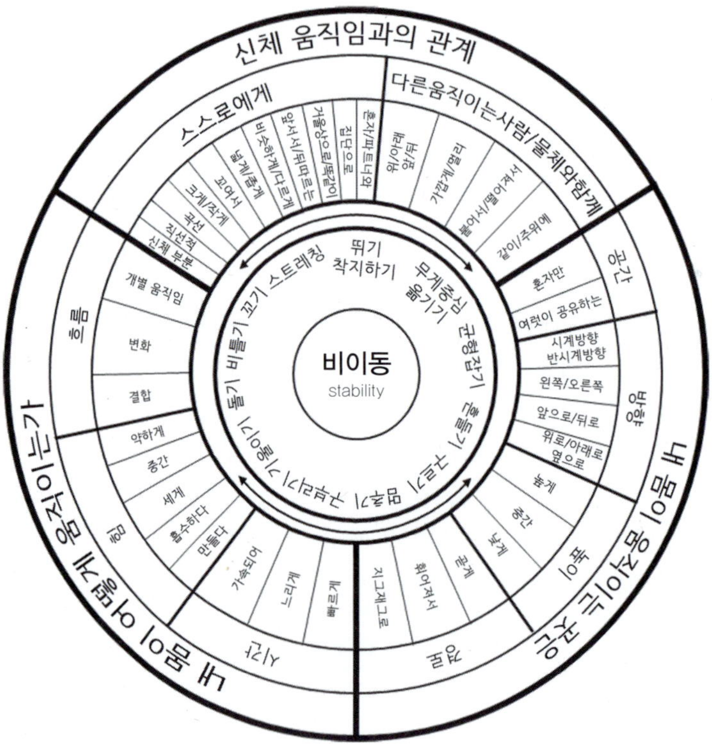

출처: Sanders, S. W., 2002.

(2) 이동 동작

이동 동작이란 공간 속에서 신체의 위치를 바꾸면서 움직이는 동작을 말한다. 걷기, 달리기, 앙감질, 뛰기, 미끄러지기, 뛰어넘기 등이 여기에 속한다. 이동 동작은 안정 동작과 함께 일어나는 경우가 많다. 안정의 기본적인 형태는 이동 동작을 효율적으로 할 수 있기 이전에 숙달되어야 한다.

이동 동작의 스텝은 리듬의 요소를 학습하는 가장 좋은 접근이 된다. 이러한 기본적 동작의 다양한 형태를 경험할수록 유아는 리듬적 운동 능력과 표현 능력이 증진되며 균형성이 풍부해져서 더욱 창의적인 동작으로 이끄는 준비가 된다.

❶ 걷기(Walking)

한 다리에서 다른 다리로의 무게중심 이동을 말한다. 바닥과 접촉을 유지한 상태로 한 발의 발끝(toe)에서 다른 발의 뒤꿈치(heel)로 균형 있게 체중을 옮기며 공간 속에서 몸을 옮기면서 움직인다. 걷기는 앞, 뒤, 옆, 어느 방향으로나 할 수 있다. 앞으로 걷는 것은 몸을 앞으로 살짝 기울이고, 머리를 꼿꼿이 세우고 팔은 다리와 반대되게 움직인다.

활동의 예

- 간단한 악기에 맞추어 교실 안을 자유롭게 걷기(앞, 뒤, 오른쪽, 왼쪽 등)
- 음악에 맞춰 느리게 혹은 빠르게 걷기
- 발로 바닥에 다양한 모양을 그리며 걷기(예: 직선, 곡선, 지그재그 등)
- 팔 모양을 다양하게 하며 걷기(예: 한 팔 들고 걷기, 양쪽 팔을 옆으로 벌린 채 걷기 등)
- 몸을 작게 만들었다가 크게 만들면서 걷기
- 눈높이를 다양하게 하면서 걷기(예: 위, 중간, 아래 등)
- 음악에 맞추어 바른 자세로 걷기
- 「옆에 옆에」 노래에 맞춰 옆으로 걷기
- 평균대 위에서 걷기
- 행진하기

간단한 음악에 맞추어
교실 안을 자유롭게 걷기

평균대 위에서 걷기

유의점

- 걷기는 항상 하고 있는 동작이지만 교사가 다양한 자료를 제시하여 즐겁고 재미있는 걷기를 경험할 수 있도록 지원한다.
- 걷기, 빠르게 걷기와 달리기가 혼돈되지 않도록 유아들에게 정확한 리듬감과 속도를 알려 준다.

한정된 공간에서 여러 사람이 동시에 걸어야 하는 경우를 생각해 보고, 그때는 어떻게 걸어야 하는가에 대해 이야기를 나눈다(줄 서서 걷기, 서로 부딪히지 않도록 앞사람이나 옆사람과의 간격 유지하기, 앞줄이나 옆줄 맞춰 걷기).

❷ 달리기(Running)

달리기는 몸을 순간적으로 공중에 뜨게 하며 몸의 무게중심을 한 발에서 다른 발로 옮기는 동작이다. 달리기와 걷기의 다른 점은 달리기는 순간적으로 양발 모두가 바닥에서 떠 있는 단계가 있다는 점이다. 달리기는 앞, 뒤, 옆으로 할 수 있다.

활동의 예

- 팔 모양, 다리 폭, 바닥 모양 등을 여러 가지 방법으로 변화시켜 달려 보기(다리 폭을 좁게 또는 넓게 잡고 달려 보기)
- 직선, 곡선 혹은 지그재그로 달려 보기

- 여러 방법으로 달려 본 다음, 빨리 달릴 수 있는 자세에 대하여 이야기 나눈 후 (다리 폭을 넓게 잡기) 달려 보기
- 팔을 고정시키거나 옆으로 흔들지 않고 앞뒤로 흔들며 달리기
- 거리를 차츰 넓혀 가면서 최대한으로 빨리 달려 보기(유의점: 이때에는 바른 자세를 취하게 하고, 음악을 빠른 속도로 들려주기)
- 앞으로 달리기가 잘 되면 옆이나 뒤로도 달려 보기(유의점: 느리게 달릴 때에는 힘을 조절하기가 어려우므로 몸의 균형을 잘 잡도록 하기)
- 느린 속도로 다양한 방향으로 달려 보기
- 다리 모양을 다양하게 변화시키면서 느리거나 빠르게 달려 보기(예: 무릎을 높이 올리면서 빨리 달려 보기)
- 발을 뒤로 차면서 느리게 달려 보기
- 큰 굴렁쇠를 굴리며 달려가다가 발로 밟아 정지시켜 보기
- 작은 굴렁쇠 속에 한쪽 다리나 양쪽 다리를 넣고 달려 보기
- 릴레이 형식으로 달리기

직선, 곡선 혹은 지그재그로 달려보기

팔을 고정시키거나 옆으로 흔들지 않고 앞뒤로 흔들며 달리기

유의점

- 걷기와 빠르게 걷기 후에 활동하면 자연스럽게 차이를 느낄 수 있다.
- 달리기 활동을 하기 위해서는 공간을 충분히 확보하고 되도록 넓은 놀이터나 운동장에서 활동하는 것이 적합하다.
- 바닥이 너무 거친 곳은 유아들이 달리다가 넘어질 수도 있으므로 항상 주의하고, 밖에서 달리기 활동을 할 경우 편한 옷과 긴팔, 긴바지를 입어 몸을 보호하도록 한다.

❸ 뛰어넘기(Leaping)

뛰어넘기는 달리기 스텝의 연장으로, 한 발로 균형 있게 공중으로 도약하여 다른 쪽 발로 내리는 동작이다. 달리기 스텝의 높이와 거리가 증가함에 따라, 양발이 공중에 떠 있는 시간은 길어진다.

활동의 예

- 캥거루가 되어 뛰어넘기
- 달려오다가 로프를 뛰어넘기
- 바닥에서 어느 정도 떨어진 높이(15cm, 25cm, 30cm 등)에 고무줄을 매어 놓고 두 발을 모아 뛰어넘어 보기(유의점: 이때 고무줄에 몸이 닿지 않도록 주의)
- 줄 또는 줄넘기를 반으로 접어 바닥에 놓은 후, 그 위를 차례대로 뛰어넘기
- 반으로 접힌 두 줄의 줄 가운데를 조금 벌려 놓고, 그 위를 유아들이 뛰어넘기
- 줄을 길게 펴서 한쪽은 고정시키고, 다른 쪽은 선생님 또는 다른 유아가 잡고 흔들어, 흔들리는 줄 위를 뛰어넘기
- 줄을 상하로 흔들거나(파도 넘기), 좌우로 흔들면(뱀 넘기) 유아들이 뛰어넘기
- 음악에 맞춰 다양하게 줄을 뛰어넘어 보기

캥거루가 되어 뛰어넘기

달려오다가 루프를 뛰어넘기

유의점

- 뛰어넘기에 익숙하지 못한 유아들은 한 발씩 천천히 시도할 수 있도록 한다.
- 두 발 모아 뛰기를 할 경우 발달에 맞도록 높이를 정하고 안전하게 활동할 수 있도록 교사가 옆에서 지켜보도록 한다.
- 뛰어넘기는 줄이나 끈 등을 넘는 활동이 많으므로 올바른 자세를 유지하여 활동하도록 하고 특히 주머니에 손을 넣고 뛰어넘지 않도록 한다.

❹ 뛰기(Jumping)

한 발 또는 양발로 공중으로 뛰어올라 양발로 내리는 동작이다. 점프에는 높이 뛰기(jumping for height)와 멀리뛰기(jumping for distance) 동작, 높은 곳에서 뛰어내리기(jumping from height) 동작들이 포함된다. 한 발로 도약하는 것은 두 발로 도약하는 것보다 훨씬 더 균형 잡기가 어렵다. 평평한 바닥에서 점프하는 동작보다는 올라간 표면에서 마루로 점프하는 동작을 먼저 익히는 것이 좋다.

활동의 예

- 깡충 뛰기, 멀리뛰기, 높이뛰기 등을 해 보기
- 제자리에서 두 발을 모아 깡충 뛰기, 앞으로 전진하면서 깡충 뛰기
- 최대한으로 높게 혹은 낮게 뛰기
- 한자리에서 두 발을 모아 여러 방향(앞, 뒤, 오른쪽, 왼쪽 등)으로 뛰어 보기
- 트램펄린 위에서 뛰기
- 음악에 맞추어 빠르게 혹은 느리게 뛰기

토끼처럼 깡충 뛰기

트램펄린 위에서 뛰기

유의점

- 트램펄린을 사용할 경우 올바르게 사용하는 법을 지도하고 위험한 방법으로 이용하지 않도록 한다.
- 단순한 뛰기는 활동 시간이 오래 지속되기 어렵기 때문에 여러 방향으로 자유롭게 뛰도록 지원하고 동물 관련 역할놀이를 통해 즐거운 뛰기를 경험할 수 있도록 한다.

❺ 앙감질(Hopping)

앙감질은 한 발에 몸의 무게중심을 두고 바닥에서 밀어 올린 후 같은 발로 착지하는 움직임이다. 앙감질은 어떤 방향으로도 할 수 있고, 이때 거리 또는 높이를 강조할 수 있다. 즉, 앙감질은 한 발로 뛰어오르고 같은 발로 다시 바닥에 닿는 리듬적인 동작이다.

활동의 예

- 간단한 악기에 맞추어 앙감질하기
- 다양한 방향(앞쪽, 뒤쪽, 오른쪽, 왼쪽 등)으로 앙감질하기
- 달팽이 모양을 따라 앙감질하기(직선, 곡선 등)
- 음악에 맞추어 무릎을 높게 혹은 낮게 앙감질하기
- 제자리에서뿐만 아니라 앞으로 나가면서 앙감질하기
- 음악에 맞추어 빠르게 혹은 느리게 앙감질하기
- 앙감질하면서 팔 모양을 다양하게 변화시키기
- 훌라후프를 여러 개 지그재그 모양으로 교실 바닥에 깔아 놓은 후 한쪽 발을 들고 훌라후프 속을 지그재그로 뛰어가게 하기
- 일정한 거리(1m, 2m 등)를 앙감질하기
- 혼자서뿐만 아니라 둘씩, 셋씩 앙감질하여 돌아오기 해 보기

앙감질하면서
팔 모양을 다양하게 변화시키기

제자리에서뿐만 아니라
앞으로 나가면서 앙감질하기

유의점

- 교사가 올바른 시범을 통해 바른 앙감질을 경험하도록 한다.
- 앙감질 활동과 리듬이 잘 어우러지는 음악을 준비하여 유아들이 리듬에 맞추어 앙감질을 쉽고 재미있게 활동하도록 지원한다.

❻ 말뛰기

한 발로 뛰고 다른 발은 뛰는 발의 뒤를 따라 걷는 동작으로, 한쪽은 항상 앞선다. 이 동작은 말의 질주하는 동작과 유사하다.

활동의 예

- 뛰면서 엉덩이 높이까지 왼쪽 발꿈치를 자연스럽게 올렸다 내렸다 하기
- 유아 두 명이 한 사람은 발이 되고 한 사람은 마부가 되어, 앞뒤로 손을 잡고 말뛰기 해 보기
- 여러 가지 방법으로 말뛰기를 하는 도중 유아들을 가끔 정지시켜 봄으로써 서로를 관찰할 기회 주기

뛰면서 엉덩이 높이까지
왼쪽 발꿈치를
자연스럽게 올렸다 내렸다 하기

유아 두 명이 한 사람은 발이 되고
한 사람은 마부가 되어,
앞뒤로 손을 잡고 말뛰기를 해 보기

유의점

- 말뛰기를 하기 전에 말이 뛰는 모습을 관찰할 수 있는 기회를 제공한다.
- 걷기와 말뛰기의 차이를 비교하여 유아들이 스스로 차이점을 알고 활동해 보는 시간을 갖도록 한다.

❼ 미끄러지기(Sliding)

이 동작은 옆으로 말뛰기하는 동작과 같다. 한 발이 먼저 앞으로 나가며 다른 발은 따라잡듯이 동작하는 것으로, 불규칙적인 리듬을 갖는다.

활동의 예

- 얼음 위를 걸어가는 모습, 스케이트를 타는 모습, 넘어지는 모습 표현하기
- 바나나 알맹이가 되는 유아, 껍질이 되는 유아가 각자 역할을 맡아 춤을 추다가 한 유아가 껍질이 된 유아를 하나하나 벗기는 동작도 해 보고 벗겨진 껍질 유아는 마룻바닥에 벌렁 누워 손을 위로 쭉 뻗도록 하기
- 미끄럼을 타 본 후 익숙해지면 양팔을 좌우로 벌린 채 오므리고 내려오기

얼음 위를 걸어가는 모습,
스케이트를 타는 모습,
넘어지는 모습을 표현하기

미끄럼틀 타기

유의점

- 바닥의 종류에 따른 마찰로 인해 미끄러짐이 있거나 없을 수 있다. 따라서 교사는 미리 미끄러짐이 가능한 장소를 준비하고 활동을 계획해야 한다.
- 미끄러짐이 불가능할 경우 교실 바닥에 천을 깔아 놓고 활동하는 방법이 있다. 이때 유아들이 미끄러져 넘어지는 일이 발생하지 않도록 사전에 안전교육을 한다.

❽ 스키핑(Skipping)

스키핑은 같은 발로 앙감질하면서 걷기 스텝이 뒤따라오는 것이다. 성숙된 스키핑 패턴은 다른 발로 스킵하면서 또 한 발로 계속 잇따라 스킵하는 것이다. 즉, 각 발로 가볍게, 빠르게 뛰어오른 후에 반대 발로 다시 가볍게 오른다.

박자는 대개 6/8, 2/4박자이다. 유치원 시기의 어린이는 대부분 양발로 스키핑하는 것에 익숙하지 못하므로 우선 한쪽 발로 뛰기를 연습하도록 한다.

활동의 예

- 「꼬마 인디언」 노래에 맞추어 스키핑하며 앞으로 나아가 보기
- 바닥에 직선, 곡선, 원의 형태로 줄을 그어 놓고 6/8박자 음악에 맞추어 줄 따라 스키핑하기

「꼬마 인디언」 노래에 맞추어
스키핑하며 앞으로 나아가 보기

유의점

- 교사는 바른 스키핑 시범을 보여 주어 익숙하지 않은 유아들은 단계별 스텝을 알려 주고 천천히 한 발부터 연습할 수 있도록 지도한다.

⑨ 오르기(Climbing)

오르기는 기기와 비슷한 기본적 동작이다. 오르기는 다리만으로 할 수도 있고 팔로만 할 수도 있으며, 팔과 다리를 함께 사용할 수도 있다. 또한 동작에 있어서 손과 다리의 움직임은 리드미컬한 형식으로 반복적이어야 한다.

활동의 예

- 처음에는 완만한 길을 천천히 걷다가 다음에는 험한 길 오르는 동작해 보기
- 사다리 오르기 동작하기
- 사다리를 기어 올라가 뜀틀을 건너서 매트 아래로 뛰어내리기
- 미끄럼틀 꼭대기에 동아줄을 묶어 놓고 줄을 잡고 미끄럼틀 걸어서 올라가기

사다리 오르기 동작하기

유의점

- 실내에 오를 만한 공간이 없다면 오르기 활동이 충분히 이루어질 수 있는 공간을 준비한다.
- 유아들이 안전한 오르기 활동을 할 수 있도록 적절한 높이로 오르기의 제한을 주고 주변에 위험할 수 있는 요인들이 있는지 살펴본다.

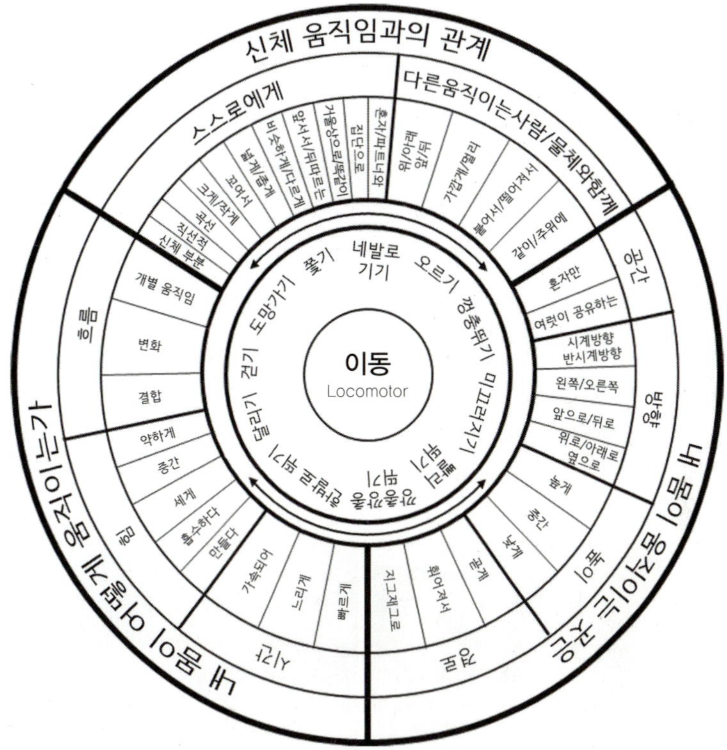

출처: Sanders, S. W., 2002.

(3) 조작적 동작

조작적 동작이란 손과 발을 이용하여 물체를 이동시키는 활동을 말한다. 다시 말해, 조작적 동작은 신체의 대근육 활동과 물체와의 관계에서 일어나는 동작을 말하며, 주로 사물을 대상으로 힘을 주거나 물체로부터 힘을 받는 동작의 형태이다. 이러한 조작 동작은 안정성(비이동) 동작이나 이동성 동작이 어느 정도 완성되어야 가능한 동작이다.

❶ 던지기(Throwing)

던지기는 팔과 손의 동작을 사용해서 공간 속으로 물체를 밀어내는 것을 말한다. 던지기의 형태는 다양한데, 양손(혹은 한 손)으로 밑에서 던져 올리기, 수

직으로 던져 올리기, 어깨 위에서 던지기 등이 있다.

활동의 예

- 떨어진 위치에 큰 바구니를 놓고 공을 두 손으로 던져 바구니에 넣기
- 유아 키보다 크게 바구니를 만들어 높이 뛰어오르면서 공을 위로 던지기
- 스카프를 높이 던졌다가 받기
- 친구와 짝이 되어 공을 던지고 받기

스카프를 높이 던졌다가 받기

친구와 짝이 되어 공을 던지고 받기

유의점

- 던지기 활동을 충분히 경험하고 던지기와 받기 활동이 교차되어 이루어질 수 있도록 한다.
- 다양한 곳에 던지기 활동을 할 수 있도록 유아들의 흥미를 자극시킬 수 있는 물체들을 준비한다.
- 친구에게 던지지 않도록 약속하고, 던지는 물체는 딱딱하거나 위험하지 않도록 부드럽거나 잘 튕기는 것으로 준비한다.

❷ 받기(Catching)

받기는 손을 사용해서 움직이는 물체를 조절하는 기능이다. 잡기는 시 · 지각의 추적 능력이 요구되기 때문에 대부분의 유아는 받기 능력보다는 던지기 능력이 더 발달된다.

활동의 예

- 공을 바닥에 튀겼다가 오르는 공을 잡는 동작 먼저 시작하기
- 날아오는 사물을 잘 잡고 성취를 느끼면, 유아 자신들이 다시 공중으로 올려 치는 동작하기

공을 바닥에 튀겼다가 오르는
공을 잡는 동작을 먼저 시작한다.

유의점

- 친구와 주고받기를 하기 위해서는 잘 던지는 연습이 필요하다. 교사는 유아들의 발달 상황에 맞추어 주고받기가 어려운 경우 다른 도구를 이용하여 주고받기를 할 수 있도록 지원한다.
- 여러 가지 공의 느낌을 경험할 수 있도록 다양한 공을 제공한다.

❸ 차기(Kicking)

차기는 물체에 힘을 가하기 위해서 발을 사용하는 것이다. 공차기에는 바닥 위에 정지되어 있는 공을 차는 동작과 공중에 올려진 공이 바닥에 닿기 전에 차

는 동작이 있다. 이 기술은 눈과 발의 협응, 신체 조절, 힘과 방향의 정확성을 요한다. 그러나 정확한 동작을 능숙하게 하기 위해서는 한 발로 서서 몸의 균형을 유지해야 한다. 처음에는 힘을 가하기 위해 몸의 다른 부분을 사용하지 못하고 발로만 찬다. 그런 다음 힘을 가하기 위해 몸을 약간 뒤로 젖히고 다른 쪽 다리의 무릎을 굽히며 차는 다리를 뒤로 굽혔다가 앞으로 뻗으며 공을 차는 능숙한 단계가 된다. 차는 동작은 거리를 조절함으로써 능숙한 기술을 발달하도록 도와야 하며, 능숙한 동작이 발달되기 전에 차기의 정확한 자세를 취하게 하는 것에 먼저 관심을 두는 지도가 되어서는 안 된다(Gallahue, 2009).

활동의 예

- 한쪽 다리를 엉덩이 쪽으로 들었다가 발로 힘차게 차보기
- 공을 차서 표적을 맞추거나 깡통을 쓰러뜨리기
- 친구와 짝이 되어 공을 차서 주고받기

공을 차서 표적을 맞추거나 깡통을 쓰러뜨리기

친구와 짝이 되어 공을 차서 주고받기

유의점

- 힘을 조절하여 찰 수 있도록 격려하고 차려는 물체의 방향과 거리에 맞게 찰 수 있도록 지도한다.
- 유아가 차기 활동을 할 때에 주변에 위험한 요소가 있는지 확인하고 안전한 공간에서 활동할 수 있도록 해야 한다.

❹ 공 되받아치기(Volleying)

공 되받아치기는 손을 어깨 위로 올려서 치는 쳐내기(striking)의 한 형태로, 농구나 배구에서 많이 사용되는 기술이다. 이 동작을 연습하기 위해서는 실제 농구공이나 배구공 등을 사용하기 전에 풍선이나 비치볼로 사용해 보도록 한다. 이 기술은 시각적으로 공을 계속해서 추적하는 기술이 필요하다.

활동의 예

- 한 유아가 다른 유아에게 공을 두 손으로 던지면 두 손으로 되받아쳐서 상대 유아에게 보내기(준비물: 공)
- 긴 고무줄을 매어 놓고, 중간에 풍선을 매달아 놓은 후 두 명의 유아가 마주 앉아 풍선을 교대로 쳐 보기
- 배구 네트를 낮게 조정해 주어 풍선을 상대편 네트로 넘기면 상대편의 유아가 되받아쳐서 다시 넘겨 보기

한 유아가 다른 유아에게 공을 두 손으로 던지면
두 손으로 되받아쳐서 상대 유아에게 보내기

유의점

- 되받아 치기는 농구나 배구 경기의 한 기술이지만 공이 유아들에게 단단하게 느껴질 수 있기 때문에 부드러운 공이나 풍선으로 활동하도록 한다.
- 되받아 치기는 주고받기 활동과는 차이가 있기 때문에 교사는 두 활동의 다른 점을 정확하게 전달하도록 한다.

❺ 공 튀기기(bouncing)

공 튀기기는 두 손 또는 한 손으로 공과 같은 사물을 아래쪽으로 계속 치는 동작으로, 드리블(계속 짧게 치는)로 발전한다.

활동의 예

- 두 손으로 공을 튀겼다가 잡는 동작하기(준비물: 공)
- 늘 사용하는 한쪽 손으로 공을 튀겼다가 잡고, 그다음에는 잘 사용하지 않는 손으로 해 보기

두 손으로 공을 튀겼다가
잡는 동작 하기

유의점

- 유아들이 공 튀기기 활동을 할 때 적절하게 튀어 오르는 공을 준비할 수 있도록 한다. 너무 많이 튀어 오르는 공은 오히려 활동에 방해가 될 수 있다.

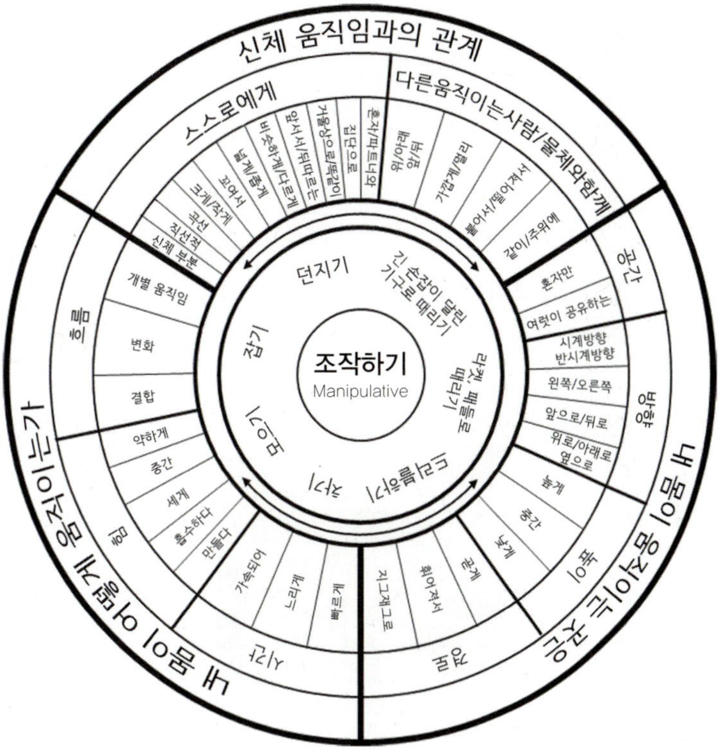

출처: Sanders, S. W., 2002.

2. 동작의 응용 영역

동작의 응용 영역은 동작 표현 활동, 신체 게임 활동 및 체조 활동으로 이루어질 수 있다(Gabbard et al., 1988; Gallahue, 1993).

1) 리듬 동작(율동, Rhythmic movement)

어린이들은 쉴 새 없이 음악을 만들어 내고 탐색하며 즐긴다. 유아들은 노래를 부르면서도 가만히 있기보다는 손동작이나 몸짓을 하며 동작으로 표현하는 것을 즐거워한다. 노래와 같은 음악은 신체의 움직임을 더욱 즐겁게 해 주며,

리듬 탐색과 함께 신체 동작을 박자에 맞추어 보는 것은 리듬 탐색 활동을 더욱 확장시켜 준다. 그러므로 신체 탐색을 돕는 동작 활동에서부터 창의적 동작 활동에 이르기까지 음악을 사용하는 동작 활동을 제공하는 것은 주요한 동작 경험이 된다.

음악에 맞추어 동작 활동을 진행하는 방법은 매우 다양하다. 손뼉이나 리듬 막대 등의 소리에 맞춰 리듬을 인식하며 동작을 하는 활동들 모두 율동에 포함시킬 수 있다(배인자, 한규령, 1996).

리듬 활동은 음악 반주나 임의로 만든 리듬 또는 노래에 맞추어 노래 게임, 율동 또는 춤을 추는 활동으로, 이동 동작과 비이동 동작의 혼합으로 볼 수 있다. 특히, 임의로 만든 리듬을 이용하여 느낌을 과장되게 나타내기, 유아가 잘 아는 것을 흉내 내기, 박자에 맞추어 임의 동작 취하기 등을 할 수 있다. 노래 게임이나 춤추기에서는 노래 가사가 지칭하는 것, 춤추는 그림이 나타내는 동작 등을 따라 하는 활동을 들 수 있다.

리듬 활동은 유아가 단체의 한 구성원으로 참여하면서 학습 능력을 향상시킬 수 있는 매우 중요한 활동이다. 이 활동을 통해 혼자 활동하기, 짝이 되어 활동하기, 작은 집단의 일원으로 또는 큰 집단의 일원으로 활동하는 방법을 익히게 된다. 리듬 활동을 통해 유아는 주의 깊게 듣고, 동작을 통해 자신의 감정을 표출하는 매우 중요한 방법을 배우게 된다. 이 활동은 유연한 몸동작과 남의 동작을 잘 따라 할 수 있는 능력을 향상시킨다(김현지, 오연주, 1997).

리듬 활동은 크게 노랫말에 맞춰 동작하는 율동과 음악 요소에 맞춰 동작하는 율동으로 나누어 살펴보면 다음과 같다.

(1) 노랫말에 맞춰 동작하는 율동

❶ 형식적·구조적 리듬 활동

구조적 리듬 활동(structured-rhythmical activity)이란 교사가 유아를 위해 음악에 맞추어 움직임의 형태를 보여 주거나, 움직임을 위해 특별한 제시를 하는 것, 노랫말이나 노래 제목에 따라 특별하게 정해진 동작을 하는 활동이다.

❷ 비구조적 리듬 활동(semistructured-rhythmical activity)

교사가 한 가지 동작 활동 내에 사용될 기초 동작에 대한 제시를 주고, 일정 부분은 유아들이 창의적 동작으로 구성해 보거나 자유롭게 움직여 보이도록 하는 활동을 말한다. 즉, 반구조적 리듬 활동은 일정한 소절까지는 교사가 동작을 만들어 놓고 노랫말의 부분 부분은 유아들이 동작을 만들어 보도록 하는 것이다(이영자 외, 1999).

(2) 음악 요소에 맞춰 동작하는 율동

노랫말이 없는 율동 곡에 맞추어 음악 요소(박자, 음조, 리듬 등)만을 듣고 동작으로 표현하는 활동들도 있다.

Delsarte는 음악의 요소인 리듬(rhythm), 멜로디(melody), 하모니(harmony), 세기(dynamics), 형태(form), 악구(phrase)를 동작 속에서 경험할 수 있도록 교수 계획을 세웠다. 리듬적인 동작의 흐름, 하모니의 이동, 악구에 따라 각기 다른 동작으로 표현하도록 하였다. 예를 들어, 음악의 세기를 표현하기 위해 음악이 크면 발놓음을 크게 무겁게 하고, 음악이 작으면 발놓음 또는 몸동작을 작고 가볍게 한다(김혜경, 1996). Delsarte의 음악교육은 박자와 리듬의 길이를 바탕으로 표현되는 음악의 모든 요소를 신체의 감각을 통한 움직임으로 경험한다.

레가토는 본인의 몸을 손으로 부드럽게 쓸어내리듯이 문지르면서 피부로 느끼게 한다. 포르타멘토는 엄마들이 화장할 때 볼을 가볍게 치는 놀이로 느껴 볼 수 있다. 스타카토는 손가락을 튕기듯이 신체의 어느 곳이나 튕겨 보아 그 강도와 짧기를 느껴 본다. 이러한 음악적 게임을 리듬과 박자에 맞추어 지속적으로 단계를 거쳐 훈련을 익히고 게임과 동작으로 경험시킨다(문연경, 1999).

유아의 동작 활동에 사용되는 음악은 박자나 리듬이 쉽게 인식될 수 있고, 음악 소리가 분명한 곡을 선정해야 한다. 선정된 음악을 유아에게 들려주고 어떤 생각이 드는지 질문하는 언어적 자극이 중요하다.

율동의 여러 가지 형태를 살펴보면 다음과 같다.

❶ 노래 게임(Singing game)

스텝이나 동작 순서가 정해진 율동 중에는 노래에 맞춰 게임을 하는 율동도 있다. 간혹 단순히 노래에 맞춰 율동하는 것을 즐거워하지 않는 유아도 있으나, 이러한 유아들도 노래 게임을 통한 율동에는 적극적인 참여를 하기도 한다. 예를 들면 '런던 다리', '새앙쥐와 고양이' 같은 활동이 있다.

2세가량의 유아들은 간단한 노래 게임을 배울 수 있다. 이러한 노래 게임에는 유아에게 친숙한 동작을 사용하는 것이 좋다. 예를 들어, 유아가 앙감질이나 스키핑을 어떻게 하는지 알 수 있을 때까지 그 동작이 들어 있는 게임은 하지 않도록 한다(이영자 외, 1999).

❷ 포크댄스(Folk dance)

포크댄스(율동 게임)는 두 사람 이상이 함께 서로 어울려서 하는 활동이다. 율동 게임은 특히 자신 이외에 관심을 갖고 특히 친구와 함께 같은 동작을 하거나 조화를 이루면서 동작하기를 좋아하는 유아기 아동에게 즐거움을 준다. 포크댄스는 동작을 잘할 수 있도록 하면서도 즐겁게 할 수 있어 유아교육 현장에서 유용하게 이용될 수 있다(이영, 1993).

❸ 손유희(Finger plays)

동시와 동요를 부르면서 특징적인 신체 부위 중 '손'을 움직이는 것은 유아들에게 다음과 같은 도움이 된다.

첫째, 들은 것을 암기하는 능력을 기른다.
둘째, 어휘 · 어감을 발달시킬 수 있는 능력을 기른다.
셋째, 리듬 감각으로 움직일 수 있는 능력을 기른다.

손유희는 단순하고도 평범한 움직임이지만 유아에게는 복잡하고도 특별한 움직임이 될 수 있다. 단순한 여흥과 즉흥적인 놀이에서 벗어나 유아 놀이(학습)의 여러 영역에서 많은 연구가 이루어져 질적인 향상을 보였듯이 이 영역에서도 유아교육 전공자나 현직 교사들이 관심을 가지고 연구와 창작으로 좋은

프로그램을 만들어 학습적인 차원에서 다루어진다면 유아 발달에 도움을 줄 수 있다(김명희, 1993).

손유희는 창의적인 표현을 이끌지 못하고 단순히 수동적으로 따라 하므로 유아들의 창의성을 저해한다는 비난을 받고 있으나 다 함께 손유희를 하며 전체에 대한 소속감을 느끼고 즐거움을 느낄 수 있다. 손유희 지도 시 악기와 그림 등과 함께 사용하도록 하며, 주의 집중을 위한 다른 방법과 함께 사용해 본다. 우리나라 국악 동요 등에 손유희를 붙여 보거나 우리나라 춤사위를 응용한다면 좋은 교육 활동이 될 것이다.

❹ 국악을 통한 리듬 교육

민족의 지혜로 짜인 우리의 민요는 수 세기를 내려오는 동안 음악과 언어의 관계를 가장 자연스럽게 표현한 산 음악이다. 유아들이 모국어를 배우는 과정처럼 음악적인 모국어로 민요를 배우는 것이 좋다. 따라서 리듬 역시 민요의 장단을 초기 교육의 자료로 하여 리듬 학습을 할 수 있다.

리듬 표현은 목소리로서는 충분히 표현할 수 없기 때문에 신체적 표현과 함께 리듬 악기를 이용함으로써 그 표현이 한층 생기 있고 효과적인 것이 된다.

유아의 국악교육도 신체 운동을 통해 음의 움직임을 표현하는 리듬 지도법을 생각해 볼 수 있고, 국악을 이해하기 위해 타악기(리듬 악기)로 리듬 교육을 할 수 있다. 이러한 리듬 학습을 통하여 우리나라 음악의 리듬과 장단을 쉽게 이해하게 될 것이다(정성자, 1988).

정성자(1988)는 Orff의 음악교육론을 바탕으로 하여 우리나라 어린이들의 놀이 속에서 찾을 수 있는 노래, 일상생활에서 찾을 수 있는 음악, 즉 한국어의 리듬, 우리나라의 음계 및 전래 동요나 민요 등에서 교육적인 소재를 찾아 인체 리듬의 지도법을 제시한다.

가. 손뼉치기

손뼉은 다른 기구를 사용하지 않고 자신이 혼자서 가장 쉽게 소리를 낼 수 있는 방법이다. 처음 시작은 제일 간단한 손뼉치기로 시작한다. 교사와 유아는 먼

저 자유로이 손뼉으로 소리를 내 본다. 이때 리듬이나 강약 등의 제한 없이 소리를 내어 보고 점차적으로 강약을 붙여 본다. 속도를 달리하여 차차 체계적인 리듬을 익힌다. 먼저 교사가 실습한 다음 유아들이 따라 손뼉 쳐 보도록 한다.

지도법의 요령은 개개인에게 연쇄적으로 시킬 수도 있고 대각선이나 불규칙한 순서 등으로 할 수 있으며, 손뼉치기의 방식도 상, 하, 좌, 우, 전, 후의 몸동작도 겸하게 한다.

세마치장단 손뼉치기

[1] 손뼉 리듬

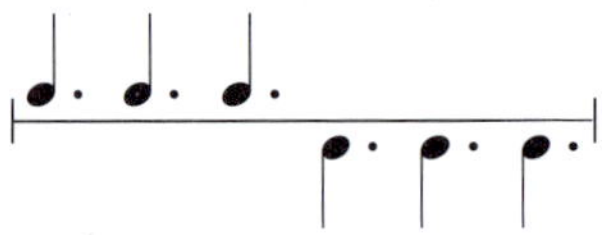

교사가 손뼉을 3번 치면 유아들도 이어서 3번 ♩. ♩. ♩.을 따라 치게 한다.

[2] 손뼉을 3번 ♩. ♩. ♩.을 치면서, 하나, 둘, 셋을 입으로 부르게 한다.

[3] ♩. ♩. ♩.을 치면서 구음을 붙인다.
떵 더 덕

[4] ♩. ♩. ♪ ♩.을 치면서 구음을 붙인다. 이때 ♪을 약하게 소리 내게 한다.
떵 덕 덕 덕

[5]

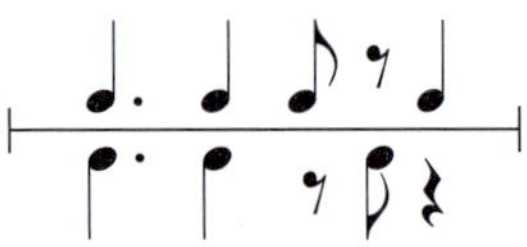

제1팀, 제2팀의 리듬으로 나누어서 반은 위의 리듬을, 반은 아래의 리듬을 손뼉으로 치게 한다.

[6] 전체적으로 ♩. ♩. ♪ ♪ ♩의 리듬을 구음과 병행하면서 손뼉을 친다.

나. 발구르기 리듬

발구르기는 제자리에서뿐만 아니라 전후좌우로 걸어서 움직이도록 하고, 발

구르기 말고 바닥을 비비거나, 발뒤꿈치나 발끝만으로 리듬을 찾을 수 있다. 몸동작을 함께 할 수도 있다.

굿거리장단 발구르기

[1]  의 리듬을 오른발로 6번 구른다.

[2]  의 리듬을 왼발로 6번 구른다.

[3] 하나, 둘, 셋, 넷, 다섯, 여섯을 붙이면서 구른다.

[4] 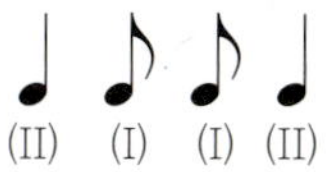 의 리듬을 발로 구르면서 박자를 이해시킨다.

[5] 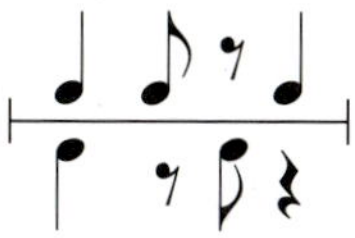 오른발 왼 발 의 리듬에서 오른발 왼발의 개념을 이해시킨 뒤 구음을 붙여 본다.

[6] 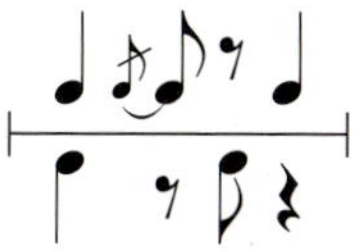 오른발 왼 발 의 리듬을 구음과 병행해서 구른다.

기덕  은 가볍게 두 번 구른다.

[7] 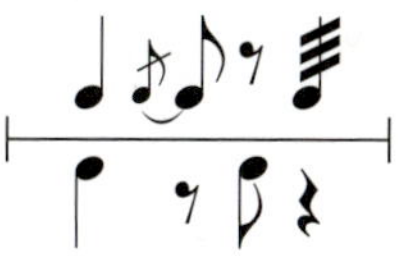 오른발 왼 발 의 리듬을 구음과 같이 병행하여 구른다. '더러러'는 오른발을 가볍게 3번 구른다.

떵 기덕 쿵더러러

[8] 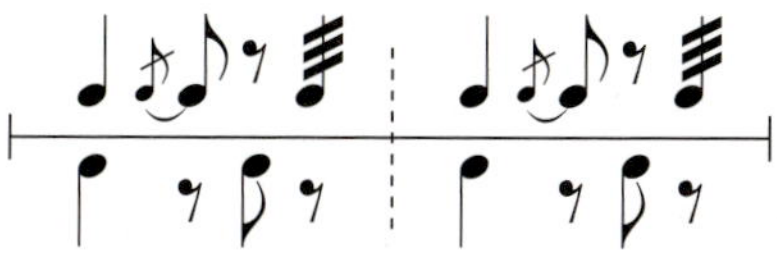 의 리듬을 구음과 병행하여 처음부터 다시 해 본다.

떵 기덕 쿵더러러 떵 기덕 쿵더러러

다. 무릎치기 리듬

오른쪽과 왼쪽 무릎을 사용하여 다음의 리듬 연습을 바탕으로 익혀 본다.

자진모리장단 무릎치기

[1]  의 리듬을 6번 친다.

[2]  부분은 오른쪽, 왼쪽같이 친다.

[3] 하나, 둘, 셋, 넷, 다섯, 여섯을 붙인다.

[4] 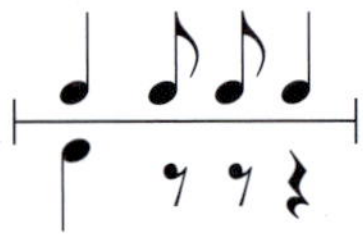
오른쪽
왼 쪽

오른쪽, 왼쪽 무릎 또는 책상 치기에서는 오른쪽 손, 왼쪽 손으로 치는 것을 이해한다.

[5] 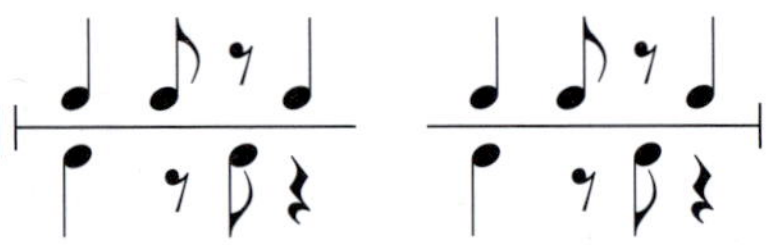

제1팀, 2팀이 구음을 부르며 이어서 무릎이나 책상을 친다.

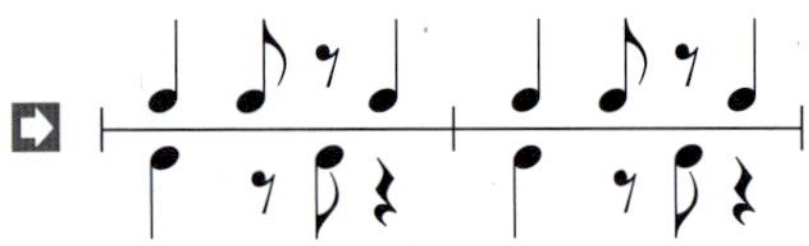

위의 리듬을 구음과 병행해서 총복습한다.

라. 손뼉, 발구르기 합침

손뼉 리듬과 발구르기를 합한다. 이때에도 일어서서 제자리걸음이나 앞걸음, 뒷걸음, 옆걸음 등 발 리듬을 다양하게 응용해 본다. 몸의 동작도 함께 겸하도록 한다.

기본 동작 걷기의 국악 동요

참외밭에 삽살개

전래 동요
박범훈 작곡

기본 동작 달리기의 국악 동요

참새 노래

용강지방 동요 가사
이성천 작곡

기본 동작 앙감질의 국악 동요

도토리

유성윤 작사
이문주 작곡

기본 동작 말뛰기의 국악 동요

산길

신현득 작사
한원섭 작곡

기본 동작 스키핑의 국악 동요

해야 해야

전래 동요

해 야해야나오너 라
편 지신고나오너 라
어 서어서나오너라
해야해야나 오너라
해 야해야나 오너 라
물 퍼먹고나오너 라
편지신 고나 오너 라
해 야해야나 오너라
1.
해 야해 야나 오너라
장 구치며나 오너라
물 퍼먹 고나 오너라
해야해야 나 오너라
2.
장구치며나 오너 라
해 야해야나 오너라
장구치며나오너라
장 구치며나오너라
어 서빨 리나 오너 라
해 야해 야나 오너 라
어 서빨 리나 오너 라

2) 창의적 동작 활동

창의적 동작 활동은 유아에게 자신의 생각과 느낌을 자유롭게 표현할 수 있는 교육 활동이다.

창의적 동작은 달성해야 하는 목적이나 올바로 연습해야 하는 일정한 형식이 있는 것은 아니다. 유아가 탐색 과정을 통해 나름대로의 독특한 표현을 할 수 있는 활동이다.

동작 활동의 응용 영역 중 창의적 동작 활동은 극적 접근 방법(dramatic approach)을 많이 사용한다. '~처럼 되어 보기'와 같이 상상을 통해 동작과 개념의 발견을 유도한다. 상상력을 이용하는 창의적 신체 표현 활동에는 다음과 같은 특징이 있다(이영애, 이은화, 1979).

첫째, 유아 자신의 주관적 표현을 강조할 수 있고, 자신감을 길러 준다.

둘째, 사물의 느낌을 항상 하나의 고정된 형태로만 표현할 수 있다는 개념을 깨뜨린다.

셋째, 다양한 동작을 끌어낼 수 있고 상상력을 통한 움직임의 연결에서 드라마가 형성될 수 있다.

창작은 자발적이고 주관적인 임의성(spontaneousness)이 있어야 한다. 인간이 사물에 접하여 무엇인가를 강하게 느꼈을 때 일어나는 감정들을 신체를 통하여 표출할 때 즉흥이 없으면 이루어지기 힘들다.

즉흥이란 인간의 오감을 통한 감각적인 반응을 이용한 것이다. 무용의 소재인 인간의 신체가 자극의 기본이 된다. 창의적 표현을 위한 즉흥의 방법은 다음과 같다(이숙재, 1996).

- 청각적 자극에 의한 즉흥(소리에 의한 자극)
- 시각적 자극에 의한 즉흥(시각에 의한 자극)
- 촉각적 자극에 의한 즉흥(촉각에 의한 자극)
- 상상력에 의한 즉흥(상상력에 의한 자극)

청각적 자극

주제	제재
청각	벌떼 소리, 사이렌 소리, 휘파람 소리, 호루라기 소리, 종소리, 기적 소리, 시계 소리, 새 소리, 바람 소리, 파도 소리, 깨지는 소리, 웃음소리, 울음소리, 동물의 울부짖음, 유령이 나오는 소리, 초인종 소리, 비 내리는 소리, 폭발 소리, 북소리, 탬버린 소리, 기차 소리, 비명 소리, 시냇물 흐르는 소리, 천둥소리, 자동차 소리, 전화벨 소리, 개 짖는 소리, 박수 소리, 발 구르는 소리, 깡통 속에서 콩이 흔들리는 소리 등

시각적 자극

색	색이 주는 느낌	구체적 연상	추상적 연상
붉은색	뜨거운, 격렬한, 정	불, 피, 태양, 투우사	위험, 혁명, 활력
주황색	화려한, 쾌활한, 활력적인	등불, 화염, 오렌지, 단풍, 감나무	온화, 질투, 혐오, 환희
노란색	화려한, 밝은, 소심한	해바라기, 배추꽃, 레몬, 태양, 바나나, 병아리	광명, 희망, 활동, 쾌감
초록색	시원한, 풍요로운	풀, 잎, 숲, 초원, 산	평화, 안전, 신선, 이상
파란색	평온한, 추운, 만족스러운	바다, 하늘, 물	평정, 이지, 심원
보라색	고귀한, 신비스러운	포도, 하늘, 물	우아, 고귀, 장중, 신비
흰색	청결한, 신성한, 공허한	눈, 흰 구름, 사탕, 평화, 빈 공간, 순결	결백, 신성, 불길
회색	우울한, 불안한	흐린 날, 재, 쥐	평범, 우울, 실망, 겸손, 불안
검은색	슬픔, 절망적인	암흑, 침묵, 밤, 죽음, 지하실	엄숙, 강건, 절망, 공포

촉각적 자극

주제	제재
촉각	삼베, 구겨진 선물, 거품, 고무줄, 조작, 비단, 밧줄, 눈(snow), 스펀지, 대리석, 솔잎, 철사, 벌, 솜, 강아지, 꼬리, 미꾸라지, 뱀, 해삼, 얼음, 그물, 비늘, 고무풍선

상상력에 의한 자극

주제	제재
자연	봄, 여름, 가을, 겨울, 산, 나무, 꽃, 바람, 눈, 바다, 바위, 비, 숲, 하늘, 흙, 돌, 번개, 천둥, 낙엽, 고목, 해, 달, 별, 꽃밭, 눈 오는 풍경, 소슬바람, 소나기, 무지개
동물	토끼, 거북이, 뱀, 원숭이, 캥거루, 코끼리, 사자, 호랑이, 기린, 사슴, 하마, 말, 소, 돼지, 쥐, 용, 닭, 지렁이, 꿀, 벌, 백조, 잠자리, 독수리, 부엉이
인간 (생활 모습)	어린아이, 어른, 노인, 남자, 여자, 청소하는 모습, 빨래하는 모습, 공부하는 모습, 운동하는 모습, 산에 오르기, 해녀, 등산, 추석날, 잔칫집, 수술실
기계	기계, 시계, 컴퓨터, 기차, 비행기, 선풍기, 전축, 자전거, 카메라, 자동차, 로봇, 에스컬레이터
감정적	맨발로 모래 위를 걷는 감정, 찬물이 밀려오는 감정, 놀라는 순간, 열리는 문, 가을에 낙엽 밟는 소리, 피아노 건반, 어두운 밤, 발자국 소리를 듣는다, 화난 상태, 기쁜 상태

Monsour, Cohen, Lindell(1966)은 동작교육 중에서 창의적인 음률 교육 방법을 강조하면서 방법을 4단계로 나누어 제시하였다(이영, 1995에서 재인용).

제1단계: 즉흥적인 반응을 유도한다.

① 동요를 읽어 주고 그 동요에 맞추어 움직여 보도록 한다. 또는 노래를 들려주고 그 리듬이나 노랫말에 따라 몸을 움직여 보도록 한다.

② 모양이나 크기가 반대되는 것을 보여 주고 어린이로 하여금 그 사물의 형태를 몸의 움직임으로 묘사하도록 한다. 디자인이나 그림을 보고 해 보게도 한다.

③ 음악을 들려주고(느낌이나 질이 다른 음악) 어린이로 하여금 즉흥적으로 움직여 보도록 한다.

④ 일정한 박자로 북을 치고 연주될 때 그 박자에 맞추어 손뼉으로 리듬 형태를 바꾸어 보도록 한다.

⑤ 문장이나 이야기를 들려주고 거기에 맞는 박자를 맞추어 보거나 악기로 장면을 묘사시켜 본다.

제2단계: 이미 알려진 지식을 스스로 발견할 수 있도록 장려한다.

① 스타카토(staccato) 음악을 들려주고 즉흥적인 몸의 표현을 해 보고 반대의 동작을 해 보도록 함으로써 스타카토의 성격을 분명하게 알도록 한다.
② 걷게 하고 고른 박자와 고르지 않은 박자를 들려준다.
③ '해변가 벤치에 앉아 있는데 얼굴에 파리가 날아든다. 이를 쫓았더니 이번에는 벤치로 날아든다.'와 같은 이야기를 들려주고 묘사하게 한다.
④ 행진곡을 들려주고 박자를 알아내도록 하며 박자가 달라지면 어떤 효과가 나는지도 알게 한다.

제3단계: 주어진 기본 요소를 수행하거나 변화시켜 보도록 한다.

① 먼저 비전위 동작(axial movement)을 가르쳐 주고 몇 번 반복시킨 다음 그것을 매번 다른 방식으로 변화시키게 한다.
② 우리에게 친숙한 노래를 부르고(예:「봄나들이」) 박자를 바꾸어 보거나 박절(meter, beats), 템포(tempo), 악센트 등을 바꾸게 한다.

제4단계: 창의적인 해결 방안을 요구할 수 있는 문제를 제시한다.

① 동작의 질에 대해 토론하고 보여 주며 여러 가지 소리나 리듬에 맞추어 서로 다른 동작을 하게 한다.
② 간단한 주제음(동기 또는 주제음 예)을 들려주고 어린이에게 이 박자에 맞는 음악을 작곡하게 한다.
③ 몇 가지 설명적 단어를 주고 그 단어에 맞는 동작을 창조하게 한 다음 소리를 붙여 보게 한다.
④ 어떤 간단한 주제 동작(movement theme)(A)과 전혀 다른 두 개의 주제 동작(B, C)을 만들어 ABACA 순의 연속적인 형태를 만들어 본다.

창의적인 반응을 격려해 주기 위해서는 교사의 역할이 중요하다. 창의적으로 움직임을 이끄는 교사의 특징(공갑례, 1997)은 다음과 같다.

첫째, 교사는 유아에게 다양한 자료를 제공하여 유아가 즐겁게 움직이는 가운데 자연스럽게 배우고 생각할 수 있도록 한다.

둘째, 교사는 다양한 매개체를 사용함으로써 유아의 표현 활동을 더 자연스럽게 전개할 수 있도록 한다. 부드러운 헝겊, 풍선, 리본, 고무줄, 빈 상자, 음악, 시각적 효과가 있는 것, 가상의 이야기 등은 유아에게 흥미를 유발시킬 수 있는 효과적인 매체이다.

타악기 등을 이용하여 리듬 활동을 함으로써 동작 활동을 촉진시킬 수도 있다. 예를 들면 드럼, 탬버린, 우드블록, 캐스터네츠는 멈추기나 점핑하기에 이용될 수 있고, 탬버린, 마라카스 등을 흔들어 나는 소리는 작게 흔들리는 움직임과 흥분된 활동을 표현하는 데 유용하다. 심벌즈, 트라이앵글 등을 사용함으로써 에너지가 점점 증가하거나 감소하는 것, 또는 갑자기 움직임이 시작되거나 멈추기 등의 동작을 표현하는 데 효과적이다.

셋째, 교사는 유아에게 가상으로 동작의 구성 요소에 제한을 두는 상황을 제시하여 유아가 상상을 통하여 창의적이고 다양한 움직임을 하도록 유도할 수 있다.

넷째, 교사는 창의적 신체 표현 활동 속에서 개별적 표현을 강조함으로써 유아에게 동작의 기본 요소와 기본 동작을 이용하여 창의적 표현을 탐구하고 시도하는 것을 격려해야 한다.

다섯째, 교사는 다양한 생각을 이끌어 낼 수 있는 질문을 할 수 있어야 한다. 예를 들면, "우리 몸을 어떻게 움직일 수 있을까?, 우리 몸의 어떤 부분을 이용할 수 있을까?"와 같은 질문을 해 볼 수 있다.

여섯째, 교사는 유아의 동작 표현에서의 진보를 파악하기 위하여 주의 깊은 관찰을 하여야 한다.

일곱째, 교사는 유아가 표현한 동작과 생각에 대한 올바른 평가를 할 수 있어야 한다.

제 6 장
유아 동작교육의 교수-학습 방법

교수-학습 방법은 어떤 구체적 목적을 가지고 구체적인 내용을 유아에게 습득시키고자 할 때 '어떻게' 접근하는지에 해당하는 것이다. 교수-학습 방법은 하나의 방법에 국한될 수 없으며 연령과 개인, 상황에 따라 올바른 교수-학습 방법을 선택해야 한다.

본 장에서는 교사가 동작교육을 어떻게 지도해야 하는가에 대해 알아볼 것이다.

1. 동작교육의 접근 방법

교육 현장에서 활용되는 다양한 동작교육의 방법은 크게 주제 중심 접근 방법으로, '신체적 접근 방법'과 '극적인 접근 방법'으로 나누어 볼 수 있다.

이러한 동작 활동의 접근 방법은 각각 분리되는 것이 아니라 발달 단계에 따른 일련의 지도 과정으로 통합되어 사용되는 것이므로 유아의 발달적 과정에 맞는 구체적 지도 방법을 알고 각 상황에 적절한 계획으로 접근한다면 유아는 더욱 효과적인 동작 활동을 경험하게 될 것이다.

1) 주제 중심 접근 방법

주제 중심 접근 방법이란, Gilliom(1970)과 Riston(1986)의 연구에서도 강조되었던 것으로, 하나의 주제를 정하고 그 주제를 중심으로 자유롭게 탐색하고 신체의 어느 부위를 어떻게 움직일 수 있는지에 관한 다양한 동작을 모색하는 것이다. 주제를 선정할 때에는 선택을 용이하게 하기 위해서 주제를 세 가지 주요 영역으로 분류해 보는 것도 좋은 방법이다. 즉, '동작의 기본 요소', '주변 세계', '내면세계'로 나눌 수 있는데, 이 세 가지 사이에 명확한 한계는 존재하지 않는다. 개성을 의미하는 내면세계는 환경을 뜻하는 주변 세계와 분리될 수 없으며, 움직임은 그 두 세계의 일부로서 존재하기 때문이다(원영신, 윤용진, 1998).

Gilliom은 Laban이 제시한 동작의 기본 요소에 기초하여 네 가지 동작의 기본 요소를 '주제(theme)'로 선정하여 교육과정에 반영하였다(Copple, Sigel & Saundert, 1984). 이러한 주제는 첫째, 어디로 움직일 수 있는가?(Where can you move?) – 공간, 둘째, 무엇을 움직일 수 있는가?(What can you move?) – 신체 인식(body awareness), 셋째, 어떻게 움직일 수 있는가?(How can you move?) – 힘, 균형, 무게 전이, 넷째, 어떻게 더 잘 움직일 수 있는가?(How can you move better?) – 시간, 흐름이다.

이 접근 방법을 통해 유아는 지식, 기술, 태도라는 세 가지 영역에서의 학습 목표를 성취할 수 있다.

즉흥적 동작 표현을 위해서는 동기를 유발하여 상상력을 불러일으킬 생물·무생물의 제시가 효과적이다. 즉, 유아에게 연상할 수 있는 소재에 대한 이야기나 분위기로 표현에 자극을 주는 것이다(김혜옥, 1984).

동작의 주제는 무엇보다도 먼저 유아들과 관련 있는 친숙한 주제를 선택하는 것이 필요하다. 그리고 유아들이 지금 가지고 있는 기술을 발전시킬 수 있을 뿐만 아니라 새로운 동작을 배우고 익힐 수 있는 기회가 제공되어야 한다(홍용희 외, 1998).

유아의 동작 활동 전개 시에 이용되는 소재의 예를 종합해 보면 <표 6-1>과 같다.

〈표 6-1〉 유아의 동작 활동을 위한 소재

동물	사람	자연	이야기와 시	기계	교통기관	운동	그림 과제	묘사적 느낌	묘사적 행동
사자 기린 곰 캥거루 뱀 새 토끼 강아지 고양이 물고기 오리 용 괴물	• **역할 놀이의 인물들** 소방관 군인 비행기 조종사 등산가 의사 카우보이 • **상상 인물** 우주인 난쟁이 백설공주 거인 선녀	바람 바다 눈 비 천둥 번개 낙엽 물 얼음 폭풍우	• **동화의 주인공** 백설공주 요술 할머니 공사냥 동물원의 여행 엄마 찾기 대청소	엘리베이터 피아노 신호등 텔레비전 시계 회전목마 온도계	자전거 자동차 트럭 버스 기차 배 떠 있는 경주용 잠수함 비행기 제트기 크레인 병원차	수영 등산 노 젓기 낚시 사냥 야구 축구 • **계절에 따른 스포츠 활동**	그림 사진 조각 색의 분위기 빨강 노랑 파랑 검정	따뜻한 뜨거운 차가운 즐거운 늙은 게으른 날카로운 부드러운 강한 둔한	날다 회오리 치다 기다 털다 기어 오르다 솟아 오르다 엉금엉금 기다 돌다 떨어지다

Ritson은 창의적 무용에는 다양한 동작 경험과 동작 표현의 두 측면이 모두 포함되어야 한다고 보며, 동작 주제(movement theme)와 문화적 주제(culture theme)라는 두 가지 주제를 동작교육의 기본 틀로 삼을 것을 제안하였다. Ritson이 제시한 주제는 다음과 같다.

첫째, 동작 주제는 신체, 무게와 시간, 공간, 동작의 흐름, 짝과 소집단, 노력 행위들에 대한 인식이 포함된다. 즉, 동작의 기본 요소에 대한 개념들이 포함될 수 있다.

둘째, 문화적 주제에는 동물, 서커스에서의 하루, 만화 주인공, 장난감, 성장하는 것, 운송 기관, 괴물, 음악 기구, 기계와 응용 기구, 스포츠와 관련된 활동,

날씨와 자연환경, 감정과 정서, 역사적 사상들을 들 수 있다. 문화적 주제란 주제(theme, topic) 또는 단원(unit)을 의미하는 것이다.

동작 주제는 나라와 민족과 관계없이 세계적으로 거의 공통된 내용으로 이루어져 있으나, 문화적 주제는 각각의 시대와 사회 및 환경에 따라 다르게 나타난다. 따라서 유아가 속해 있는 지역사회의 사회·문화적 특성에 맞는 주제의 선정이 필요하다. 동작 주제와 문화적 주제 중 어느 것을 주 활동 내용으로 하느냐에 따라 신체적 접근 방법과 극적인 접근 방법으로 나누어 볼 수 있다. 이 두 가지 접근 방법의 특징을 소개하면 다음과 같다(이영, 1993).

(1) 신체적 접근(Physical Approach)

신체적 접근이란 움직임의 기본 요소를 중심으로 기본 동작을 탐색하고 실험해 보는 방법으로, Laban에 의한 동작 개념, 즉 공간, 신체, 시간, 무게, 흐름의 기본 요소를 각각 대조시켜 탐색하게 한다.

신체적 접근에서 사용하게 되는 주제를 세분하면 개념 주제(concept theme)와 기술 주제(skill theme)로 나눌 수 있다. 개념 주제는 Laban의 동작의 기본 요소(공간, 시간, 무게, 흐름)를 중심으로 이루어지는 것을 뜻하며, 기술 주제는 기본 동작(이동 동작, 비이동 동작, 조작적 동작)의 내용을 뜻한다. 즉, 신체적 접근에서는 개념 주제와 기술 주제를 연합하여 동작 활동을 실시함에 있어 상상력을 배제하고 순수하게 우리 몸의 각 부분을 사용하여 문제 해결을 위한 탐색을 하도록 하는 것이다(김은심, 1997).

❶ Gallahue의 체육교육에 대한 개념적 모델

Gallahue는 유아의 동작 능력은 동작의 세 가지 기본 유형인 안정, 이동, 조작적 동작을 통하여 보다 세련된 움직임 수준으로 발달한다고 보았다. 이러한 움직임의 세 가지 기본 유형은 일정한 단계(반사적 행동, 초보적 움직임 능력, 기본적 움직임 형태, 일반적 움직임 능력, 특수 동작, 전문화된 움직임 기술)를 거치며 발달하고, 게임과 스포츠, 리듬 활동, 체조 또는 수중 운동 등의 다양한

체육교육에 참여함으로써 성취될 수 있다고 하였다. 이러한 체육교육은 지시적·비지시적 교수 방법을 통하여 학습 경험을 계열화시켜 아동의 움직임 능력의 발달을 이룩할 수 있다는 것이다.

학습 경험은 탐색 → 발견 → 조합 → 선택 → 수행과 같은 순서로 이루어져야 한다.

① 탐색: 각 활동에 포함된 움직임을 각각 분리시켜 탐색한다.
② 발견: 다른 사람의 수행이나 그림, 영화, 책 등을 보면서 간접적으로 이 움직임들을 더 잘 수행할 수 있는 방법과 수단을 발견한다.
③ 조합: 분리된 움직임들을 조합시키고 이들을 다양한 방법으로 실험한다.
④ 선택: 이 조합된 방법들 가운데서 게임이나 비형식적인 경쟁을 통하여 가장 좋은 방법을 선택한다.
⑤ 수행: 선택된 움직임을 보다 고도의 세련된 기술로 다듬어서 형식적인 발표 혹은 오락 시간을 통해서 수행한다.

이와 같은 학습 경험의 단계는 유아와 청소년, 성인 모두에게 적용되지만 유아나 초등학교 저학년 아동에게는 발달 수준상 탐색, 발견, 조합의 경험을 주로 이용하고 가능한 한 선택과 경쟁적 수행은 지양하도록 한다.

❷ Gilliom의 문제 해결식 접근 방법

Gilliom(1970)은 학습에서 가장 기본적인 과정을 발견(discovery)으로 보았다. Laban의 'human movement'의 구조를 분석한 이론에 기초하여 발견의 가장 효과적인 방법으로서 다양한 문제-해결 기술을 제시하였다.

문제 해결식 접근 방법에서는 해결해야 할 문제나 문제 상황을 제시해 주고 그 문제를 해결하는 기술을 유도할 때, 그 문제가 곧 학습 활동이 된다. 문제 중에서 표준 해결책이 없는 문제나 한 가지 해결책만을 요구하지 않는 문제들은 유아가 창의적인 방법으로 해결할 수 있도록 도와야 한다. 비지시적인 언어화를 통한 지도가 필수 요건이 된다. 유아에게 특정한 방법으로 움직이게 하기보

다는 문제에 스스로 반응하도록 해야 한다(배인자, 한규령, 1996).

Gilliom은 과정 중심(process oriented)에 입각한 지도 방법을 강조하면서 5가지 기준에 입각한 수업 과정 모형을 제시하였다.

① 주제(majorproblem): 문제를 해결하기 위한 유일한 방법이나 해답을 학습자에게 제시하지 않고 스스로 해결해야 할 중요 문제를 제시한다.

② 부제(subproblem): 주제에 이어지는 것으로 문제 해결을 위한 방법이나 해답을 제공하지는 않지만 결정적인 구실이나 문제들을 제시한다.

③ 풍부한 사고(productive thinking): 문제 해결을 위해 추리력과 상상력 등 풍부한 사고에 이르도록 지도하는 과정이다.

④ 창의력(creativity): 창의력 개발을 위한 노력의 일환으로 움직임 교육에서 크게 중시되고 있는 학습의 한 과정이다. 움직임 교육 내용의 궁극적인 중요한 목표는 창의적인 사고력과 문제 해결력 배양에 있다.

⑤ 포괄 목표(multiple objectives): 지능, 기능, 태도 등 여러 목표 함양을 꾀할 수 있도록 학습 활동을 선정하고 이를 적절히 적용하여야 한다.

Gilliom의 문제 해결식 접근 방법의 활동 예: 주제 - 공간, 개념 - 자기 공간

■ 도입

– 계속해서 문제가 바뀌므로 문제를 잘 듣고 생각하면서 움직이도록 한다.

■ 문제

1단계

– 신호가 울리면 그 자리에 머문 채 한 손만 움직여 보자. 이번엔 두 손을 다 움직여 보자. 또 한쪽 발도 같이 움직이자. 이번엔 두 발과 머리도 함께 움직여 보자. 이렇게도 해 보고 저렇게도 해 보고 여러 가지 방법으로 움직여 보자.

2단계

– 배만 바닥에 대고 몸의 나머지 부분을 모두 움직일 수 있는가 해 보자. 여러 가지 방법으로 움직여 보자. 또 두 손을 바닥에 대고 몸을 움직일 수 있는 방법을 찾아보자.

■ **평가**

– 한 자리에 머문 채 움직이면서 귀를 기울일 수 있는가?
– 한 가지 방법이나 가장 쉬운 방법을 반복하지 않고 다양하게 움직일 수 있는가?
– 시작 · 정지의 신호에 빠르게 반응할 수 있는가?

출처: 김은심, 1997.

두 가지 교육 방법에서 공통적으로 강조하고 있는 점은, 교사가 유아에게 충분한 기회와 시간적 여유를 주어 스스로 탐색하고 실험할 수 있는 기회를 제공한다는 점이다.

(2) 극적인 접근(Dramatic Approach)

극적 접근 방법은 극화하는 방법으로, 가상적인 상황이나 상상을 통해 움직임을 유도하고 개념을 경험하게 하는 방법이다. 유아는 사물을 관찰하고 사고 과정을 거쳐 동작 반응으로 나타낸다. '~처럼 되어 보기'와 같은 가장 행동이 일어난다. 이때 상상력은 자극제가 되며, 단순한 것 이상의 표현적인 움직임으로 변형된다. 동작 표현을 위해 과제를 제시해 주고, 느낌이나 정서를 표현할 수 있게 하는 다양한 동작 형태와 분위기를 의도적으로 제공해 준다. 창의적 신체 표현의 방법은 유아가 탐색 과정과 즉흥 과정을 통해 생각하고 느끼는 것을 창작할 수 있는 기회를 마련해 줌으로써 자신감을 갖고 즉흥적으로 동작 문제를 독특하게 해결하도록 돕는 방법이다(Gallahue, 1982). 예를 들면, 자연현상이나 동물, 꽃, 교통수단의 형태나 특징적인 움직임, 기쁘고 슬픈 감정, 강하고 약함의 성질과 같은 소재 등이 포함된다(김혜옥, 1984).

교사는 "~이 되어서 움직여 볼 수 있겠니?"와 같은 언어적 자극을 하여 유아가 상상을 활용하여 자기 나름대로의 움직임을 만들 수 있도록 한다. 유아에게 시범을 보이고 지시를 하거나 획일적으로 따라 하게 하기보다는 창의적인 사고와 표현을 장려하도록 하여야 한다.

극적인 접근 방법은 유아가 자신의 신체 능력을 충분히 탐색하여 움직임을 자유롭게 조작할 수 있는 능력이 얻어진 후에 활용하는 것이 바람직하다. 적절한 동작 요소의 사용은 틀에 박힌 반응 이상의 다양한 움직임을 경험하게 하여 창의적이고 심미적인 표현 능력을 발달하게 한다. 유아의 동작 활동은 초기에는 자기 중심의 단순한 움직임이었던 것이 점차 상상을 통해 개념을 표현하는 움직임으로 나타난다. 음악과 자기 자신을 느끼며 습득한 기본 동작을 구조적인 움직임으로 변화시켜 간다.

이 극적인 접근은 두 가지 유형의 동작 활동 내용을 중심으로 구성할 수 있는데, 유아들이 짧은 이야기나 동시 등을 듣고 상상하여 동작을 표현하는 활동과 음악의 요소에 초점을 두고 창의적 표현을 하는 동작 활동이 있다.

2) 통합적 접근 방법

통합적 접근이란 발달이 진행 중인 유아 및 아동들의 전인적 발달을 꾀하기 위해 여러 학문이나 발달 간에 연계를 갖고 다방면의 내용을 통합하여 교육적 경험을 갖게 하는 것으로, 동작교육에 있어 중요한 의미를 지닌다.

특히 성장기에는 성장 발달에 필요한 영양소를 골고루 섭취해 주듯이 교육 내용도 한쪽으로 치우치지 않도록 생활 주변에서부터 시작하여 시공간을 초월하는 미지의 세계까지를 다양한 측면으로 접근해 보는 방법은 미숙한 단계에 있는 유아에게 교육적 효과가 클 것이다.

(1) 교육 영역 간의 통합

동작 활동은 우리의 모든 일상생활과 밀접한 관련을 가지고 있으므로 자체적으로 이미 일반 생활 영역 간에서나 특정 생활 영역 내에서나 통합적 특성을 가지고 있다. 또한 수·과학, 언어, 사회의 교육 내용과 통합적으로 이루어질 수 있음을 알 수 있다(Mersereau, Glover, & Cherland, 1989; 홍용희 외, 1998에서 재인용).

'꼬기'에 대한 영역 간 통합의 예

	신체운동 · 건강	의사소통	사회관계	예술경험	자연탐구
꼬기	• 신체 활동 즐기기 • 건강하게 생활하기 • 안전하게 생활하기	• 듣기와 말하기 • 읽기와 쓰기에 관심 가지기 • 책과 이야기 즐기기	• 나를 알고 존중하기 • 더불어 생활하기 • 사회에 관심 가지기	• 아름다움 찾아보기 • 창의적으로 표현하기 • 예술 감상하기	• 탐구 과정 즐기기 • 생활 속에서 탐구하기 • 자연과 더불어 살기

'꼬기'에 대한 활동 영역 통합의 예

꼬 기

음률
- 기찻길 옆 오두막집
- 저 실바늘 따라

조작
- 줄 땋아서 목걸이 만들이

사회
- 실뜨기 놀이

과학
- 꽈배기 만들기

동작
- 두 명이 짝이 되어 꼬아 보기
- 다리 꼬아 앉기
- 강강수월래

수
- 같은 길이의 땋은 줄과 그냥 줄을 풀은 후에 길이 비교하기
- 체인의 고리 수로 덧셈·뺄셈 하기

(2) 동작의 기초 영역과 응용 영역의 통합

동작교육에서는 동작 활동의 기초 영역과 동작 활동의 응용 영역이 분리되어 교육될 수 없으며, 특히 발달의 초기에 있는 유아에게는 이 두 가지의 교육 내용을 통합하여 충분히 경험할 수 있도록 해야 한다.

최근의 동작교육에 관한 관점은 동작 활동의 기초 영역과 동작 활동의 응용 영역을 통합하여 교육 내용을 구성하려는 노력을 보이고 있다. 이러한 노력은 동작교육에 있어서 동작 활동의 응용 영역에 속하는 창의적 신체 표현만을 지나치게 강조하게 되면 동작의 다양성이나 기술적 측면이 결여되고, 유아들이 단순히 동작을 반복하거나 서로의 움직임을 모방하는 데 그치기 때문이다. 신체 표현의 내용이 불성실해질 수 있음을 의미한다.

통합적 동작 활동을 위한 프로그램 절차 및 내용을 Slater(1993)가 구성한 것을 제시하면 <표 6-2>와 같다. <표 6-2>에 제시한 통합적 동작 활동 프로그램의 절차 및 내용에서 1단계인 도입과 2단계 움직임 익히기는 동작 활동의 기초 영역에 속하며, 3단계 창의적 신체 표현은 동작 활동의 응용 영역에 속한다.

〈표 6-2〉 통합적 동작 활동 프로그램의 절차 및 내용

실행 절차	소요 시간	활동 내용
제1단계 (도입)	3~5분	• 반드시 주제와의 관련 여부에 상관없이 활동을 한다. • 동작 활동을 위한 분위기를 조성한다.
제2단계 (움직임 익히기)	10~15분	• 주제에 따른 동작의 기본 요소를 중심으로 활동한다. • 다양한 동작의 가능성을 탐색하고 실행해 본다. • 경우에 따라서 교사의 시범도 가능하다.
제3단계 (창의적 신체 표현)	15~20분	• 움직임 익히기 단계에서 경험한 활동들을 통해 적극적으로 표현한다. • 시, 이야기, 음악, 그림, 사물, 환경의 형태 등을 이용한다.
제4단계 (평가)	3~5분	• 창의적 표현을 중심으로 기본 동작, 기본 요소, 창의적 신체 표현 활동의 내용을 평가한다.

출처: 공갑례, 1997.

2. 동작교육의 지도 방법

교수 방법은 근본적으로 교사의 철학적·심리학적 신념을 토대로 하여 선택된다고 할 수 있다. 지도 방법은 어떤 형태로 수업을 편성해야 하며 내용을 어떻게 제시할 수 있는가에 대한 종합적인 기교라고 할 수 있다.

전통적인 동작 지도 방법은 형식적인 활동들을 제공하고 활동이 이루어지는 과정보다는 결과만을 강조하므로 반복 연습의 필요성이 높고, 교사가 중심이 되어 명령과 지시를 하기 때문에 유아들의 반응은 수동적인 특징을 지니게 된다(윤애희, 2000). 또한 유아들의 개성과 특성이 무시되어 창의성 발달이나 바람직한 동작 발달에 역효과를 가져오게 된다.

그러나 제2차 세계대전 이후 영국에서 발달되어 서부 유럽으로 확장된 움직임 교육(movement education)은 학습자 스스로 문제를 해결하며 학습하고 신체 활동을 통해 움직임의 가능성을 발견, 탐색하도록 하는 새로운 학습 방법으로, 비형식적 접근으로 일컬어지기도 한다. 이러한 점에서 움직임 교육의 현대적 접근은 전통적 접근에 대해 새로운 동작교육의 방법으로 수용되고 있다.

1) 직접적 교수 방법(Direct Teaching Method)

동작 활동에서 어떤 주제들은 직접적인 교수 방법으로 전달하는 것이 보다 적절한 경우가 있다. 발레나 구조적 리듬 활동 같은 것이 대표적인 예이다. 이러한 유형의 활동은 정확한 위치나 스텝을 수행하도록 하므로 학습자들이 탐색을 통해 위치나 스텝을 발견하도록 하는 것은 부적절한 방법이 되는 것이다.

직접적 접근(direct approach)은 교사가 유아가 무엇을(what), 언제(when), 어떻게(how) 해야 하는지를 결정해야 한다(Gallahue, 2009). 교사가 유아에게 기대하는 것이 무엇인지 시범을 보여 주며 따라 해 보도록 하는 짧은 설명을 해야 한다. 즉, 시범과 모방(demonstration and imitation)을 사용하는 교사 중심 혹은 과제 중심적 교수 방법이라고 할 수 있다. 이 직접적 접근은 유아기 동작교육 프로그램에서 최소화하여 사용하는 교수 방법이다.

2) 안내-발견적 교수 방법(Guided discovery)

안내-발견적 교수 방법은 유아가 수렴적인 문제 해결(convergent problem)을 하도록 돕는다. 교사는 유아가 움직임을 실험해 보고 스스로 발견하도록 허용하면서 '옳은 답'으로 초점이 모아지도록 안내하는 것이다.

유아로 하여금 발견이 일어나도록 이끄는 것은 교사의 질문이 중요하다. 교사는 문제를 해결하기 위한 발견이 일어나는 언어 유형을 사용해야 한다. 예를 들어, "두 팔을 옆으로 들어 볼 수 있니?", "팔을 그대로 들고, 발이 바닥에 내려오지 않도록 해 볼 수 있을까?" 등의 질문을 사용할 수 있다.

교사는 유도 발견적 교수 방법을 사용할 때 유아의 모든 반응을 수용해야 하며, 유아에게 답을 미리 주어서는 안 된다. 문제 해결을 촉진하기 위해 시범(demonstration)과 언어화(verbalization)가 사용될 수 있다. 몇몇 유아가 시범을 보이고, 이 시범을 보고 유아 자신의 신체를 움직여 보는 기회를 갖기도 할 것이다. 이런 경우에도 교사는 유아가 무엇을 보아야 하는지 판단하도록 하는 언어적 단서를 제공한다. 언어화는 가끔 유아들에게 막 수행한 움직임이나 자세를 설명해 보게 함으로써 자신들이 한 행동을 정신적으로 그려 보는 기회를 갖게 해 줄 수 있다.

유아교육에서 뛰기 기능을 발달시킬 수 있도록 Riggs의 안내-발견 교수법(guided discovery method)을 사용한 예를 들어 보면 다음과 같다(이영자, 이기숙, 이정욱, 1999에서 재인용).

- 탐색: 유아가 뛰어넘을 수 있는 물체를 고른다. 예를 들면 우유 상자, 지팡이, 로프, 낮은 평균대 등이며, 자동차 타이어의 튜브도 좋은 소재가 될 수 있다. 유아는 자유자재로 이러한 다양한 소재를 가지고 다양한 방법으로 몸을 움직이면서 뛰기를 탐색하게 된다.
- 발견: 이러한 첫 번째 과정을 통하여 유아는 ① 뛰어넘거나 뛰어들어갔다가 나올 수 있는 물체의 종류, ② 여러 가지 다양한 뛰기 방법, 뛰기의 다양한 범위 등을 알게 된다. 이때 교사는 "앞으로 뛰어 보았는데, 이번에는 옆

이나 뒤로 뛸 수 있을까?", "아주 높이 뛰었는데, 다음에는 멀리, 넓게 뛰어 볼 수 있을까?" 등의 질문으로 발견 학습을 돕는다.

- 선택: 두 가지 과정이 필요하다. 유아에게 움직임을 선택하도록 요구할 수 있다(가장 높게 할 수 있는 뛰는 방법을 선택). 교사가 뛰기의 여러 가지 측면을 요구할 수 있고, 점차 뛰기 활동에 익숙하게 되면 뛰는 높이와 어려움을 증가시키도록 한다.

3) 탐색적 방법(exploration)

발산적인 문제 해결로 이끌어 주는 지도 유형으로, 유아 각자가 나타내고 싶은 대로 다양한 반응을 할 수 있게 한다.

Halsey와 Porter(1970)가 제안했던 탐색적 접근은 다음과 같은 기본적 과정을 따른다.

① 문제(움직임)를 설정하고 ② 유아 스스로 실험(experimentation)하며 ③ 관찰과 평가 과정을 갖고 ④ 평가를 통해 얻은 특성을 또다시 적용하며 활동한다.

교사는 유아들에게 시범을 보인다거나, 교사를 따라 하도록 이끌거나 최선의 답 한 가지만을 요구해서도 안 된다. 유아가 자신의 속도와 방식대로 발견할 수 있도록 자유로움을 허용해야 한다. 유아 자신만의 독특한 표현이 수용되고 격려될 수 있도록 한다. 이러한 교사의 지도 방법은 상상이 자유로운 학습 분위기를 만들게 되며, 유아들이 능동적이고 다양한 창작을 나타내도록 할 것이다.

유아들이 탐색을 일으키는 언어적 단서는 주로 "~을 할 수 있니?" 또는 "또 다른 방법으로는 무엇이 있을까?"와 같은 형태의 질문이 사용된다.

교사는 동작의 형태나 기술을 가르치기보다는 신체를 사용하는 방법을 격려하고 동작의 가능성을 발견하도록 해야 한다. 또한 유아가 느낌과 생각을 표현하도록 격려한다(Spodek, 1985).

4) 놀이를 통한 동작교육

동작교육이라고 하면 단순히 동작을 알려 주면서 기초 체력을 다진다고 생각할 것이다. 유아들에게 다양한 동작을 익히게 하는 것과 기초 체력을 다지게 하는 것은 매우 중요한 일이고, 꼭 해야 하는 것이지만 단순히 그 동작을 알려 주는 것으로만 끝난다면 효과적이라고 할 수 없다. 동작 시간이 쉽고 즐겁기 위해서는 놀이를 통해 접근하는 것이 가장 효과적이다.

유아들은 일상생활 등 모든 상황에서 놀이를 한다. 유아들에게는 놀이가 일이라고 할 수 있으며, 놀이를 통해 간단한 규칙 또는 배려와 협동 등 다양한 사회성을 경험하고 배우며 성장한다. 놀이에 대한 교사나 성인의 지지와 격려는 놀이를 한층 더 심화시키고 다양한 방법의 놀이를 만들어 나갈 수 있게 한다. 이 과정에서 유아들은 다양한 경험을 쌓고, 새롭게 익힌 놀이 방법을 또 다른 놀이로 확장해 가면서 창의성을 촉진시킬 수 있다.

유아들이 만들어 가는 놀이를 자세히 들여다보면 다른 활동과는 달리 자발적이고, 그렇기 때문에 즐거움과 만족도가 높다. 이를 통해 교사는 유아들에게 놀이를 하면서 배우고 익힐 수 있게 지지해 주고 지원해 주는 것이 바람직하다.

유아들이 우연한 놀이를 통해 발견하고 관심 있는 주제나 행동을 교사가 지원해 주고 독려하여 동작 활동으로 연결시키는 예를 소개하고자 한다. 동작교육의 기본 요소인 신체 인식, 공간, 힘, 시간, 흐름, 관계는 기본 요소이지만 유아들에게 내용을 정확히 전달하기에는 무리가 있다. 이것을 유아들의 놀이 관계에서 발견하고 교사가 재치 있게 끄집어내 주어 더 깊이 있게 경험하도록 하고자 한다. 또 기초적 동작이라고 할 수 있는 이동 동작, 비이동 동작, 조작적 동작에 속해 있는 다양한 동작의 유형들도 기존의 가르쳐 주기 방법보다는 유아들의 놀이에서 접근하여 자연스럽게 익힐 수 있는 방법으로 접근할 것이다. 이렇게 놀이를 통해 접근하는 방식은 교사의 관찰이 필수이며, 관찰 상황과 동작 유형이 잘 연결될 수 있도록 하는 것이 중요하다. 교사와 유아가 동작교육 시간이 즐거운 놀이 시간으로 될 수 있도록 하려면 다음과 같은 유의 사항이 있다.

첫째, 동작교육을 하기 위해 교사가 목표를 세우고 그 흐름대로 놀이를 유도하지 않도록 한다. 결국 교사가 유도하는 놀이는 유아들의 내적에서 자연스럽게 나온 것이 아니므로 자연스럽게 동작교육과 연결시키기 위해서는 기다려 주는 인내심이 필요하다.

둘째, 교사는 많은 관찰을 해야 한다. 유아들이 지금 어떤 상황을 즐기고 있는 것인지, 어떤 것을 바라고 있는지 잘 관찰하고 지원해 주어야 놀이를 촉진시킬 수 있다.

셋째, 교사는 동작교육에 대한 기본 요소와 기본적인 동작의 유형을 익히고 있어야 한다. 교사가 동작의 요소와 유형을 알고 있을 때 유아들의 놀이와 자연스럽게 연결할 수 있는 놀이 지원을 해 줄 수 있다.

넷째, 놀이를 다양한 방법으로 깊이 있게 접근하게 지원해 주어야 한다. 예를 들어, 공굴리기 동작을 할 때 친구와 함께 굴러 보는 것에서 끝나는 것이 아니라 세게, 약하게, 높은 곳에서, 낮은 곳에서, 다른 물건을 이용하여, 울퉁불퉁한 곳에서 등등 다양한 활동을 하여 공굴리기 속에서 많은 것을 경험할 수 있도록 하는 것이다.

이렇듯 동작교육을 놀이로 접근하는 것이 쉬운 일은 아니지만 유아들과 교사들에게 더 재미있고 유용한 시간이 될 수 있을 것이다.

제 7 장

동작 활동의 계획 및 실행

교육적인 프로그램의 기본 요소는 계획이다. 교사의 영유아에 대한 관찰을 바탕으로 한 사전 계획이 없으면 바람직한 통합 교육의 효과는 얻을 수 없다.

동작 활동을 계획할 때 수업은 하나의 단원으로 이루어지거나 좀 더 긴 시간 동안에 분산시켜 이루어질 수도 있다. 이는 유아의 연령 수준과 주제의 성격에 따라서 달라질 수 있다. 주제는 기본적으로 수업이나 학습 활동의 기초가 되는 구심점이 된다. 매일의 수업은 계획할 때 그 수업의 특정한 목표가 무엇인가를 결정하는 것이 중요하다. 일단 그 수업의 목표가 결정되면 수업 자체의 실제적 구성에 중점을 둘 필요가 있다.

동작 활동은 유아의 학습 형태, 개성, 발달 수준에 따라 개인차가 있기 때문에 다양한 내용으로 제공되어야 한다. 유아는 자신의 몸을 공간에서 움직임으로써 위치를 익힌다. 최근 연구에서는 촉각, 근육 운동과 지각적이며 다양한 자극이 정상적인 뇌 발달에 필수적이라는 것이 발견됐다(Hoffman, Young & Klesins, 1981). 따라서 전체 동작교육 프로그램을 계획할 때는 이 세 가지 요소를 고려해야 한다. 예를 들면, 촉각적 활동은 모래놀이와 물놀이가 있으며, 근육 지각적 활동은 달리기, 높이뛰기, 기어가기, 앙감질이 있다. 다양한 활동에서 그네 타기, 흔들기, 균형 잡기 등은 유아가 좋아하는 활동들이다.

또한 3, 4, 5세를 위한 모든 동작 프로그램에는 신체 인식(body awareness)이 포함되어야 한다. 신체 인식이라고 하면 단순히 신체 부분의 이름을 아는 것으로 생각하기 쉬우나, 유아에게 있어서는 움직임 자체가 신체 인식이 되는 것이

다. 유아는 자신의 신체가 할 수 있는 것을 학습한다. 자신의 신체 각 부분이 어떻게 움직이며 어디로 움직이는지 등을 학습하고 서로 다른 부분이 어떻게 연합해서 움직이는가도 배우게 된다.

따라서 교사는 유아가 자발적으로 동작을 탐색하고 창의적으로 표현할 수 있도록 활동을 계획하고 지원하는 것이 중요하며, 유아의 놀이뿐만 아니라 환경과 상황을 고려하여 놀이가 지속되거나 확장될 수 있도록 해야 한다. 또한 놀이가 확장되기 위해서는 교사의 긍정적인 피드백과 지원이 필요하다.

다음은 놀이중심 동작교육을 실행하기 위한 동작 활동의 계획 및 실행과정을 살펴보도록 하겠다.

1. 동작 활동의 목표와 내용 선정

놀이중심 동작교육에서는 사전에 정해진 틀을 따르기보다는 유아의 반응에 따라 활동을 유연하게 조정하는 것이 중요하다. 유아가 특정 동작이나 놀이에 흥미를 보이면 이를 확장하여 더 깊이 탐색할 수 있도록 돕고, 정해진 교육 목표를 달성하는 것보다 유아가 즐겁게 놀이하며 신체적 · 정서적으로 성장할 수 있도록 지원한다.

1) 활동 목표

Graham 등(1993)은 활동 목표는 구체적으로 서술되어야 하고 평가가 가능하도록 세부적으로 설정해야 한다고 하였다. 예를 들어, 교사는 공 던지는 동작을 세부적으로 나누어 보고 발달에 맞는 동작 능력 수준을 목표로 설정할 수 있다. 가령, 공 던지는 준비 자세로 '공을 든 팔을 머리 뒤로 가져갈 수 있다', '한쪽 발을 앞으로 내디딘다' 등의 목표를 설정함으로써, 동작이 끝난 후에 다른 목표에 의거하여 구체적인 평가를 할 수 있다.

〈표 7-1〉 동작 활동의 목표와 평가 작성의 예

목표	• 신체를 흔들리게(sway and rock) 하는 동작과 구르는(rolling) 동작 기술을 나타낼 수 있다. • 여러 방향으로 움직일 수 있다. • 나뭇잎의 모습을 인식하고 움직인다(나뭇잎의 모양, 크기). • 창의적인 신체 표현을 한다.
평가	• 흔들거리는 동작(비이동 동작), 가볍게 앙감질하고 구르는 동작(이동 동작)을 대부분 나타냄(빠른 걸음으로 걷는 동작만을 일관하는 유아도 있음) • 처음에는 앞으로 움직이는 이동 동작이 많았음. 공간 탐색 후에 오른쪽 왼쪽으로 움직임 • 두 손을 깍지 끼고 위로 뻗은 나뭇잎의 모습이 많았고, 크고 작은 모양을 만들어 낼 수 있었음 • 바람의 세기에 따라 흔들림을 강하게 약하게 동작하거나, 친구와 함께 커다란 나뭇잎을 표현하기도 하고, 나뭇잎이 날리는 모습을 다양하게 표현함

출처: 배인자, 한규령, 1996.

〈표 7-2〉 미국 체육(움직임) 교육의 세부 행동 목표

만 5세 유치원 아동을 위한 신체 활동 기준	
체육교육을 받은 사람	유치원 아동을 위한 강조점
1. 여러 가지 움직임 유형을 습득하고 각 움직임에 능숙하기	• 조작적, 이동적, 비이동 운동 기술의 성숙한 형태로 발전한다. • 걷기와 뛰기에 성숙한 형태를 보인다.
2. 운동 기술을 배우고 발달해 가는 데 움직임 개념과 원리를 적용하기	• 기초적인 움직임 패턴을 인식한다(스키핑, 치기) • 기초적인 움직임 용어를 확립해 간다(예 : 개인공간, 높고/낮은 위치, 빠르고/느린 속도, 가볍고/무거움, 균형, 돌리기) • 적합한 개념을 활동에 적용하기(예 : 뛰다가 방향 바꾸기)
3. 신체적으로 활동적인 삶의 태도 갖기	• 활발한 신체 활동에 적절하게 참여하기 • 쉬는 시간 동안 신체 활동을 선택하고 참여하기 • 신체 활동에 참여하는 것을 좋아하는지 싫어하는지를 알기
4. 건강한 체력 유지하기	• 짧은 시간 동안 활발한 신체 활동에 지속적으로 참여하기 • 적당한 신체 활동의 신체 생리적인 신호들을 구분하기 (예 : 빠른 심장 박동, 거친 숨쉬기)

만 5세 유치원 아동을 위한 신체 활동 기준	
체육교육을 받은 사람	유치원 아동을 위한 강조점
5. 신체 활동 시 책임감 있는 행동하기	• 교사의 도움과 더불어, 교실 내 규칙과 안전을 실천하기 • 다른 사람과 공간과 설비를 나누어 사용하기
6. 타인에 대한 이해와 존중하기	• 함께 놀이하는 것의 즐거움을 인식하기 • 개인적인 차이(예: 민족, 성, 장애)를 이해하고 친구들과 긍정적으로 상호 작용하기
7. 신체 활동이 즐겁고, 도전을 주며, 자기표현을 할 기회를 제공하고 다른 친구와 상호 작용할 수 있는 기회를 제공함을 이해하기	• 신체 활동에 참여하기 • 신체 활동에 긍정적인 느낌 가지기 • 새로운 신체 활동과 기술을 시도하기

출처: NASPE, 1995.

2) 활동 내용 선정

동작 활동의 내용을 선정하기 위해서는 동작교육을 위한 내용 기준을 고려하여야 한다. 미국의 경우에는 유치원, 2학년, 4학년, 6학년, 8학년, 10학년 및 12학년으로 나누어 체육 활동의 내용 기준을 7가지로 제시하고 있다.

동작 활동의 내용은 유아의 발달 수준에 근거하여 단순한 활동부터 시작하여 점점 복잡한 활동의 비중을 높여 간다. 유아교육 프로그램은 대개 주제 중심으로 교육 활동을 선정하고 운영하므로 생활 주제와 연결하여 동작 활동 내용을 선정할 수 있다.

학기 초에는 충분한 신체 탐색이 일어나는 단순한 활동부터 시작한다. 특히 기본적인 동작 활동(이동 동작, 비이동 동작, 조작적 동작)은 신체적 접근을 통해 또는 극적인 접근을 통해 경험할 수 있다. 그러나 극적인 접근도 처음에는 단순한 행동을 가장해 보는 활동(예: 뜨거운 모래 위를 걷는 것처럼 동작하기)에 비중을 두다가, 유아가 신체 조절을 익숙하게 하면, 보다 복잡한 극적인 접근－동시·동 화를 듣거나 음악을 들으며 극화하는 접근－창의적 표현 활동의 비중을 높여 활동 내용을 선정하도록 한다.

2. 활동의 과정 계획하기와 실행하기

놀이를 촉진하고 창의적 표현을 지원하기 위해서는 놀이를 강요하는 것이 아니라, 유아가 자발적으로 움직이도록 동기를 유발한다. 다양한 움직임을 탐색하고 적용할 수 있도록 신체 표현의 예시를 제공하거나 동작을 시범 보인다. 또한 유아가 특정 동작을 반복 연습할 수 있도록 신체 움직임과 관련된 흥미로운 활동이나 도전 과제를 제안하여 적극적인 참여를 유도하며, 유아가 할 수 있는 동작에 대하여 긍정적인 피드백을 제공하고 한 단계 나아갈 수 있도록 촉진한다.

놀이중심 동작교육에서는 정형화된 동작보다 유아가 자신만의 방식으로 표현할 수 있도록 유도하는 것이 중요하며, 정답이 없는 열린 질문(예: "이 음악을 들으면 어떤 동작이 떠오르나요?")을 통해 유아의 상상력과 창의성을 자극할 수 있다.

다양한 교구(천, 공, 후프 등)나 음악을 활용하여 유아들이 새로운 동작을 자유롭게 시도할 수 있도록 도우며 정해진 틀 안에서만 움직이게 하지 않고 다양한 움직임을 시도할 수 있도록 유도하고, 다양한 감각 발달을 촉진할 수 있도록 지원하며, 유아가 자신이 생각하는 동작을 창의적으로 표현할 수 있도록 격려한다.

1) 활동 과정의 계획

선정된 동작 활동을 어떻게 진행해야 하는지에 대한 구체적인 수업 과정을 미리 계획하는 것이 필요하다. 교사는 동작 활동 경험을 제공하기 위해 하나의 주제를 선택한 후에는 유아들에게 어떻게 주제를 소개할 것인지, 또한 어떻게 이 생각을 발전시켜 나갈 것인지에 대해 검토해야 한다(홍용희 외, 1997).

집단 형태의 교육 활동들 대부분은 도입–전개–종결의 과정으로 계획하게 된다.

첫째, 도입 과정에서는 유아의 학습 동기 유발과 흥미를 높이고 자연스럽게 동작 활동으로 이끌어야 한다. 도입 부분에서 동작 활동명을 이야기하고 이어질 활동에 대해 유아가 호기심을 갖도록 짧게 계획한다. 대개 유아의 구체적인 경험 속에서 이야기가 시작되도록 해야 하며, 자료(시청각 교수 매체)를 이용하여 유아의 관심과 흥미를 모을 수 있다.

둘째, 전개 과정은 활동 내용에 따라 유아가 동작을 경험하는 부분으로서 시간 비중이 크다. 수업의 전개는 교사의 교수 접근 유형에 따라 언어적인 계획이 달라진다. 앞서 언급된 바 있는 교수 접근 유형, 즉 지시적 접근이나 비지시적 접근 유형인 발견·탐색적 접근이 사용될 수 있다.

셋째, 종결 과정에 대한 계획이 잇따른다. 동작 활동 전개에 따라 유아가 참여하여 동작 경험을 하고 난 후에 마무리를 하면서 동작을 끝내게 된다. 이 마무리 과정에서는 동작 활동에 참여하여 느낀 것을 잠깐 동안 회상해 보며 가능한 한 즐겁게 활동이 끝날 수 있도록 계획한다. 또한 다음 활동으로 연결 지어 전이하는 활동까지 계획하도록 한다(배인자, 한규령, 1996).

2) 동작 활동의 실행하기

수업은 도입 – 전개 – 마무리 세 부분으로 구성될 수 있다.

(1) 도입

짧게 5~10분 정도, 쉽게 구성하고 유아들의 많은 참여를 위해 수업의 시작 부분에 준비 활동 또는 전개로 이끄는 데 사용되며, 도입 활동을 진행할 때 유의할 사항은 다음과 같다.

① 유아들이 활력적으로 모두 수업에 참여할 수 있도록 하고 목표로 하는 수업 내용으로 이끌 수 있는 활동으로 시작한다.

② 이동 동작을 중심으로 활동에 대한 흥미와 준비 운동을 겸할 수 있는 활동

을 한다. 교사는 분위기가 너무 고조되어 있거나 지나치게 위축되어 있는 유아들의 상태를 고려한 후 활동을 전개해 나가도록 한다.

③ 동작 활동 주제와 연결된 자료를 사용하여 유아의 흥미와 학습 동기 유발을 높일 수 있다. 사용될 수 있는 자료의 유형은 다양하다. 즉, 사물 모형이나 퍼펫류, 그림 자료, 관찰 자료(애벌레, 물고기, 풍선, 녹음테이프－동물의 소리, 음악 등), 이외에도 동작 활동에 사용되는 소품을 활용하여 유아들의 호기심을 자극할 수 있다.

④ 간단한 손동작이나 몸동작을 통한 주의 집중 게임, 수수께끼를 통해 자연스럽게 움직임 활동과 연결시킬 수 있다.

⑤ 도입 과정은 짧은 시간(3～5분) 내에 이루어지도록 하는 것이 중요하다. 도입 부분에서 교사의 이야기가 길어지면 유아는 오히려 동작 활동에 대한 흥미를 잃을 수 있다.

(2) 전개

15～20분 정도의 길이이며, 이 수업의 활동 시간은 수업의 초점에 맞추어 구성한다. 대부분의 수업 시간이 이 활동에 집중되며, 전체적인 수업도 이 부분에 중점을 두어 진행된다. 유아들의 수준에 따라 문제 해결 경험의 다양성 정도와 기법 습득 활동 내용이 달라진다. 또한 수업의 전개는 교사의 교수 접근 유형에 따라 언어적인 계획이 달라진다. 앞서 언급된 바 있는 교수 접근 유형, 직접적 접근이나 간접적 접근 유형을 사용할 수 있다. 유아가 자유로운 신체 탐색을 충분히 경험할 수 있도록 계획하여 효과적인 수업 전개가 되도록 계획하는 것이 중요하며, 동작 활동을 제시할 때는 다음의 사항에 유의한다.

① 동작을 제시할 때는 한 번에 한 가지 방법만을 사용한다.
동작 활동을 제시하는 방법에는 시범, 설명, 지도의 세 가지 방법이 있다. 유아들은 다양한 정보를 통합해야 하기 때문에, 둘 이상의 방법을 제시하면 유아들의 이해를 어렵게 한다. 따라서 설명 없이 한 가지 움직임만을

보여 주는 것이 효과적이다. 시범 · 설명 · 지도의 구체적 예를 살펴보면 다음과 같다.

시범	"내 팔이 어떻게 되는지 잘 지켜보세요."(말로 시작)라고 한 다음 말하지 않으면서 동작만을 보여 준다.
설명	"잘 듣고 나를 따라 하세요."라고 말한다. 그러고 나서 시범을 보이지 않고 활동을 설명한다. 방법을 설명한 다음, 유아들이 실제로 활동을 시작하기 전에 첫 번째, 두 번째, 계속해서 무엇을 해야 하는지 말하게 한다.
지도	"이제 내가 너의 팔을 들어서 구부릴 거예요."라고 말한 후, 말없이 유아의 팔을 들어 구부린다.

② 동작 활동은 단순화하여 제시한다.

진행할 활동이 둘 이상의 연결된 동작을 포함한다면 좀 더 단순하고 쉽게 연결할 수 있는 단위로 나눌 수 있다. 유아들에게 동작을 동시에 하도록 한다면, 먼저 각자가 자신의 속도에 맞게 연습할 수 있는 시간을 준다. 활동이 공, 악기와 같은 도구를 가지고 하는 것이라면 동작을 익힐 수 있도록 우선은 도구를 갖지 않고 하도록 한다. 활동이 오른쪽과 왼쪽을 정확하게 이용하는 것이 필요하다면 모두가 정확하게 사용하기 전에 먼저 어느 쪽으로든지 해 보도록 한 다음 반대쪽으로 하도록 한다. 활동이 리듬이나 노래를 이용하는 것이라면 단어나 멜로디를 넣기 전에 학생들이 연결된 동작을 배우도록 한다.

예 1 '토닥거리기와 손뼉치기'나 '안과 밖'과 같은 두 동작 활동은 두 개의 움직임을 연결해서 하기 전에 각각의 움직임을 먼저 알려준다. 주의할 점은 유아들이 단순화하지 않고도 연결되는 동작을 할 수 있는지 우선 시도해 볼 수도 있다.

연결된 동작을 단순화시키는 데 도움을 줄 수 있는 지침

- 정적인 동작(static movement)이 동적인 동작(dynamic movement)보다 단순하다. 예를 들면, 양손을 어깨 위에 얹는 것은 어깨를 두드리는 것보다 단순하다.
- 팔이나 손을 몸에 갖다 대는 움직임은 그렇지 않은 활동보다 쉽다.
- 상체 움직임은 일반적으로 하체 움직임보다 단순하다.
- 몸통의 동작은 손발 동작보다 쉽고, 손발의 동작은 손가락 동작보다 쉽다.
- 대근육 동작은 소근육 동작보다 쉽다.
- 이동하지 않는 동작은 이동하는 동작보다 쉽다.
- 도구 없이 하는 동작은 도구를 가지고 하는 것보다 쉽다.
- 좌우 양측을 사용하는 동작(신체의 부분 중 쌍으로 된-양손, 두 다리)은 신체의 한 부분을 움직이고 다른 한쪽을 움직이는 동작보다 쉽다.
- 대칭적인 동작은 비대칭적 동작보다 쉽다.
- 하나의 동작은 연결된 동작보다 쉽다.
- 개인적 공간을 사용하는 것이 일반적 공간을 사용하는 것보다 쉽다.
- 짝과 함께 동작하거나 박자에 맞춰서 하는 동작은 그렇지 않은 동작보다 어렵다.
- 느린 박자에 맞춘 비이동적인 동작은 빠른 박자에 맞춘 비이동적 동작보다 쉽다.

③ 사고를 자극할 수 있는 적절한 질문으로 유아들이 생각할 수 있도록 격려한다.

유아들이 단순히 가르친 동작을 해 보는 것으로는 충분치 않으며, 자신이 해야 하는 움직임을 완전하게 이해하는 것도 매우 중요하다. 유아들의 인식 정도를 자극하기 위해서는 동작에 관한 유도 질문을 하여 유아들이 무엇을 하고 있는지를 생각하도록 자극하여야 한다. 동작을 보여 준 다음 유아들에게 동작을 설명하거나 재연할 수 있는지 묻는다. 동작을 정확하게 재연할 수 있는 유아는 완전하게 이해한 것이다.

유아들에게 할 수 있는 질문의 형태를 다음과 같이 정리할 수 있다.

▶ **예/아니오 질문 또는 정확한 답이 있는 질문**

이러한 질문이 때로는 유용하지만 전적으로 이러한 질문을 사용해서는 안 된다.

예 "동작을 동시에 했나요?"
"우리가 손(다리)을 어디에 두었나요?"

▶ **생각을 유발하는(thought-provoking) 질문**

유아들이 다양한 동작의 개념 중 한 가지를 선택하도록 하는 질문이다.

예 "팔을 빨리 아니면 천천히 움직였나요?"
"똑바로, 구부려서 아니면 지그재그로 움직였나요?"

▶ **확산적 질문**

정확한 답이 없거나 주어진 답에서 선택하는 질문이다. 이러한 질문은 유아들이 과정을 통해 사고하고 언어를 사용하도록 한다.

예 "몸을 어떻게 움직였나요? 어떻게 방을 지나왔는지 말해 보세요."

④ 동작에 대해 묘사하도록 한다.

어떤 동작 활동을 제시할 때나 교사가 제시한 동작 지시를 단순히 따라 하도록 하기 위해서는 유아들이 정보와 동작을 통합하여 표현할 수 있어야 한다. 언어는 동작을 위한 자연스러운 다리 역할을 하기 때문에 동작의 이해를 증가시킬 수 있도록 돕는다.

• 동작을 하면서 동작에 관해 이야기하기

동작 묘사하기의 초기 방법으로, 동작을 하면서 동작에 관한 이야기를 하도록 하는 것이다. 유아나 다른 사람이 보여 주는 동작을 설명할 수 있다. 동작을 하면서 말하는 것은 활동이 상당히 구체적이기 때문에 동작을 설명하는 가장 쉬운 방법이다.

예 유아들이 몸을 바닥에 대고 신체 부분 간의 균형을 맞추려고 시도할 때, 교사는 "승준아! 네 몸의 어느 부분을 바닥에 닿게 할 거니?"라고 말한다. "승준이 몸의 어느 부분이 구부러져 있고 어느 부분이 똑바르니?"라고 유아들에게 질문한다.

• 동작을 하기 전에 동작 계획하기

유아들에게 생각하면서 동작을 하도록 하는 것으로, 동작을 하기 전에 동작을 계획하도록 하는 것이다. 교사는 아이들에게 문제를 제시하기 전에 자신의 계획과 빠뜨릴 수 있는 단계를 언어화하도록 한다.

예 유아들에게 4박자로 된 네 가지 이동하는 동작을 함께 하도록 한다. 그중 하나의 동작은 두 번 이용할 수 있다. 교사가 '세발뛰기'와 같이 활동의 보기를 준다. 유아들이 몇 가지를 시도해 볼 수 있는 시간을 준 후, 어떻게 움직일 것인지 계획을 물어본다. 유아들이 동작을 묘사하는 완전한 문장을 사용해서 설명하도록 한 후 동작을 하도록 한다.

• 실시 전에 동작 기억하기

유아들에게 동작을 하면서 동작에 관해 생각해 보도록 한 후 움직임은 다시 하지 않고 기억해 내어 설명하도록 하는 것이다.

예 몸으로 글자를 만들기 위해 유아들을 짝을 지어 준다. 교사는 유아들에게 어떻게 글자를 만들어야 하는지 생각하도록 한다. 글자가 만들어진 다음 짝을 이룬 유아들은 그들이 어떻게 글자를 만들었는지 기억해 낸다.

• 동작을 단어와 연결하기

동작을 단어와 연결하는 것은 정확한 타이밍을 요구하는 비이동성 동작과 이동성 동작을 실시하는 매우 효과적인 방법이다. 예를 들어, 팔의 패턴은 ① 몸 앞으로 팔 뻗기, ② 팔을 구부려서 어깨에 대기, ③머리 위로 팔을 뻗기, ④ ②번처럼 팔 구부리기와 같이 구성하여 시행한다. 움직임을 연습한 후에 학생들은 동작을 계속하면서 '밖으로, 안으로, 위로, 아래로'라는 한 단어로 행동을 표시한다.

⑤ 교사는 유아들의 동작을 편안하게 이끌도록 하여야 한다.

박자에 맞춰 움직이도록 하는 것을 피하고, 가능한 한 유아가 두드러지지 않도록 한다. 특별한 신체 부위(왼쪽, 오른쪽)를 사용하도록 하는 것은 피하고, 짝과 함께, 원 같은 형태로 활동하는 것도 되도록 피한다. 개인 공간에서 움직여 보고 일반 공간을 사용해 보도록 한다. 연령에 맞는 활동을 제시하고, 간단한 문제 해결 방법, 안내된 지도 활동을 경험한 후 창의적

인 활동을 하도록 한다.

⑥ 특정한 행동을 위한 신호를 유아들과 함께 의논하여 결정한다.
멈추기, 모이기, 보기 등과 같은 행동을 할 때 손뼉 치기, 호루라기 불기, 탬버린 치기, 음악 등과 같은 목소리 외의 기구를 사용한 신호는 유아들이 공간에 흩어져 있을 때 매우 유용하다. 신호의 패턴은 점차 변화시킬 수 있다.

⑦ 교사는 동작 활동을 위한 집단의 크기에 따라 적절한 공간을 준비한다.
유아의 수, 동작 활동의 종류, 장소에 유의하여 놀이기구 및 시설을 배치한다. 또한 유아들이 움직이다가 충돌이 일어나지 않도록 유아들이 집단으로 동작 활동을 할 때는 먼저 개인 공간을 찾게 하고, 다른 사람과 함께 움직임을 하는 경우를 제외하고는 남의 개인 공간을 침범하지 않도록 지도해야 한다.

⑧ 결과보다는 진행되는 동안의 과정을 강조한다.
유아들이 작은 발달을 이루어 나갈 때마다 칭찬해 주며, 문제 해결을 위해 새로운 방법을 찾아내도록 격려한다.

⑨ 교사는 유아가 다른 유아들 앞에서 특정 동작을 해 보도록 할 수 있다.
이때 사람들 앞에서 동작을 하는 것을 부담스러워하는 유아들을 위해서 자진해서 나오는 경우가 아니라면 혼자 나와서 하게 하지 않는 것이 좋다. 3~4명이 함께, 짝과 함께, 소집단으로 발표, 2~3집단이 함께, 집단이 서로 반대 역할 해 보기, 수업 시간 이외에 교사 앞에서 해 보기 등으로 유아들이 참여할 수 있다. 또한 유아들은 자기 차례가 올 때까지 오랫동안 앉아서 지켜보거나 기다리는 것을 지루해하기 쉽다. 그러므로 가능한 한 관찰 시간을 짧게 하는 것이 바람직하다.

⑩ 유아가 생각을 자연스럽게 표현할 수 있도록 자유로운 분위기를 만든다.
자신만이 다르다는 것에 대해 두려움을 갖게 해서는 안 되며, 유아들에게

위압적인 태도로 말하지 않고 유아들의 호기심을 자극하고 그것에 대해 의견을 나누고 활동에 대해서 항상 상세히 설명한다. 유아들의 이야기를 경청하고 친절하게 반응하여 활동하는 동안 재미있고 즐거운 마음이 들도록 한다. "○○야, 뛰지 마라."보다는 "○○야, 걸어가자."와 같은 긍정적인 상호 작용이 이루어지도록 분위기를 조성한다. 게임이나 편 놀이에서 반드시 이기는 것이 좋은 것이 아니라 정확한 동작과 규칙을 준수하는 것이 좋다는 것을 충분히 인식시켜 준다. 유아들의 개인차를 인정하고 실수한 것에 대해 당황하게 하지 않는다.

⑪ 유아들이 충분한 시간을 갖고 활동에 참여해서 능숙한 기술을 획득하도록 한다.
유아들은 골격과 근육이 약할 뿐만 아니라 심장, 폐를 비롯한 여러 내장기관의 기능도 약해 모든 운동 능력이 눈에 보일 정도로 낮다. 그러므로 정확한 동작은 물론 창의적인 표현까지도 가능하도록 충분한 시간을 준다. 활동 사이의 이동 시간은 최소화한다.

⑫ 수업에 유머를 첨가시킨다.
웃음은 수업을 산만하게 하기보다는 유아와 교사의 관계를 좁혀 주고 연결시켜 준다. 교사는 유아가 동기를 유발할 수 있도록 해야 하며 끊임없이 흥미가 지속되도록 노력해야 한다.

(3) 마무리

교사는 동작 활동이 끝난 후, 유아들이 왜 활동에 참가하였는지 수업하는 동안에 무슨 활동을 하였는지 상기하면서 끝맺음을 한다. 마무리 활동을 제시할 때 유의할 사항은 다음과 같다.

① 동작 활동에 참여하며 느낀 것을 잠깐 동안 회상해 보며 가능한 한 즐겁게 활동이 끝날 수 있도록 계획한다. 교사는 "~을 해 보고 나니까 어떤 느낌

이 드니?", "무엇이 재미있었니?, "왜 좋은 느낌이 들었니?" 등과 같은 질문을 하여 동작 활동을 하고 난 후 느낌과 생각을 표현하는 기회를 갖도록 한다. 교사가 잘못된 점을 너무 강조한 나머지, 유쾌하지 않은 분위기로 마무리한다면 동작 활동의 즐거움은 감소될 것이다.

② 다음 수업을 위해 아이들이 계획할 수 있도록 해 주어야 한다. 격렬한 신체 움직임 후에는 근육의 긴장을 풀 수 있는 마무리 체조를 할 수 있으며, 휴식을 취할 수 있는 활동으로 연결시킬 수 있다. 또는 동시나 짧은 동화를 듣는 정적인 활동으로 전이하기도 한다.

③ 놀이기구나 도구를 사용한 후 유아들이 함께 정리정돈을 하도록 이끌고 실외놀이가 끝난 후 교사는 반드시 손과 발을 깨끗이 씻거나 세면 등의 위생 생활을 지도한다.

3. 동작 활동의 평가

수업의 효율성을 최대화하기 위해서 수업의 효과는 주기적으로 검토·평가되어야 한다. 방법, 기술, 주제 기법을 전달할 때 사용되는 접근들에 대한 정기적인 평가를 하여 어떤 능력이 향상되었는지 판단하고, 수업에 대한 효과적인 계획을 수립하는 것이 필요하다. 적절한 평가 결과를 바탕으로 각 유아의 수준에 적합한 동작 활동 프로그램을 행하도록 함으로써 유아의 신체적·감정적·인지적 능력의 발달을 최대화할 수 있으며, 유아의 성장과 발달에 종합적인 효과를 거둘 수 있을 것이다.

유아를 위해 계획된 신체 활동이 유아의 수준에 적합한지, 유아의 능력을 얼마나 향상시킬 수 있는지 확인하기 위해 전반적인 운동 능력을 평가할 수 있는 척도가 필요하다. 신체 활동을 평가하기 위한 척도는 척도의 대상인 유아의 발달적 특성을 고려해 볼 때, 언어가 중심이 된 평가보다는 관찰이나 녹화를 중심으로 이루어지는 것이 바람직하다(황순각, 2003).

1) 유아의 신체 운동 능력 관련 평가

유아가 놀이를 통해 어떻게 움직이고, 무엇을 표현하려 하는지 세심하게 관찰한다. 놀이 중 유아의 흥미를 파악하여 다음 활동을 계획하는 데 반영하며, 유아의 개별 발달 과정과 흥미를 기록하여 개별 맞춤 지도와 피드백을 제공한다.

교사는 놀이 활동 관찰을 통해 유아의 발달이 지연되거나 발전해 나가는지 파악할 수 있고, 신체 발달 상담 자료로 활용할 수 있으며, 교사의 설명을 잘 듣고 지시를 수용할 수 있는지, 친구와 협력할 수 있는지, 줄을 서거나 규칙을 잘 지키며 활동하는지 등의 관찰을 통해 유아의 인지 및 사회성 발달을 파악할 수 있다.

모든 유아가 동일한 속도로 발달하는 것이 아니므로 각 유아의 신체적 발달 수준을 고려하여 맞춤형 활동을 제공하며, 움직임에 어려움을 겪는 유아에게는 눈높이에 맞는 설명이나 도움을 제공하여 참여를 돕고, 적극적인 유아에게는 더 다양한 움직임을 시도할 기회를 준다.

또한 같은 신체도구를 사용하더라도 연령에 맞추어 난이도를 조절하고 만 5세 유아들에게는 추가 도구를 활용한 복합적인 놀이 활동을 제공하며, 활동 시간을 연령에 맞게 조정하여 도와준다. 활동을 강요하기보다는 유아가 자연스럽게 즐기도록 자율성을 존중한다.

(1) 신체적 자아 개념 평가

Marsh와 Richards(1994)의 신체적 자아 기술 질문지(Physical self-description questionnaire)를 참고하여 황순각(2003)이 재구성한 신체적 자아 개념 질문지는 다음과 같다.

신체적 자아 개념 질문지

이름:　　　　　　　　　성별:　　　　　　　　　나이:

- 검사는 유아와 검사자 1:1면접으로 실시한다.
- 유아와 면접을 시작하기 전 친밀감을 형성하기 위해 2분 정도 신상에 관한 질문을 하며 유아의 긴장을 완화시킨 후 다음과 같이 말한다.
  "이제부터 재미있는 게임을 하려고 하는데, 선생님이 물어보면 ㅇㅇ가 생각나는 대로 말하는 게 가장 좋은 답이란다."

	아니다	조금 그렇다	조금 많이 그렇다	많이 그렇다
1. 나는 너무 뚱뚱하다.	1	2	3	4
2. 내 몸을 구부리고 비틀고 돌리기를 잘할 수 있다. (몸으로 보여 주면서).	1	2	3	4
3. 나는 감기에 잘 걸린다.	1	2	3	4
4. (허리가 어디 있는지 짚어 보게 한 후) 내 허리가 너무 뚱뚱하다.	1	2	3	4
5. 나는 운동을 잘한다.	1	2	3	4
6. 나는 힘이 세다.	1	2	3	4
7. 나는 바깥 놀이 운동(미끄럼, 그네, 철봉, 시소)이 쉽다.	1	2	3	4
8. 처음 보는 놀이를 할 때 자신이 있다.	1	2	3	4
9. 나는 내 친구들보다 세다.	1	2	3	4
10. 나는 몸무게가 많이 나간다.	1	2	3	4
11. 나는 못생겼다.	1	2	3	4
12. 나는 자주 아프다.	1	2	3	4
13. 나는 내 친구들보다 운동을 잘한다.	1	2	3	4
14. 나는 오래 운동을 하면 힘들다.	1	2	3	4
15. 나는 병이 걸렸을 때 낫는 데 오래 걸린다.	1	2	3	4
16. 친구들보다 아파서 병원에 더 자주 간다.	1	2	3	4
17. 나는 무거운 물건을 잘 든다.	1	2	3	4

출처: 황순각, 2003.

(2) 유아의 운동 능력 평가

수업에 대한 기본적인 계획을 면밀하게 구성한 후에는 유아들을 관찰하여 현재 유아들이 보이는 동작 기능의 정도를 비형식적인 수준에서 평가하는 것이 필요하며, 그들의 동작이 발달해 가는 과정에 대한 지식도 획득해야 한다.

동작 활동을 시작하기 전에 각 유아의 운동 능력 평가가 필요하며, 이러한 평가는 계획된 동작 활동이 유아의 수준에 적합한지 여부를 확인시켜 준다. 따라서 평가는 학기 중 필요한 시기에 언제든지 실시할 수 있다.

❶ 균형 감각(balance)

* **목적:** 균형 감각의 평가
* **활동:**
  ① 한 발로 서서 균형을 유지한다. 발을 바꾸어 반복한다. 이때 양손은 옆으로 들어도 된다(3세는 2초, 4~5세는 5초간).
  ② 테이프로 붙여 만든 선을 따라 2m 걷는다(3세).
  ③ 평균대 위에서 벽의 눈높이 위치에 붙어 있는 시선 카드를 응시하며 2m 걷는다. 이때 팔로 몸의 균형을 잡아도 되며, 도중에 실패하면 처음 위치에서 다시 시작한다(4~5세).

줄 밟고 걷기(3세), 평균대 위에서 걷기(4~5세)

	1학기	2학기
시선 카드 보고 2m 걷기		

❷ 이동 운동(locomotion)

* **목적:** 몸의 이동을 위한 손과 발의 조화로운 움직임을 평가한다.
* **활동:**
  ① 전방의 직선을 따라 5m 걷는다. 이때 손과 발은 서로 반대편이 짝을 이루

어 전후로 움직여야 한다. 이 자세는 평상시의 걸음 자세와 동일하다.

② 60cm의 후프 안에서 균형을 잃지 않고 점프한다. 연속적으로 점프할 때는 각 점프 동작 사이에 멈추지 않는다. 점프의 숫자를 세어 준다(3세－1번 점프, 4세－3번의 연속 점프, 5세－5번 연속 점프).

* **유의점:** 시범을 보인 후 실시한다.
* **평가:** 자세가 어색하거나, 움직임의 조화를 잃거나, 몸의 동작이 너무 딱딱하거나, 점프 간에 오래 정지하면 기록한다.

	1학기	2학기
정상적인 걸음으로 5m 걷기		
점프 (3세-1번, 4세-3번, 5세-5번)		

기본 동작 능력 발달 검사

분류 요인	평가 관점	Yes	No	비고
한발로 균형 잡기	① 30초 동안 한 발로 균형을 잡을 수 있는가? ② 균형을 잡기 위해서 팔을 조정하는가? ③ 눈을 감고 10초 동안 한 발로 균형을 잡을 수 있는가? ④ 양팔을 머리 위로 쭉 뻗고, 돌린 발을 무릎에 대고 설 수 있는가? ⑤ 각 발로 설 수 있는가?			
건너뛰기	① 오른발을 사용하여 건너뛸 수 있는가? ② 왼발을 사용하여 건너뛸 수 있는가? ③ 쉽게 높이를 조절할 수 있는가? (높이/낮게 건너뛰기) ④ 쉽게 거리를 조절할 수 있는가? (멀리/가까이 건너뛰기) ⑤ 다리와 함께 팔을 적절히 사용하는가? (팔과 다리를 반대로 사용하는가?)			

분류 요인	평가 관점	Yes	No	비고
점프하기	① 다리를 굽힐 때 팔을 뒤로 흔들고, 다리를 펼 때 앞으로 흔들 수 있는가? ② 점프할 때 두 발 모두 균형 있게 사용하는가? ③ 점프할 때 두 팔 모두 균형 있게 사용하는가? ④ 양팔을 동시에 사용해서 이륙하고 착륙하는가? ⑤ 유연하며, 리듬 있게 점프하는가? (지나치게 힘이 들어가거나, 경직되어 있지는 않는가?)			
호핑	① 한 발에서 다른 발로 쉽게 교대하며 뛸 수 있는가? ② 오른쪽 발만 사용할 수 있는가? ③ 왼쪽 발만 사용할 수 있는가? ④ 양발을 동시에 사용해서 이륙하고 착륙할 때는 한 발로 할 수 있는가? ⑤ 신체의 양쪽 면을 부드럽게 바꾸며 할 수 있는가?			
말뛰기	① 오른발을 사용할 수 있는가? ② 왼발을 사용할 수 있는가? ③ 동작이 부드럽고 유연한가? ④ 앞에 가는 발뒤꿈치에 따라가는 발의 앞꿈치를 대고 동작할 수 있는가? ⑤ 신체의 양쪽 면을 부드럽게 바꾸며 할 수 있는가?			
미끄러지기	① 오른쪽 방향으로 똑같이 잘 미끄러지는가? ② 왼쪽 방향으로 똑같이 미끄러지는가? ③ 오른발을 앞으로 내밀면서 엇갈리며 미끄러지는가? ④ 왼발을 앞으로 내밀면서 엇갈리며 미끄러지는가? ⑤ 부드럽고 율동적으로 미끄러지는가?			
스킵	① 부드럽고 율동적으로 할 수 있는가? ② 신체의 오른쪽 발을 부드럽게 바꾸며 할 수 있는가? ③ 신체의 왼쪽 발을 부드럽게 바꾸며 할 수 있는가? ④ 충분히 무릎을 들어 올리는가? ⑤ 적절한 팔동작을 하는가?			

지각 운동 능력 검사

이름: 성별: 관찰 일시: 관찰자 :

영역		하위 개념	평가 항목	점수	검사 시기		총점
					전	후	
신체지각	신체 모양	둥근 모양	1. 팔, 다리, 몸으로 동그라미 모양을 만들어 보자.	상(3) 중(2) 하(1)			
		곡선 모양	2. 곡선 모양을 제시하여, 몸으로 이 모양을 만들어 보자.	상(3) 중(2) 하(1)			
		세모 모양	3. 몸으로 세모 모양을 만들어 보자.	상(3) 중(2) 하(1)			
		네모 모양	4. 몸으로 네모 모양을 만들어 보자.	상(3) 중(2) 하(1)			
	신체 범위	가까이	5. 귀와 무릎을 가깝게 해 보자.	상(3) 중(2) 하(1)			
		멀리	6. 손과 발을 멀리 떨어뜨려 보자.	상(3) 중(2) 하(1)			
공간지각	공간 위치	높게	7. 서거나 눕거나 앉아서 두 발을 최고로 높이 올려 보자.	상(3) 중(2) 하(1)			
		낮게	8. 배꼽이 다른 부분보다 밑에 있게 만들어 보자.	상(3) 중(2) 하(1)			
	공간 범위	좁게	9. 목표물 주위를 걸어 다니다가 목표물과 가깝게 서 보자.	상(3) 중(2) 하(1)			
		넓게	10. 목표물 주위를 걸어 다니다가 목표물과 넓게 서 보자.	상(3) 중(2) 하(1)			
	공간 관계	옆에	11. 훌라후프에 몸이 닿지 않게 통과해 보자. (30cm 간격 2개)	상(3) 중(2) 하(1)			
방향지각	양측성	앞/뒤	12. 눈 감고 앞으로/뒤로, 앞으로/뒤로 가 보자.	상(3) 중(2) 하(1)			
		오른쪽/왼쪽	13. 눈 감고 오른쪽/왼쪽으로 가 보자.	상(3) 중(2) 하(1)			
		위/아래	14. 오른손은 위로 올리고, 왼손은 아래로 내려보자.	상(3) 중(2) 하(1)			
	방향성	앞/뒤 오른쪽/왼쪽 대각선	15. 화살표 방향대로 걸어 보자.	상(3) 중(2) 하(1)			
시간지각	속도	빠르게/느리게	16. 리듬 막대에 맞추어 손뼉을 쳐 보자.	상(3) 중(2) 하(1)			
	리듬	박자	17. 교사의 시범을 본 후 하나, 둘, 셋에 뛰어 보자. (4회)	상(3) 중(2) 하(1)			
	동시성	눈-손 협응	18. 풍선 치기를 한 손으로 5번씩 해 보자.	상(3) 중(2) 하(1)			
		눈-발 협응	19. 2미터 앞에서 굴려 준 공을 발로 차 보자.	상(3) 중(2) 하(1)			

출처: 황순각, 2003. / 이영심(1997)과 Gallhue(1998)의 '지각 운동 능력 검사'를 토대로 황순각(2003)이 번안

창의적 동작 놀이 발달 검사

이름: 성별: 검사 일시:

과제 내용(놀이 상황):

분류 관점	내용	점수					비고
		5	4	3	2	1	
동작 놀이의 다양성	• 동작을 다양하게 나타내는가? • 소도구 활용을 잘하는가?						
동작 놀이의 표현성	• 방향의 변화가 일치하는가? • 창의적으로 표현하는가?						
동작 놀이의 연속성	• 동작 놀이가 지속적으로 이루어지는가? • 동작 놀이가 확장되는가?						

(3) 신체운동 · 건강 영역 관찰 척도

영아 신체운동 · 건강 영역 관찰 척도 (0~2세)

매우 그렇다 ◎ 그렇다 ○ 아니다 ●

연령	평가 문항	표시	비고
0세	감각적 자극을 느끼고 반응한다.		
	감각기관으로 주변 환경과 사물을 탐색한다.		
	자신의 신체를 탐색한다.		
	신체의 균형을 잡으려고 힘을 사용한다.		
	대근육을 조절한다.		
	소근육을 조절하려고 시도한다.		
	간단한 동작을 시도한다.		
1세	감각적 자극에 반응을 보인다.		
	감각기관으로 주변 환경과 사물을 탐색한다.		
	자신의 신체에 관심을 갖고 움직인다.		
	신체의 균형을 잡으려고 노력한다.		
	대근육을 조절한다.		
	소근육을 조절한다.		
	간단한 기본 운동 동작을 한다.		
	자신의 몸을 움직이며 즐거워한다.		

연령	평가 문항	표시	비고
1세	실외 활동에 참여한다.		
	간단한 기구를 이용하여 신체 활동을 시도한다.		
2세	감각적 차이를 알고 반응한다.		
	감각기관을 활용하여 주변 환경과 사물을 탐색한다.		
	자신의 신체를 인식하고 움직인다.		
	몸의 균형을 잡는다.		
	대근육을 조절한다.		
	소근육을 조절한다.		
	기본 운동 동작을 한다.		
	신체 활동에 참여한다.		
	실외에서 신체 활동에 참여한다.		
	기구를 이용하여 신체 활동을 한다.		

유아 신체운동 영역 관찰 척도 (3~5세)

매우그렇다 ◎ 그렇다 ○ 아니다 ●

연령	내용 범주	평가 문항	표시	비고
3~5세	신체 활동 즐기기	자신의 신체를 인식하고 움직일 수 있다.		
		신체의 각 부분을 알고 움직임을 조절한다.		
		기초적인 이동 운동, 제자리 운동, 도구를 이용한 운동을 할 수 있다.		
		실내외 활동에 자발적으로 참여한다.		
	건강하게 생활하기	자신의 몸을 깨끗이 하고 주변을 정리한다.		
		몸에 좋은 음식을 알고 바른 태도로 먹는다.		
		적당한 휴식 시간을 갖는다.		
		질병을 예방하는 방법을 알고 실천한다.		
	안전하게 생활하기	안전하게 놀이하고 생활한다.		
		TV, 컴퓨터, 스마트폰은 적절한 시간을 정해 바르게 사용한다.		
		교통안전 수칙을 알고 지킨다.		
		안전사고, 화재, 재난, 학대, 유괴 등에 대처하는 방법을 안다.		

4. 동작교육에서의 교사의 활동 진행

동작 수업의 효율적인 진행을 위한 도입-되새기기-전개-마무리 단계의 진행 과정을 정리하면 다음과 같다.

1) 도입

(1) 도구 탐색

- 신체놀이를 할 도구를 탐색한다.
  "어떤 도구일까?", "이 도구는 무엇을 닮았니?"
- 도구와 관련된 경험을 이야기한다.
  "이 도구를 사용해 본 적이 있니?", "어떻게 사용했니?"

예 1 볼풀공처럼 작은 도구일 경우 궁금 상자에 넣어 호기심을 유발한다.

예 2 부피가 큰 도구는 부분 사진을 보여 주어 호기심을 자극하고, 주의집중을 하도록 한다.

(2) 안전한 놀이를 위한 약속과 규칙

- 도구의 사용법에 대한 소개 및 시범을 보인다.
- 안전한 놀이를 위한 규칙을 정한다.
  "놀이를 하기 위해서 어떤 약속을 정해야 할까?"
- 교사는 도구의 특징과 사용법에 관련된 안전 약속을 설명한다.

예 1 훌라후프를 몸에 걸어 돌릴 때 주변에 있는 친구와 거리를 둔다.

2) 전개

(1) 도구를 활용한 신체 활동 전개

- 유아들이 개별적으로 도구를 활용한 신체 활동을 한다.

- 놀이와 관련된 음악을 준비하여 감각적 활동이 되도록 지원한다.
  "노래를 듣고 박자에 맞추어 움직여 보자."
- 도구는 유아의 수를 고려해 준비하여 신체 활동을 하는 데 부족함이 없도록 한다.

(2) 발달에 맞춘 개별 유아 지도

- 신체 활동 진행 중 어려워하거나 힘들어하는 유아가 있는지 살피고 돕는다.
  "어떤 점이 어렵니? 그럼 하나를 빼고 해 볼까?"
  "징검다리 건너기가 어려우면 바닥을 밟아도 돼."
- 너무 쉽게 활동하는 유아에겐 다음 단계의 활동을 소개한다.
  "너무 잘하는구나? 그럼 두 개를 들고 균형을 잡아 볼래?"
  "거리를 더 멀리해서도 할 수 있겠니?"
  "어떤 걸 또 도전해 볼까?"

예 1 놀이 중 두 발 모아 뛰기가 어려운 유아가 있다면 한쪽 발씩 연습해 볼 수 있도록 도와주고, 연습이 되었다면 교사가 손을 잡아 주어 유아가 도전해 볼 수 있도록 한다.

예 2 줄넘기 돌리기를 하고 있을 때 유아가 너무 쉬워하며 흥미가 없어 보이면, 그 유아에게는 발 바꿔 뛰기 등 수준을 높여 주거나 줄넘기 돌리기보다는 친구의 줄넘기와 협력하여 바닥에 길을 만들어 보기 등 완전히 새로운 놀이를 제시해 본다.

(3) 창의적 표현 기회 제공

- 새로운 표현이나 방법을 시도할 수 있도록 한다.
  "네가 하고 싶은 방법을 새롭게 만들어 놀이해 볼까?"
- 다른 놀잇감과 함께 놀이를 하면서 놀이 방법을 새롭게 만들 수 있도록 적절한 예시를 알려 준다.

예 1 유아들이 공 주고받기를 하다가 와플 모양 블록을 이용하여 핀을 만들어 쓰러트리기 놀이를 한다.

예 2 유아들이 리본 막대를 흔들며 동작 놀이를 하다가 자동차를 꺼내 자동차를 향해 흔들며 세차장 놀이를 한다.

(4) 협력놀이 및 상호 작용 촉진

- 짝을 이루거나 그룹을 지어 활동할 수 있도록 한다.

"친구와 함께 할 때는 어떻게 놀이할 수 있을까?"

"세명의 친구와 공 던지고 받기를 해 볼까?"

"너희끼리 규칙을 만들어 볼래?"

예 1 유아들이 개별적으로 작은 볼풀공으로 놀이하고(던지기 등) 있을 때 교사가 볼풀공이 들어 있는 쟁반을 가져와 친구와 협력하여 나를 수 있게 한다.

예 2 유아들이 볼풀공을 이용하여 짝을 지어 협력 놀이를 한 후, 커다란 상자를 제공하여 팀을 이루어 많이 던져 넣기 등 다양한 방법으로 팀 놀이를 하도록 한다.

3) 마무리

(1) 유연한 마무리

- 유아가 놀이를 한창 진행하고 있을 때 교사가 갑자기 중단하지 않도록 유의한다.
- 놀이가 충분히 이루어진 후, 마무리 놀이를 할 수 있도록 지원한다.

"공을 이용하여 신나게 놀이한 친구들은 이제 공을 가지고 앉아 볼까?"

"앉아서는 공을 가지고 어떻게 놀까?"

예 1 유아들이 종이비행기를 이용하여 멀리 날리기 놀이를 하고 있을 때, 교사는 마무리를 위해 종이비행기를 상자에 던져 모으기 활동을 제공할 수 있다. 그

후 종이비행기가 의도적으로 정리가 된 상태에서 음악과 함께 유아 자신이 비행기가 되어 날아다니는 동작 표현을 하다가, 마무리는 자신의 자리를 찾아 앉을 수 있도록 한다.

(2) 정리 및 평가

- 사용했던 놀잇감을 제자리에 둘 수 있도록 한다.
- 유아들과 함께 활동에 대한 평가를 한다.

  "어떤 놀이가 재미있었니?"

  "어떤 놀잇감과 도구와 함께하면 재미있을까?"
- 유아의 의견과 평가를 듣고 새로운 도구나 재료를 제공할 수 있도록 체크하고, 다음 놀이 계획에 반영하도록 한다.

예 1 신문지를 이용하여 동작 놀이를 했을 때, 교사는 손으로 찢어 놀이하는 활동을 계획하여 오리기 도구를 준비하지 않았다. 하지만 평가에서 유아들이 가위로 직접 오리고 붙여 신문지 지나가기 놀이를 하고 싶다고 이야기했다면 교사는 다양한 테이프와 풀, 가위 등을 제공하여 다음 놀이를 지원한다.

제 8 장

놀이중심 동작 활동

1. 놀이중심 동작 활동의 목표와 내용 선정

유아들의 놀이를 자세히 들여다보면 이야기가 있으며, 공간에 제한받지 않고 상상하며, 흐름이 있고 끊임없이 움직인다. 유아들은 쉬지 않고 놀이하면서 신체의 다양한 부분을 움직이고, 신체의 움직임을 통해 새로운 놀이를 만들어 낸다. 유아의 다양한 움직임은 더 많은 놀이를 통해 기쁨과 재미를 준다. 유아들의 동작을 더욱 다양하고 풍족하게 채워 주기 위해서 교사의 관찰과 지원이 필요하다. 교사의 지원을 받아 놀이를 통한 동작의 기본 요소와 기초 동작을 익히면 신체의 발달뿐만 아니라 즐거움을 통한 긍정적인 경험, 건강한 심신과 전인적 발달을 도모할 수 있다. 이러한 놀이중심 동작 활동의 목표와 내용을 자세히 살펴보면 다음과 같다.

1) 활동 목표

첫째, 놀이를 통해 여러 가지 동작을 익히고 움직임의 경험을 풍족하게 만든다. 놀이는 다양한 신체 동작을 사용하여 움직임을 복합적으로 활용하는 데 적절하다. 놀이는 무궁무진하고 그에 따른 신체의 움직임을 다양하게 경험할 수 있으며, 이로 인해 전에 몰랐던 새로운 움직임을 발견하고 동작의 특징을 이해한다.

둘째, 환경에 제한을 받지 않고 놀이를 지속하게 한다. 놀이중심은 실내에서도 충분히 이루어질 수 있다. 교실 내에서 놀이를 하다가 교사의 지원을 받아 심화된 동작으로 연속적으로 놀이를 하기 때문에 실외 환경이나 날씨의 영향을 받지 않는다.

셋째, 균형 잡힌 신체 발달을 돕는다. 일상생활에서 자주 사용하지 않는 동작을 놀이를 통해 익히면서 동작에 대한 경험을 주어 유연성을 기르고 신체 발달에 긍정적인 영향을 준다. 또한 생활에 필요한 기초 동작과 기초 체력을 길러준다.

넷째, 건강한 심신과 정서적 안정을 준다. 즉, 건강한 몸은 건강한 마음을 만든다. 동작 놀이는 기초 체력을 증진시켜 주는 것을 바탕으로, 건강한 몸을 만들고 건강한 몸으로 활동할 때 즐거움을 느낀다. 즐거움과 기쁨은 유아들의 안정된 정서 발달에 긍정적인 영향을 미친다.

다섯째, 자신의 신체를 인식하고 조절한다. 동작을 통해 자신의 신체를 긍정적으로 인식하고 각 신체기관에 대한 관심을 갖고 스스로 조절하게 한다. 영유아기는 신체의 움직임과 기능에 대한 많은 경험이 필요하므로 자신의 신체에 관심을 갖는 것이 중요하다. 동작 놀이를 통해 신체의 움직임을 조절하고 관심을 가지며 다양한 운동 능력을 습득하여 더 많은 놀이를 즐길 수 있다.

여섯째, 친구와 함께하는 동작 놀이를 통해 협동심과 인내심, 끈기를 기른다. 동작 놀이는 혼자서 시작하는 경우도 있지만 대부분 주변의 친구들과 함께한다. 또는 혼자서 놀이를 하더라도 친구들의 도움이 필요할 때 함께하자고 요청하면서 여럿이 하는 경우도 있다. 친구의 도움을 받고 놀이를 완성할 때 협동심이 생긴다. 친구가 새로운 동작을 제시하는 경우, 동기 부여를 받아 인내심과 끈기로 동작을 수행할 수 있다. 친구와 함께하는 동작 놀이는 사회성 발달에도 도움을 준다.

일곱째, 응용 동작을 통해 새로운 놀이로 전개한다. 동작 놀이를 통한 신체의 움직임은 자신의 신체 움직임을 이해하고, 나아가 하나 이상의 동작을 결합하여 한 단계 높은 수준의 동작을 만든다. 새로운 동작은 초보적인 동작에서 전문

화된 동작으로 발달시키며 이에 맞는 새로운 놀이로 전개된다. 새로운 놀이로 전개하는 것을 반복할 때 창의력 발달에도 도움을 준다.

여덟째, 놀이를 스스로 이끌어 나가면서 리더십을 키운다. 동작 놀이는 단순한 신체의 움직임, 기초적인 동작이 아니라 친구와 함께하는 놀이로 이루어진다. 함께 동작을 만들어 내야 하는 상황에서 어떤 유아는 적극적으로 방법을 찾아보고 의견을 내는 능동적인 리더의 역할을 할 수 있다.

아홉째, 교사의 관찰과 지원으로 동작 놀이를 풍족하게 즐기고 긍정적인 감정을 경험한다. 동작 놀이는 교사 주도적인 것이 아니다. 단순히 교사가 동작을 알려 주는 것이 아니라 유아가 관심을 갖는 놀이 속에 동작교육이 스며들게 하는 것이다. 동작 놀이는 교사의 세심한 관찰로 이루어지는 것이며, 관찰을 통해 유아가 필요한 것을 교사가 지원한다. 이로 인해 놀이와 동작의 경험이 조화롭게 이루어지고 놀이의 만족도가 높아지면서 유아들이 놀이의 긍정적인 감정을 경험하여 지속적인 놀이가 이루어진다.

2) 활동 내용 선정

동작 놀이의 내용은 여러 학자들의 견해를 종합하여 동작의 기본 요소인 신체 인식, 공간, 힘, 시간, 흐름, 관계를 느낄 수 있게 선정하고 기초적인 동작의 유형을 경험할 수 있도록 이동 동작, 비이동 동작, 조작적 동작으로 나누어 선정한다. 주제와 내용은 교사가 계획하지 않도록 한다. 교사는 관찰을 통해 유아들의 놀이 속에서 지속적으로 나타나는 움직임이나 신체의 움직임 중 관심 있고 재미있어하는 동작이 무엇인지 파악한다.

유아의 놀이 영역 형태는 역할 놀이, 미술 놀이, 쌓기 놀이, 조작 놀이, 관찰 놀이, 언어 놀이 등 다양하다. 이러한 다양한 영역에서의 유아의 관심과 움직임을 꾸준히 관찰해야 한다. 관찰 후에 교사는 유아들의 놀이와 연계성 있는 동작 경험을 만들어 줄 수 있는 도구와 재료, 환경을 제공해 준다.

이러한 내용을 중점으로 하여 예를 들어 보고자 한다. 언어 영역에서 동물 관

련 책을 읽던 유아들이 말(동물)을 보면서 "나는 동물원에서 말을 봤어.", "말은 엄청 빨라."라고 말하며, 자신이 말을 본 경험을 이야기하는 상황이 있다. 대화는 말에 대한 관심으로 연결되며, 말을 떠올리면서 유아들은 말의 울음소리, 말의 특징을 생각하며 이야기하게 되고, 말이 뛰는 형태를 몸으로 표현하는 것으로 연결한다. 이때 교사는 말의 움직임을 표현하는 유아들의 모습을 포착하여 이동 동작에 속한 말뛰기를 효과적인 동작 놀이가 될 수 있도록 무엇을 지원할지 고민한다. 때론 유아들이 먼저 "선생님, 말이 뛰는 거 이렇게 하지요?", "말처럼 달리고 싶어요."라고 제안할 수 있다. 이러한 제안을 받아들여 교사는 말 뛰기 놀이를 할 수 있게 지원을 해 준다거나 말꼬리 잡기 등 유아들이 예상하지 못한 놀이를 제안해 볼 수 있다. '말뛰기' 놀이 활동을 하면서 자연스럽게 동작교육의 내용 중 '말뛰기' 자세를 익혀 볼 수 있고, 응용 동작을 만들어 새로운 놀이로 전개할 수 있다.

또 하나 다른 예로, 미술 영역에서 유아들이 색깔 클레이를 가지고 놀이하다가 두 가지 색을 길게 말아 꼬아 보며 색이 예쁘다고 좋아하는 장면을 교사가 포착한다. 교사는 동작교육 중 비이동 동작인 꼬기와 연결시킬 수 있음을 알고 지원 방법을 모색한다. 유아들이 색깔 클레이를 꼬아 놀이할 때, 교사는 꼬아 볼 수 있는 다른 것들은 무엇이 있을지 놀이를 확장시켜 주면서 신체로 꼬아 보기 동작을 다양하게 해 볼 수 있는 기회를 제공해 준다.

이렇게 유아의 놀이 속에서 교사의 관찰이 잘 이루어진다면 동작 활동이 단순히 신체 관련 영역에서 이루어지는 것이 아니라 거의 대부분의 활동 영역과 연결시킬 수 있다. 이러한 다양성은 전통적인 동작교육처럼 따분하거나 한 가지 동작만 익히고 끝나는 단순한 활동이 아니라, 계속 확장시키고 신체 동작을 다양하게 익히며 즐거움과 신체적인 성장도 도울 수 있다.

2. 동작 놀이의 흐름

동작 놀이는 유아들의 놀이에서 시작한다. 유아들의 놀이를 교사가 관찰하면서 유아들의 관심과 신체의 움직임, 필요한 기초 운동 능력, 놀이의 흐름을 이해하고 그 상황에 맞는 제안과 필요한 도구나 재료를 지원해 준다. 그리고 지원받은 재료를 통해 유아들은 능동적으로 놀이를 만들어 가고 다양한 신체의 움직임을 경험한다. 동작 놀이의 흐름을 자세히 살펴보면 다음과 같다.

1) 놀이의 시작(관찰)

유아들이 교실에서 여자 친구의 머리 고무줄이나 고무줄 교구에 관심을 보였다. 늘렸다가 놓거나 여러 개의 고무줄을 겹쳐서 놀거나, 친구와 고무줄 싸움을 하는 등 고무줄을 가지고 다양하게 노는 모습이 보였다.

유아 1: 너 뭐 하고 놀아?

유아 2: 나 고무줄 직조 짜기 하는데?

유아 1: 재미있어? 나도 하고 싶다.

유아 2: 그럼 같이 하자.

유아 1: (고무줄을 걸기 위해 쭉 늘리며) 오! 잘 늘어난다.

유아 2: 내가 더 길게 할 수 있어.

유아 1: 누구 고무줄이 더 튼튼한가, 우리 고무줄로 싸움해 보자.

2) 놀이 활동과 교사의 지원

유아들이 고무줄 교구를 가지고 직조를 짜기도 하고, 고무줄 싸움을 하기도 하고, 고무줄끼리 연결하여 목걸이도 만들었다가 허리띠를 만들기도 하며 놀이를 하였다.

고무줄이 늘어나는 성질을 이용하여 유아 나름대로 놀이를 하는 모습이 관찰되어 교사가 풍선을 제공해 주었다.

＊ 교사의 지원: 풍선, 줄 풍선 제공

유아 1: 우리 이거 누가 더 크게 부나 해 보자.

유아 2: (친구의 얼굴을 보고 깔깔 웃으며) 너 얼굴 진짜 웃겨. 터질 거 같아.

유아 1: 응? 아닌데?

유아 2: 진짜야. 얼굴 진짜 빨개.

유아 1: 근데 내 풍선은 왜 안 불어지지?

풍선이 잘 안 불어지자 유아 2가 다른 활동을 제안한다.

유아 2: 우리 이거 불지 말고, 길게 잡아당기자.

유아 1: 알았어.

일반 풍선과 줄 풍선을 이용하여 길게 잡아당기며 누가 누가 더 길게 잡아당길 수 있는지 활동하였다. 풍선을 여러 번 당겼다가 놓는 행동을 하다가 다시 풍선을 불기 시작하였다.

조금 늘어난 풍선이라 그런지 처음보단 더 쉽게 풍선을 불 수 있었다.

풍선을 불다 친구의 모습을 보고 웃음이 터진 아이들이 풍선을 놓쳤다. 그때 풍선이 날아가는 모습을 보고는 박장대소하며 웃었다. 풍선이 바람 빠지는 모습을 표정으로 표현하는 유아들도 있었다.

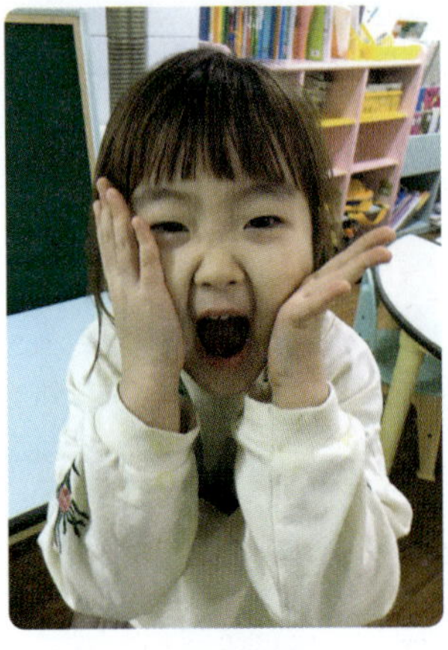

그 모습을 본 다른 유아들도 풍선의 모습을 표정으로 표현하거나 신체로 표현해 보았다.

* 교사의 지원: 풍선의 모습을 신체로 표현해 볼 수 있도록 격려, 넓은 공간 제공

풍선 불기 전 모습

풍선이 점점 커지는 모습

바람이 많이 들어간 풍선의 모습

바람이 빠진 모습

신체로 풍선의 모습을 다양하게 표현하며 유아들이 즐거움을 느꼈다. 교사가 생각했던 모습 이외에도 풍선이 불어졌다 다시 바람이 빠진 모습까지 표현하였다. 또한 친구들의 표현 방법을 보고 재미있어하며 새로운 표현의 아이디어를 얻기도 하였다.

＊ 교사의 지원: 풍선 제공, 넓은 공간 제공

신체로 충분히 표현해 볼 시간을 제공해 주었다고 생각이 되어 유아들에게 풍선을 제공하였다. 유아들은 풍선을 불기도 하고, 잡아당기기도 하고 입에 물어 친구에게 "메롱" 하며 장난을 치기도 하였다.

풍선을 이용하여 다양한 방법으로 놀이를 하는 중 한 친구가 풍선을 불다 풍선이 날아가 버렸다. 날아간 풍선은 마음대로 돌아다니다 친구 몸에 부딪히고 바닥으로 떨어졌다.

그 모습을 본 여러 친구들이 재미를 느끼고 그 풍선을 불고 놓는 놀이를 시작하였다.

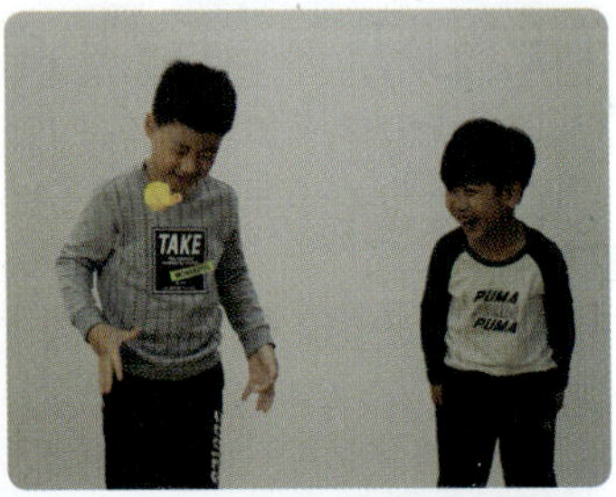

풍선을 불었다 놓기도 하고, 바람이 빠지는 풍선을 잡으러 이리저리 돌아다니며 놀이를 진행하였다.

유아 1: 선생님, 풍선을 자꾸 불었더니 너무 힘들어요. 이 풍선 묶어 주세요.

풍선을 불었다가 놓는 놀이를 여러 번 한 유아들이 교사에게 풍선을 묶어 달라고 요청하였다.

풍선을 묶어 주니, 풍선을 쳐서 하늘로 올렸다 다시 내려올 때 다시 치며 튀기는 놀이를 하기 시작하였다. 유아 혼자서 하던 튀기기 놀이를 친구와 같이하기도 하고, 여러 명의 친구를 모아 다 같이 활동하기도 하였다.

풍선을 여러 번 튕기기 놀이를 하며 즐거워하였다. 그때 어떤 친구가 다른 놀이를 제안하였다.

유아 1: 우리 이거 전달 놀이하자.

유아 2: 어떻게 하는 건데?

유아 1: 우리 저번에 공으로 했던 것처럼.

유아 2: 그래. 전달 놀이 할 사람 여기 여기 붙어라!

유아들끼리 놀이를 정하고, 동그랗게 서서 튕기기 놀이하던 대형을 한 줄로 바꾸었다. 순서를 정하며 놀이 규칙을 만드는 모습을 보였다.

유아 1: 내가 맨 앞에 할게. 그리고 다음엔 뒤에 할게.

유아 2: 그럼 난 다음에 맨 앞에 할래.

유아 3: 근데 풍선을 어디로 전달할 거야? 머리 위로?

유아 1: 머리 위로 하자. 그런데 팀으로 해서 게임하면 더 재미있을 텐데.

유아 2: 다른 친구들한테 물어볼까? 풍선 전달 게임할 사람?

풍선 치기 놀이를 하는 친구들이 있어 많은 친구가 모이지 않았지만, 모인 친구들의 숫자를 세고 반으로 팀을 나누었다. 그리고 교사에게 "시작"이라는 신호를 달라고 하였다.

유아 1: 선생님! 선생님이 "시작"이라고 해 주세요.

유아 2: 선생님이 심판이에요.

선생님: 알았어. 준비~ 시~ 작!

시작 소리와 함께 유아들은 소리치기도 하고, 환하게 웃기도 하며, 뒷사람에게 풍선을 전달하기 시작하였다.

머리 위로 전달하기 게임을 하고 나서 유아들이 게임 방법을 변경하였다.

유아 1: 머리 위로 하는 거 너무 쉽다. 그치? 이번엔 다리 사이로 전달하기 하자.

유아 2: 좋아! 그럼 이번엔 다리 사이로 하는 거다. 서 있는 순서 바꿔.

유아 1: 알았어. 그럼 내가 뒤로 갈게.

유아 3: 처음에 한 사람은 맨 뒤로 가는 걸로 하자. 어때? (같이 놀이하는 친구들을 쳐다본다.)

친구들: 그래. 알았어.

유아 2: 이번에도 선생님이 심판해 주세요.

선생님: 준비~ 시~ 작!

한참 동안 게임을 진행하며 풍선 전달하기 놀이를 하였다. 놀이를 보며 교사가 "풍선이나 고무줄을 가지고 더 하고 싶은 놀이는 없니?"라고 묻자 유아들은 축구, 풍선 터트리기 놀이가 하고 싶다고 하여, 놀이 시간을 제공해 주었다.

그 후 교사가 "풍선으로 로켓도 만들 수 있대."라고 말하자, 유아들이 풍선 로켓에 관심을 보였다.

유아 1: 그거 만들어 볼래요.

유아 2: 저도 만들어 볼래요.

*** 교사의 지원: 풍선 로켓 준비물(긴 끈, 풍선, 빨대, 집게) 제공**

교사가 풍선 로켓 만드는 방법을 설명하자, 유아들이 팀을 정하여 만들기 시작하였다. 다 만든 팀이 먼저 "선생님 저희 다 했어요."라고 말하며 교사를 불렀다.

선생님: 선생님 설명대로 잘 만들었네? 그럼 우리 이제 로켓 날려 볼까?

1팀: 좋아요!

각자의 자리에 서서 로켓을 날리기 위해 준비하였다.

선생님: 준비됐으면 집게를 빼 봐.

유아: 하나 둘 셋!

풍선이 줄을 따라가다 줄이 끝나는 지점에서 멈추었다.

유아 1: 줄이 짧아서 더 많이 못 가나 봐. 선생님 더 긴 줄 주세요.

선생님: 얼마나 긴 줄? 너희가 필요한 만큼 잘라 보자.

처음 제공했던 줄보다 더 긴 줄을 준비하고, 다시 풍선을 불기 시작하였다. 다시 풍선을 날리니 2/3 지점에서 풍선이 멈추었다.

유아 1: 어? 줄이 긴데 왜 끝까지 안 가지?

유아 2: 풍선에 바람이 너무 빨리 빠져 버렸나?

유아들끼리 더 길게 풍선 로켓이 날아가는 이유에 대해 생각하였다. 유아들이 나름대로 낸 결론을 바탕으로 여러 번 로켓 활동을 반복하다가 풍선의 바람이 많이 있을수록 멀리까지 간다는 사실을 깨닫게 되었다.

유아들이 하고 싶은 놀이가 아닌 교사가 제안한 놀이로 '풍선 로켓' 활동을 하였기에 '탄성'을 가지고 하는 놀이를 마무리하려고 하였으나, 유아들이 스파이더맨 놀이를 제안하였다.

유아 1: 선생님 우리 스파이더맨 놀이하면 안 돼요?

선생님: 어떻게 하는 놀이인데?

유아 1: 역할 영역에서 스파이더맨 옷을 입고, 거미줄 쏘면서 악당을 물리치는 놀이요.

선생님: 다른 친구들도 하고 싶니?

유아들: 네.

선생님: 그럼 선생님은 뭘 준비해 주어야 할까?

유아 2: 스파이더맨 옷이랑 거미줄이요.

선생님: 스파이더맨 옷? 한번 찾아볼게. 거미줄은 뭘로 하면 좋을까?

유아 1: 끈이나 저번에 놀았던 줄 풍선도 좋아요. 그런데 많이 주세요.

선생님: 알겠어.

*** 교사의 지원: 스파이더맨 가면, 앞치마, 줄 풍선, 끈 제공**

스파이더맨 놀이를 하며 놀이 공간은 조금 축소되었지만, 유아들의 흥미는 오랜 시간 지속되었다.

고무줄 놀이 전개도

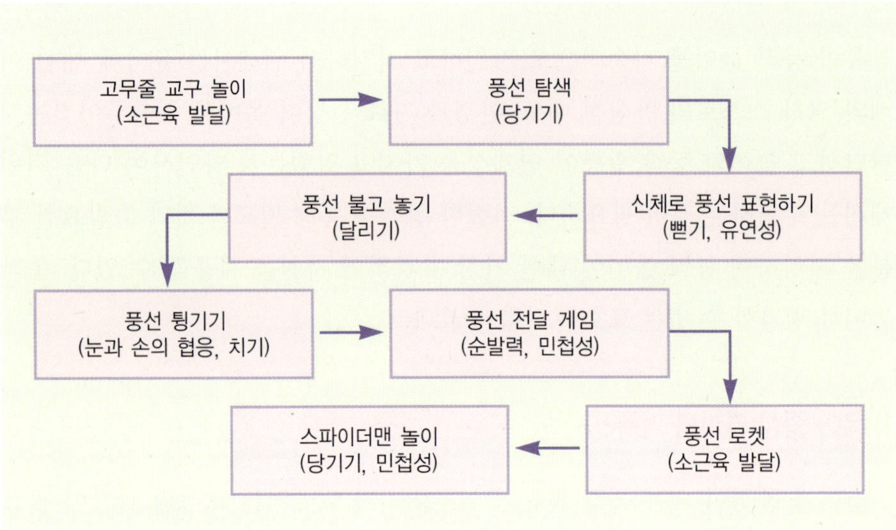

유아 동작 놀이의 이해

유아들은 실생활 속에서도 다양한 호기심을 가지고 탐구하고 탐색한다. '고무줄, 탄성'이란 것으로 교사가 생각하는 것 이외의 다양한 방법으로 창의적인 놀이를 창조하고, 실행하며, 친구와 의사소통하며 놀이 규칙 및 방법을 정하였고, 놀이의 지속에 문제가 발생하였을 때는 구체적인 대안을 제시하기도 하였다. 유아들이 하고 싶은 놀이를 꾸준히 할 수 있는 시간과 공간을 제공하니, 놀이의 변화와 유아의 요구에 대해 더 잘 알 수 있었다.

'고무줄'과 '풍선'이라는 재료만으로 유아들은 소근육에서부터 뻗기, 당기기, 달리기 등 대근육까지 다양하게 사용하였고, 민첩성, 순발력, 유연성 등 여러 운동 능력을 사용하고 기를 수 있었다.

또한 교사는 유아들이 문제를 스스로 해결할 수 있는 기회를 제공하고 기다려 주며 유아가 도움을 요청할 때에 요청하는 만큼의 도움을 주었고, 더 이상 새로운 놀이에 대한 아이디어가 나오지 않을 때 교사가 놀이 아이디어를 제안하였다.

그렇게 놀이를 진행하다 보니 유아들이 시행착오를 겪으며 고무줄, 풍선과 같은 물체의 성질에 대해 더 잘 이해하고 알게 되었으며, 다양한 물체의 특징이나 모습을 신체로 표현하는 활동에 더욱 흥미를 느끼고 놀이가 더 오랜 시간 지속되었다.

3. 동작 놀이의 평가

유아 동작 놀이를 지속적으로 지원하고 지지하기 위해서는 유아에 대한 이해와 교사 스스로의 반성적 태도, 환경과 자료 선정이 올바르게 이루어졌는지 판단하고 놀이와 동작 활동이 연계성을 가지고 있었는지 확인하여 다음 지원 계획을 수립하는 것이 필요하다. 적절한 평가를 통해 필요한 것과 불필요한 부분을 파악하여 동작 놀이에 대한 가장 효과적인 지원을 제공할 수 있다. 동작 놀이를 평가할 수 있는 요소는 다음과 같다.

1) 유아 중심 평가와 기록

놀이가 중심이 되는 동작 활동이 이루어지기 위해서는 교사의 관찰이 필요하다. 일화기록을 통해 유아가 관심 있는 놀이가 무엇인지 알거나 어떤 동작에 어려움을 느끼는지 파악하고 지원해 주어 동작이 어려워 놀이를 못 하는 일이 발생하지 않도록 돕는다.

일화기록 예시

<table>
<tr><th>유아명</th><th>김○○ (만 3세)</th><th>날짜</th><th>. .</th><th>장소</th><th>역할 영역</th></tr>
<tr><td>관찰 내용
(놀이 내용)</td><td colspan="5">
역할 영역에서 ○○은 △△와 인형 놀이를 하고 있다. △△가 아기 인형을 ○○에게 주며 "네가 엄마니까 업어 줘."라고 하자 ○○은 "그래, 소풍 가자."라며 아기 인형을 업으려 한다. 아기를 등에 업고 손을 뒤로 하자 넘어지려고 한다. △△가 "저리로 가야지."라며 손가락으로 한쪽을 가리킨다. ○○은 "알겠어."라며 허리를 다시 구부리고 손을 뒤로 하여 아기 인형을 잡은 다음 걸어간다. 왼쪽으로 몸이 구부러져서 세 걸음 가서 "나 아기 안 업을래."라며 아기 인형을 떨어트린다. △△가 "치." 하며 떨어진 아기 인형을 들고 역할 영역으로 간다.</td></tr>
</table>

지원 방법	• 바닥에 마스킹 테이프로 선을 긋고 허리를 구부려서 걷기, 꼿꼿이 펴고 걷기 등 다양한 걷기를 함께한다. • 아기 인형을 포대기에 묶어 업게 하고 바닥에 표시된 선 따라 걸어오기 놀이를 한다. 그 후에 바닥에 있는 선을 없애고 자유롭게 걸어 본다. • 아기 인형을 등에 업고 걷는 것이 익숙해지면 아기 인형을 등에 업고 장애물 피해 걷기 놀이를 한다.

유아의 동작 놀이 활동이 끝난 후에는 유아들의 느낌을 기분표로 표시할 수 있도록 준비한다. 유아들의 이름을 쓴 평가 종이를 나누어 주고 활동에 대한 기분을 얼굴로 찾아 색칠하거나 표시하게 한다. 교사는 유아들에게 질문하여 좋았던 점과 아쉬웠던 점을 듣고 기록한다.

유아의 만족도 평가 예시

활동명	점프하여 스티커 붙이기	유아명	장○○ (만 3세)
활동 평가			
좋았던 점	• 달려가서 높이 점프하는 게 좋았어요. • 스티커가 하늘 높이 붙여져서 재미있었어요.		
아쉬웠던 점	• 스티커를 많이 붙이고 싶어요. • 더 높이 붙이고 싶어요.		

2) 교사의 반성적 성찰

교사는 동작 놀이 활동이 어떻게 유아들의 학습에 영향을 주었는가를 종합적으로 평가해야 한다. 다음은 동작 놀이 활동의 효과를 평가하는 데 사용할 수 있는 점검 항목들이다(Purcell, 1994; 홍용희 외, 1998에서 재인용).

- 놀이중심 동작 활동의 목표는 무엇인가?
- 학습 목표를 달성하기 위해 어떤 동작 놀이 활동을 고안하였는가?
- 유아들은 교사가 기대했던 목표를 어느 정도 성취하였는가?
- 놀이중심 동작 활동은 유아들의 운동 기능 발달에 영향을 주었는가?
- 동작 놀이를 익히고 창작하는 데 동작의 구성 요소가 어떻게 사용되었는가?
- 동작 놀이를 함으로써 어떤 지식을 획득하였는가?
- 유아들이 동작을 통해 어떻게 생각을 표현하고 의사소통을 하는지에 대해 이해하였는가?

위의 내용을 바탕으로 교사들이 저널을 통해 유아들의 동작 놀이의 내용을 기록하면 다음 활동을 지원하는 데 도움을 된다. 부족했던 부분을 스스로 기록하고 반성하여 놀이중심의 동작교육을 효과적으로 이루게 된다. 다음은 동작 놀이 후 교사 저널의 예이다.

교사의 저널 - 예시 ❶

활동명 : 공놀이
교사명 : 날짜 : 대상 연령 :

어느 날 아이들이 교실에 있던 스펀지 블록을 발로 차거나 손으로 던지고 받는 놀이를 하였다. 처음에는 아이들이 블록을 공처럼 가지고 하는 놀이를 관심 갖고 보지 않았고, 그 놀이를 할 때는 안전에 대한 걱정 때문에 주의를 주었다. 몇 번의 주의 끝에 아이들이 블록을 발로 차고 놀지는 않았지만, 손 축구 놀이를 하며 놀거나 손으로 던져 받는 등의 놀이를 여전히 진행하였다. 그 모습을 보고 놀고 싶은 대로 놀 수 있도록 '공을 제공해 볼까?' 하는 마음이 생겼다. 처음 아이들에게 공을 제공하였을 때 아이들의 표정은 믿기지 않는다는 듯한 표정이었고, "이건 어떻게 놀아요?"라고 물어보는 친구들도 있었다. "너희가 공을 가지고 하고 싶은 놀이를 하면서 놀아도 돼."라고 말하자 유아들이 "와~!" 하며, 공을 굴리기 시작했다. 고무공을 한참 굴리면서 놀다가 튕기기도 하고 차 보거나 친구에게 패스를 하는 등 공을 가지고 유아들 나름대로 놀이를 하였다. 놀이하는 모습을 지켜보며 말랑말랑한 고무공에서 축구공, 농구공까지 제공해 주었고, 여러 가지의 공을 신체를 이용하여 가지고 노는 모습을 보며, 공을 칠 수 있는 다양한 도구를 제공해

주어 쳐 보도록 유도하였다. 교사가 유도한 대로 다양한 놀이에서 다양한 도구를 이용하여 공을 쳐 본 후 활동한 도구들을 교실에 제공하니 유아들이 자유롭게 하고 싶은 놀이로 확장되었다. 혼자 하던 공놀이가 2명이 되고, 더 많은 친구와 함께 놀이를 하며 규칙을 새로 정하는 모습이 관찰되었다. 처음 공을 제공할 때, '유아들끼리 트러블이 많이 생기면 어쩌나.' 하는 걱정도 있었고, 여러 물건이 공으로 인해 망가질까 봐 걱정을 많이 하였는데, 유아들이 다양한 공마다 특징을 알고 있었으며, 조심히 놀이하려는 모습을 보여 주었고, 필요한 규칙은 서로 이야기하며 정하는 모습을 보여 주어, '괜한 걱정을 했구나.' 하는 생각을 하였다. 공놀이를 진행함에 있어 부족했던 점이 있다면 좁은 공간이었다. 교실이 좁아 유치원 복도나 로비에서 놀이를 할 수 있도록 하였으나, '교실의 영역 및 책상의 위치를 공놀이에 적합하게 바꾸어 주었으면 어땠을까' 하는 생각이 든다.

교사의 저널 - 예시 ❷

활동명: 점프 활동
교사명: 날짜: 대상 연령:

처음에 유아들이 영역을 이동할 때 점프하여 이동하는 모습을 보고 놀이를 하고 있다고 생각하지 못하였다. 하지만 역할 영역에서 애완동물 놀이를 하거나 바깥 놀이에서 점프를 하며 이동하는 모습이 자주 관찰되어 놀이를 진행하게 되었다.
처음엔 역할 영역에서 집에서 키우는 토끼라며 점프를 하는 모습을 보며, 토끼 머리띠를 준비해 주었다. 유아들이 머리띠를 쓰고 위로 높이 점프해 보기도 하고, 앞으로 점프하는 모습을 보여 주었다. 그런 모습을 보며 이미 알고 있는 노래인 「통통통」을 부르며 노랫말에 맞춰 신체를 자유롭게 표현해 보는 시간을 가져 보았고, 개구리 모자와 연꽃잎을 제공해 주니 처음엔 일렬로 쭉 길게 줄 세워 점프하여 이동해 보다가, 간격을 넓혀

뛰고, 지그재그로 구성하여 점프를 하기도 하였다. 한쪽에서는 누가 더 멀리 점프하나 시합을 하기도 하였고, 멀리뛰기 위한 방법으로 무엇이 있을지 생각해 보고, 생각한 대로 점프를 해 보기도 하였다. 맨바닥에서 점프하는 것 말고 다른 곳에서 점프를 해 보도록 유도하며 에어캡을 제공하였고, 처음에는 손으로 톡톡 터트리다가 교사가 "발로 터트리면 어떤 소리가 날까?"라고 이야기하자 유아들이 에어캡 위에 올라가 점프를 하기 시작하였다. 점프하며 놀이하는 모습을 보고, 유아들마다 점프를 할 수 있는 높이가 차이가 나는 것을 알게 되었고, 게임을 통해 점점 더 높이 점프를 해 볼 수 있도록 격려하였다. '점프'라는 동작을 가지고 놀이를 진행하다 보니, 처음에 다양한 놀이로 확장하거나 변화할 수 있을지 걱정되었는데 교사의 생각보다 다양한 방법으로 유아들의 놀이가 변형되었다. 유아의 놀이를 따라가다 보니 유아들이 새로운 것을 교사에게 요구하여, 준비하기가 수월하였다. 놀이를 통해 다양한 영역이 골고루 발달되지만 교사의 욕심으로 인해 교사 주도적인 놀이가 중간 중간에 있었던 것 같아 유아들이 자유롭게 놀 기회를 뺏은 건 아닌지 반성이 되었다. 다음에 또 유아들의 놀이를 관찰하고 진행할 때는 어떤 신체 능력을 지도하기 위해 목적이 있는 놀이를 제공하는 것이 아니라 유아들의 놀이를 더 지원해 주고 따라가 보도록 해야겠다.

4. 동작 놀이를 위한 환경 구성 및 상호 작용

동작 활동을 위해서는 유아들이 자유롭게 움직일 수 있도록 안전한 공간을 확보해야 한다. 미끄러지거나 다칠 위험이 있는 요소를 제거하고, 적절한 교구와 도구를 제공하여 신체 활동을 돕는다. 또한 유아들이 편안하게 활동할 수 있

도록 심리적 안전감을 조성하여 놀이에 몰입할 수 있도록 한다. 비상 상황이나 위급 상황 시에 대처할 수 있는 매뉴얼을 숙지한다.

1) 동작 활동을 위한 환경 구성

(1) 집단의 크기 및 활동의 대형

❶ 집단의 크기

동작 활동은 대집단보다는 소집단으로 활동을 전개하는 것이 효과적이며 소집단 활동이 어려운 경우 대집단으로 동작을 계획할 수 있다. Sullivan(1982)은 교사가 1명인 경우, 3~4세 유아는 5명 정도의 크기로, 5세 이상의 유아에게는 10~15명 정도의 크기가 적당하다고 하였다.

❷ 활동을 위한 대형

- 한 개의 원 형태

토론을 위한 좋은 형태이며, 원 게임이나 춤을 위해 사용된다. 원을 만들기 위해 한 유아를 기준으로 지정하고 다른 유아들은 그 유아의 뒤를 따라 걷도록 한 후 원의 중심을 향해 서도록 한다. 교사는 중앙에서 얘기하지 않도록 하고 원의 한쪽 끝에서 얘기하도록 한다.

- 두 개의 원 형태

이 형태는 주로 짝과 하는 활동에 사용된다. 두 줄을 만들고 짝끼리 손을 잡고 앞쪽을 보고 서도록 한다. 맨 앞줄의 두 사람을 기준으로 잡아 주고 원을 따라 걷게 하다 두 줄의 원형 대형이 완성되면 멈추고 손을 놓게 한 후, 짝끼리 마주 보고 서도록 한다.

- 일직선 형태

이동 동작이나 공을 사용하는 릴레이, 다양한 스포츠 기술 훈련에 쓰인다. 한 유아를 지정하여 기준을 삼고 그 유아의 뒤에 서도록 한다. 기준을 여러 명 선정하면 여러 줄이 생긴다.

• 양쪽으로 나누어 서기

던지기, 잡기, 릴레이 등에 사용된다. 두 유아를 기준으로 정하여 두 줄의 앞으로 줄서기를 한 뒤 서로 마주 보게 한다. 서로 뒤로 물러나서 두 줄 간의 간격을 넓힌다. 교사는 모든 사람이 볼 수 있는 위치에 선다.

• 흩어지기

주로 동작 탐색과 문제 해결을 위해 사용되며 창조적인 표현 활동을 극대화할 수 있는 형태이다. 유아들은 떨어져 있는 거리에 대한 인식을 해야 한다. 자신이 서 있는 곳에서 양팔을 들고 천천히 돌아서 서로 부딪히지 않는 곳에 서도록 한다. 교사는 각 유아가 움직이기에 충분히 넓은 장소를 가졌는지 확인한다. 또한 교사는 한자리에 서 있지 않고 돌아다니며 유아들을 격려하고 지도한다.

• 반원 형태

교사가 시범을 보이기에 좋은 형태이며, 교사는 반원의 약간 뒤에 서서 모든 아이들이 교사를 볼 수 있도록 한다.

(2) 활동을 위한 시간

동작교육은 특별한 시간, 즉 창의적 신체 표현 활동 시간에만 국한되어 실시될 필요는 없으며, 활동과 활동 사이, 간식 먹기 전, 이야기 나누기 시간 전 등 자투리 시간을 활용할 수 있도록 도와줄 수 있으며, 다른 활동을 진행하고 있는 중에도 특별한 준비물 없이 간단히 이루어질 수 있다(김은심, 1997).

Pica(1995)는 유아의 신체 움직임을 돕는 동작 활동 시간은 가능한 한 매일 한 번씩은 계획하여 일과 활동에 포함시켜야 한다고 하였다. 동작 활동을 실시하는 시간의 길이는 3세 유아인 경우 동작 활동 시간이 15분을 넘지 않도록 계획하고(Sullivan, 1982), 그보다 나이 든 유아들에게도 20분 정도의 길이로 계획하며 시간의 길이는 유동적이어야 한다. 교사가 동작 활동의 시간을 짧게 잡아야 할 경우는 동작 활동을 처음으로 가르칠 때나 그룹이 아주 클 때, 대상 유아가 아주 어릴 때 등이다. 이러한 경우에는 교사의 많은 힘이 요구되므로 교사 자신이

기진맥진해지기 전에 시간을 제한하는 것이 좋다. 가능하면 동작 활동을 위한 시간이 매일 조금씩 배치되는 것이 좋다.

동작 활동이 이루어질 수 있는 시간에 대하여 살펴보면 다음과 같다(Rodgers, 김은심, 1997에서 재인용).

첫째, 동작 활동을 다른 활동과 연합시킨다.

요리하기(예: 팝콘 튀기기 활동) 과정을 지켜보면서 몸으로 표현해 보도록 하는 활동을 예로 들 수 있다. 또는 이야기 나누기 도중에 유아들이 특히 흥미 있어 하는 주제나 단어를 가지고 즉석에서 동작을 표현해 보는 것도 좋다(예: 태풍에 관한 이야기 나누기 중에 바람에 흔들리는 나무를 몸으로 표현해 보기). 이와 같은 자연스러운 동작 활동(spontaneous movement)은 30초 정도로 끝나는 경우도 있고 길어지면 5분에서 10분까지 지속되는 작은 동작 활동 시간(mini-movement sessions)이 될 수도 있다.

둘째, 유아들의 자발적인 동작을 동작 활동으로 연결한다.

이것은 교사가 유아들의 동작을 아주 주의 깊게 살피며 동작에 대한 인식을 하고 있을 때 이루어질 수 있다. 유아들은 자신의 감정을 몸으로 표현하고자 한다. 따라서 이러한 자연스러운 형식의 표현을 확장하여 동작 활동으로 연결하는 것이 좋다(예: 한 유아가 다음 날 소풍을 가기 때문에 너무 기쁘다는 것을 표현하기 위해서 껑충껑충 뛰는 것을 보았다면 교사는 작은북을 쳐 주며 유아들에게 기쁨을 몸으로 표현할 수 있는 다른 방법에 대해 이야기 나눈 후 실제로 해 보도록 한다).

셋째, 전이 활동에 동작 활동을 이용한다.

새로운 활동이 시작되기 전에 유아들로 하여금 다양한 동작 활동을 경험하도록 한다. 원하는 활동 영역으로 다양한 이동 동작을 사용하여 가거나(예: 로봇이 되어 가기) 교사가 치는 북소리의 리듬에 맞추어 이동하기 등을 해 본다. 간단하지만 아주 다양한 움직임을 경험해 볼 수 있는 기회가 될 것이다.

넷째, 앉아서 하는 활동에 동작 활동을 이용한다.

이야기 나누기 시간 전에 유아들의 주의를 집중시키기 위해 손, 팔, 머리, 어

깨, 발 등이 어떻게 움직일 수 있는지 탐색해 보는 시간을 잠깐 갖는다. 손을 이용해 토끼, 애벌레, 거미, 바람에 흔들리는 나뭇잎, 높게, 유연하게, 빠르게, 느리게 움직여 본다. 어깨가 귀에 닿는지, 팔꿈치가 무릎에 닿을 수 있는지, 턱으로 동그라미를 그릴 수 있는지, 발로 손뼉을 칠 수 있는지 탐색해 보도록 한다.

다섯째, 개념 이해에 동작 활동을 이용한다.

어휘나 개념을 이해하고 있는지 동작을 통해 제시해 보도록 한다. 수학적 개념이나 과학적 개념을 동작 활동과 연결하는 것도 아주 흥미 있는 활동이 될 수 있다. 풍선의 수축과 팽창하는 모습을 몸으로 표현해 보기(물론 수축과 확장이라는 어휘를 알기는 어려울 수 있으나 몸으로 표현해 봄으로써 수축과 팽창을 경험해 보게 된다), 북소리만큼 점프해 보기, 교사가 제시하는 숫자만큼 돌기 등의 활동을 예로 들 수 있다.

여섯째, 동화(동시) 듣기 활동에 동작 활동을 이용한다.

동화를 들으면서 동화에 나오는 인물들처럼 움직여 보는 활동을 한다. 동작 활동에 활용하기 위한 동화는 동적인 등장인물들이 있고, 반복적이며, 특징적인 인물이 있는 내용이 좋다. 동화를 다 듣고 난 후에 동작 활동을 할 수도 있고, 동화를 들으면서 동작 활동을 병행할 수도 있다.

(3) 동작 활동을 위한 공간

유아의 동작 활동을 위한 공간은 크게 두 가지 형태로 고려할 수 있다. 하나는 자유선택 활동 시간에 유아들이 자발적으로 참여하도록 음률 영역의 공간을 구성하는 것이고, 다른 하나는 보다 큰 집단의 유아들을 대상으로 하여 동작 수업을 전개하기 위한 개방된 넓은 동작 활동 공간을 확보하는 것이다.

❶ 음률 활동 영역

음악과 동작 활동이 함께 일어날 수 있도록 하기 위해 교실 내에 음률 영역을 설치할 수 있다. 음률 영역은 5~6명 정도의 유아가 악기를 연주하고 동작을 할 수 있는 크기의 공간이어야 한다(홍용희 외, 1998). 바닥은 카펫을 깔아 소음을

줄여 준다. 쌓기놀이와 소꿉놀이 영역, 음률 영역이 인접하여 배치되면 상상놀이와 함께 창의적인 움직임이 함께 나타나기도 한다. 교사는 움직임 활동에 필요한 소도구를 제시해 주고 자주 바꾸어 주도록 한다. 음률 활동 영역에 제시될 수 있는 자료는 다음과 같다.

- 리듬 악기: 탬버린, 캐스터네츠, 트라이앵글, 방울, 리듬 막대, 우드블록, 마라카스, 교사 또는 유아가 만든 악기 등
- 가락 악기: 실로폰, 멜로디언, 스태프벨, 목금, 키보드 등
- 전통 악기: 장구, 소고, 북 등
- 동작을 위한 소품: 리본, 스카프, 헝겊 등 녹음기와 음악 테이프
- 그림 자료: 다양한 종류의 악기, 악기를 연주하는 모습, 오케스트라의 사진, 음악회 포스터, 무용하는 모습이 담긴 그림이나 사진
- 도서 자료: 그림 노래책, 악기, 음악가, 연주가가 악기를 연주하는 장면을 수록한 책, 무용가·무용하는 모습·무용복 등에 관한 사진이 수록된 책, 무용 발표회 안내집

❷ 정규 동작 활동을 위한 공간(단체 움직임 활동을 위한 공간)

자유선택 활동 시간에 음률 활동 영역에서 이루어지는 동작 활동 이외에 일과 중 교사가 계획하여 수행하는 동작 활동은 대체로 큰 집단의 유아들을 대상으로 하여 교사 주도로 동작 활동을 하게 된다. 이때 사용되는 공간은 유아들이 부딪히지 않고 자유롭게 활동할 수 있는 충분한 크기의 공간이 필요하다.

동작 활동을 하기 위한 공간을 계획할 때 적어도 다음과 같은 조건을 고려하여야 한다.

첫째, 가능한 한 넓고 개방된 공간이 확보되는 것이 좋다. 탐색과 움직임을 위한 충분한 공간을 확보하여 자유롭고 안전하게 움직임에 참여할 수 있도록 한다. 영유아들은 서로 부딪힐 염려가 많고 움직임이 활발하기 때문에 자유롭게 움직일 수 있는 충분한 공간이 필요하다(Pica, 2004).

둘째, 움직임이 불안정한 영유아들을 위하여 바닥 재료의 선별이나 가구 모서리 처리 등 환경 준비를 철저히 한다. 바닥은 유아들이 안전하게 동작을 표현할 수 있도록 부드럽고 탄성이 있는 재질로 구성되어야 한다. 미끄럼 방지를 위하여 카펫 등을 깔아 주는 것도 좋다.

셋째, 영유아들이 자신과 또래의 움직임을 흉내 내고, 창의적으로 표현하는 모습을 볼 수 있도록 공간 벽면에 안전거울을 설치한다.

넷째, 사람들의 출입이 잦거나 소음이 많은 곳, 유아들이 흥미로워할 놀잇감이 많은 공간은 동작교육을 위한 적절한 공간이 아니다. 영유아의 주의 집중을 흐트러뜨릴 수 있는 교구들은 동작 활동 공간에서 미리 치워 놓는다.

다섯째, 다양한 소도구(공, 리본, 훌라후프 등)를 첨가하여 영유아가 조작하여 움직이는 경험을 하도록 계획한다. 소도구는 영유아들이 신체 활동을 할 때 흥미를 증진시킬 수 있으며, 신체의 움직임을 다양하게 만들어 주어 신체조절 능력, 평형감각, 리듬감각 등을 길러 줄 수 있다.

여섯째, 주기적으로 활동 자료들을 바꾸어 준비한다. 다양한 색의 스카프나 리본 막대, 리듬 막대, 악기류, 낙하산 등을 부분적으로라도 바꾸어 제공하여 영유아의 흥미가 유지되도록 한다.

일곱째, 동작 활동을 하고 난 후 휴식을 할 수 있는 공간을 마련한다. 또한 휴식하며 조용히 감상할 수 있는 음악 감상 자료를 준비한다.

여덟째, 영유아가 동작 활동에 참여하고 싶은 욕구가 생기도록 아이들이 좋아하는 색깔과 다양한 종류의 기구를 배치하여 안전하게 놀이를 할 수 있도록 환경을 조성한다. 자유선택 활동 시 유아들이 자유롭게 동작 표현을 경험할 수 있도록 매력적인 소도구를 준비해 주며 벽면이나 교구장 위에 동작 활동과 관련된 사진이나 그림을 전시한다.

아홉째, 모든 영유아들이 주어진 시간에 활동에 참여하기 위해 충분한 숫자의 공, 줄, 훌라후프, 스카프, 리본, 팥주머니 등의 소도구를 준비한다.

열째, 대근육 발달이나 신체 조절력과 균형 감각을 증진할 수 있는 고정된 놀이기구와 이동 가능한 놀이기구를 필요할 때마다 사용 가능하도록 계획한다.

영아들은 높이가 낮은 오르고 내리기 기구, 매트, 스펀지 블록 등의 기구를 이용하여 대근육 활동을 증진시킬 수 있다. 유아들은 평균대, 자전거, 손으로 조절할 수 있는 놀이기구 등을 내어 대근육 활동을 증진시킬 수 있다.

❸ 실외공간

동작 활동은 실내공간 이외에 실외공간을 활용할 수 있다. 실외놀이 공간에서의 동작 활동은 유아들이 신체를 자유롭게 움직일 수 있도록 도움을 줄 수 있을 뿐만 아니라 자연과 가까운 실외환경에서 놀이를 하며 다양한 감각을 발달시킬 수 있도록 도와준다.

첫째, 가능한 한 넓고 개방된 공간을 확보한다.

유아가 자유롭게 동작할 수 있는 개인적 공간은 물론, 아이들이 서로 충돌하지 않고 자유롭게 움직일 수 있는 일반적 공간, 즉 공유 공간(shard space)이 필요하다. 만약, 교실 내에서 동작 활동을 해야 한다면, 교구장과 같은 설비를 한쪽 벽으로 옮겨서 넓은 공간을 사용하도록 한다.

둘째, 좁은 공간에서는 공간에 맞도록 동작 활동 접근 방법을 변화시킨다.

큰 집단 활동인 경우는 반 정도의 유아들이 활동을 하면 남은 반 정도의 유아들은 기다리며 동작하는 유아들을 보게(짧은 시간이어야 함) 할 수 있다. 또는 실내에서 비이동 동작과 같은 활동을 계획하여 실시하고, 이동 동작 등의 활동은 실외에서 하도록 계획할 수도 있다.

셋째, 바닥은 부드럽고 탄성 있는 재질로 되어야 한다.

콘크리트 같은 딱딱한 바닥은 피해야 하며, 부득이한 경우에는 카펫을 깔아야 한다. 동작 활동하기에 좋은 바닥은 나무로 된 재질이다.

넷째, 주의 산만한 공간은 가능한 한 피한다.

사람들의 출입이 잦거나 소음이 지나치게 많으면 집중력이 낮아지며 주의가 산만하게 된다. 또한 유아의 호기심을 자극하는 시설물들, 가령 바퀴 달린 탈것들, 놀이시설 등이 체육 공간 주위에 놓여 있으면 주의를 분산시킬 수도 있다. 특히 새로 보게 된 놀이 자료들이 설치되어 있으면, 유아들은 동작 활동보다도

이들 놀이 시설에 더 관심을 보일 것이다. 그러므로 필요한 설비 외에 다른 시설들은 가능한 한 다른 곳에 옮겨 놓도록 하고, 옮기기 어려운 경우에는 동작 활동 시간 전에 다른 활동을 통해 새로운 시설물을 충분히 사용하여 호기심을 완화시키도록 한다.

다섯째, 안전사고를 예방할 수 있는 공간이 되도록 한다.

공간 내에 각이 진 시설물(가구 등)이 그대로 놓여 있어야 한다면, 각이 진 곳에 부드러운 재질(고무, 스펀지)을 붙여 두거나, 어떤 물건에 걸려 넘어지지 않도록 안전에 방해가 되는 사물은 가능한 한 제거한다.

실외 놀이터

출처: 인덕원 어린이집.

활동 중 공간 활용의 예

교사가 어떻게 유아들과 공간을 활용하였는지 생각하며 읽어 봅시다!

카펫이 깔린 큰 방에서, 담임교사는 4세반 유아들에게 그날의 움직임 경험에 대해 소개한다. 유아들이 들어오자 상자에서 카펫 조각을 집어 들라고 한다. 그리고 이것을 유아들이 앉아 있는 교실 가운데로 가져와 둥글게 놓으라고 하고 도와준다. 교사는 유아들에게 자신이 들고 있는 두 개의 리듬스틱(혹은 드럼스틱)을 보여 준다.

"이 두 개의 스틱은 나의 멈춤 신호야. 내가 이 둘을 서로 두드리면 제자리에서 동작하던 그대로 멈추렴. 그리고 움직이지 마."

교사는 스틱을 서로 치고 움직이지 않는 시범을 보인다.

"일어나서 친구들과 최대한 멀리 떨어져서 방 안을 돌아다녀 보렴. 만약 어떤 것이든 가까이 다가온다면, 멀리 피해 가야 해."

유아들은 일어나서 방 안을 돌아다니기 시작한다. 20초 정도마다 교사는 스틱을 두드리고, 유아들은 움직임을 멈춘다. 교사는 유아들에게 뒤로 움직일 수 있냐고 하고, 유아들은 다시 시작한다. 스틱을 칠 때마다 유아들은 5초 정도 멈춘다. 그리고 교사는 아이들에게 두 번째로 호핑이나 갤로핑을 해 보라고 한다. 유아들이 활동을 수행하지 못할 때 교사는 다시 스틱을 치며 어떻게 이 활동을 수행할 것인지 보여 주는 시범을 보인다.

4~5분 뒤 교사는 유아들이 지치고 있음을 확인한다. 그러자 스틱을 치고, 벽 앞에 있는 몇 개의 콩주머니 더미를 가리킨다(이 콩주머니는 방의 가장자리에 놓여 있어 유아들이 서로 부딪히지 않고 도구를 가질 수 있도록 놓여 있다).

"너희들은 친구 누구와도 닿지 않고 콩주머니를 들어서 머리 위에 놓고 균형을 잡을 수 있겠니?"

"콩주머니를 어깨 위에 놓고 균형을 잡을 수 있겠니?"

"콩주머니를 팔꿈치 위에 놓고 균형을 잡을 수 있겠니?"

다음 몇 분 동안 유아들은 교사의 요구에 따라 콩주머니를 균형 있게 다루는 활동을 수행한다. 유아들은 스스로 아이디어를 내고 교사는 이러한 창조적 노력을 칭찬한다.

활동이 끝나고, 유아들은 콩주머니를 작은 상자에 넣는다. 교사는 벽을 따라 놓여 있는 큰 풍선을 집어 들 것을 요구한다. 풍선은 아이들에게 많은 흥미를 불러일으켰다.

유아들은 풍선을 튕겨 보기도 하고 쳐 보기도 한다. 교사는 유아들이 스스로 놀이를 하고 가르침 없이도 스스로 노는 방법을 찾을 시간을 제공한다. 그러고 나서 유아들에게 풍선을 던지기, 받기, 차기 등의 활동을 하도록 요구한다.

활동적인 움직임이 끝날 때, 유아들은 다시 카펫 사각형 위로 돌아온다. 아이들은 노래를 부르고, 노래에 맞추어 오늘의 움직임 활동에서 사용한 자신의 신체 부위를 짚어 본다(머리~ 어깨~ 무릎~ 발~ 무릎~ 발~). 아이들은 그날 어떠한 활동을 했는지 간단히 다시 이야기해 보고, 자신의 카펫 사각형을 치운다.

출처: Sanders, S. W., 2002.

5. 동작 놀이의 자료 선정

1) 동작 활동을 위한 자료

동작을 위한 소재로서 매체의 이용은 유아의 사고 과정과 활동에 실제로 안정감을 준다. 이것은 유아가 자신의 방법대로 공간 속에서 용기 있게 움직이기 위한 수단이 될 수 있다.

내용 선정이 끝나면 교사는 동작 표현을 자극하고 흥미를 유발시켜 다양한 신체 표현이 이루어질 수 있는 자료를 선정하여야 한다. 동작 표현을 다양하게 촉진시킬 수 있는 자료는 그림 자료, 슬라이드, 모형, 또는 직접 관찰할 수 있는 실물 자료(예: 낙엽, 낙지, 병아리, 팝콘, 풍선 등)들이나, 소도구(예: 공, 리듬 막대, 스카프 등)를 들 수 있다. 또한 동작 활동에 이용할 수 있는 고정시설(예: 그네, 미끄럼틀, 기어 오르기틀 등)과 이동 가능한 소품(예: 평균대, 텀블링, 매트 등)의 사용도 필요할 때마다 계획하여 준비하여야 한다. 이밖에도 교사가 바닥에 붙여 놓은 테이프 모양(직선, 곡선, 지그재그선) 등에 따라 걷기, 달리기, 스킵하기 등과 같은 이동 동작을 다양하게 변화시켜 활동할 수 있다. 리듬 악기나 다양한 장르의 음악도 훌륭한 자극물이 될 수 있다. 교사는 내용 선정이 끝나면 선정된 내용에 따라 동작 활동에 필요한 소도구가 무엇인지 또는 유아의 흥미를 높일 수 있는 활동 자료들이 무엇인지 준비해야 할 것이다(김은심, 1997).

여러 동작 활동에 효율적인 자료를 선택하는 것은 유아의 다양한 동작을 유도할 수 있으며 전개에 도움이 된다. 예를 들어, 비이동 동작을 전개할 때 구부리기나 펴기 동작을 위해 고무 밴드, 벌레, 말발굽 등을, 비틀기와 흔들기 동작을 위해 그네, 팽이, 후프 등을, 밀기 동작을 위해 마차, 배 등을, 올라가기, 떨어지기 동작을 위해 비행기, 공, 시소, 아이스크림, 엘리베이터 등의 자료를 준비해 줄 수 있다(김혜옥, 1984).

(1) 공(Ball)

공을 다루는 기술을 익히기 위하여 처음에는 스카프나 풍선 또는 직경 20~25cm 정도의 헝겊공을 사용하는 것이 좋다. 공의 크기는 다양하게 준비하여 활동 내용에 따라 적합한 공을 선택한다. 부드러운 정구공 크기의 작은 공은 던지기에 용이하지만, 공을 받기에는 어렵다. 큰 공은 공을 받거나 튀겨 보는 활동에 적당하다. 공을 이용하는 활동은 공 다루기, 던지기(바구니 등에), 받기, 주고받기(튀겨서 주고받기 등), 튀기기(한번 혹은 연속으로), 차기, 목표물 맞히기(공을 굴려 맞히기, 피구놀이 등), 공을 전달하기(옆으로, 머리 위로, 다리 사이로 등), 공 돌리기(허리둘레로 돌리기 등), 공 집어 올리기, 공 굴리면서 기어가기 등 다양하다.

공은 크기, 경도에 따라 다양하게 준비하며, 공과 함께 성질이 유사한 비치볼, 풍선, 팥주머니를 병행하여 놀이할 수 있도록 활용한다. 공은 각 유아당 1개 정도가 바람직하며 공이 더럽거나 바람이 빠지지 않도록 잘 손질하여 보관한다. 릴레이식의 활동보다 동시에 소집단 활동을 하여 기다리는 시간이 없도록 한다(손원호, 2004).

공 활동을 위한 질문의 예

* **기술:** 조작, 신체 인식, 공간 인식, 신체 조절
* **도구:** 한 아동당 털실공 1개
* **질문의 유형:** ~할 수 있니?, ~나에게 보여 줄 수 있니?, ~누가 할 수 있을까?

예 공을 한 발로 차서 작은 원 안으로 움직일 수 있니?
공을 한 발로 차서 작은 원 안으로 움직이는 것을 보여 줄 수 있니?
누가 공을 한 발로 차서 작은 원 안으로 넣을 수 있을까?

- 공을 한 발로 차서 작은 원 안에서 움직이기 / 다른 발로 / 몸의 다른 부분으로 / 다른 것 또 다른 부분으로

- 마루 위에서 공을 양발로 앞으로 몰아서 방 주위로 돌아 시작점까지 돌아오기
- 벽이나 창문으로 가서 양손으로 벽이나 창문을 향해 공을 던졌다 잡기 / 한 손 / 다른 손
- 마루 위에서 한 발로 공을 차서 벽을 맞추기 / 다른 발로
- 마루에 있는 공을 차서 공중에 30cm 띄워 벽을 맞히기 / 다른 발로
- 바닥으로 공을 세게 던지고 받기
- 벽 표적으로부터 3cm 떨어져 서서 표적을 맞히기 위해 공을 아래로 던지기 / 위로
- 머리 위로 공을 던져서 공이 내려오면 무릎으로 치고 받기
- 다른 무릎으로 공을 치기 / 머리로 / 다리로 / 팔꿈치로 / 손바닥으로 / 손등으로
- 짝을 찾는다. 마루 위에 공을 놓는다. 짝에게 굴러가게 공을 차기 / 다른 발을 써서

(2) 후프와 타이어

후프는 다양한 크기로 만들어져 있는데, 유아에게는 60cm 정도가 적당하며, 재질이 견고하여 쉽게 부서지지 않아야 한다(Hammett, 1992). 유아들은 가볍고 사용하기 편한 것이 적합하며 다양한 색으로 준비하고 유아 각자에게 1개씩 돌아가도록 한다. 부러지거나 휘지 않는 것이 좋으며 보관은 한꺼번에 묶거나 매달아서 흩어지지 않게 한다. 후프는 다른 놀이에서 준비 위치나 목표물로 사용할 수 있다. 후프와 타이어는 큰 목표물로 이용할 수 있다. 굴려 보고, 넘어지지 않게 세워 보고 주위를 뛰어 보고, 안으로 뛰어 들어가 보고, 바닥에 여러 가지 형태로 놓고 뛰는 등의 활동을 해 볼 수 있다.

후프를 이용하는 동작 활동은 후프 주위로 돌기, 후프를 굴려 보기, 후프 위에서 기어가기, 후프 밀고 당기기, 후프 줄넘기, 흔들기 안과 밖으로 점프하기 후프 안으로 통과하기(후프를 세워 잡거나 고정시킴), 던지고 잡기, 허리에 걸쳐 돌리기, 팔에 걸어 돌리기 등의 활동을 할 수 있다. 후프와 타이어를 이용한

여러 가지 동작은 공간에 대한 이해를 도울 수 있다.

후프 활동을 위한 질문의 예

* **기술:** 조작, 신체 인식, 신체 조절
* **도구:** 후프(두 아동당 1개), 풍선
* **질문의 유형:** ~할 수 있니?, ~나에게 보여 줄 수 있니?, ~누가 할 수 있을까?

예 후프 안으로 들어가 머리 위로 들어 올릴 수 있니?
후프 안으로 들어가 머리 위로 들어 올리는 것을 보여 줄 수 있니?
누가 후프 안으로 들어가 머리 위로 들어 올릴 수 있을까?

- 후프 안으로 들어가 머리 위로 들어올리기
- 팔로 여러 번 후프를 돌리기 / 다른 팔로
- 양손을 사용하여 후프를 앞으로 굴리기 / 뒤로 / 원으로
- 마루에 후프를 놓고 중앙으로 점프하고 양발을 사용하여 밖으로 점프하기
- 다른 후프를 건드리지 않으면서 각 후프 안으로 점프하기
- 짝이 후프를 지면에 닿게 들고 있으면 후프를 닿지 않고 여러 번 통과하기
- 후프를 굴리고 그것이 구르는 동안 달리기
- 후프를 앞뒤로 흔들고 그것이 흔들리는 동안 여러 번 점프하기
- 후프를 허리 주위에 놓고 돌리기
- 5명의 유아들에게 후프를 세워 잡게 하고. 양옆을 닿지 않고 모든 후프를 통과하기 / 뒤로 걷기 / 옆으로 걷기
- 30초 동안 후프를 팔로 돌리기(또는 더 짧은 시간 동안)
- 후프를 팔로 돌리고 공을 다른 손으로 굴리기
- 후프 안으로 짝과 함께 들어갔다 나왔다 하기

활동

활 동 명 훌라후프 통과

준 비 물 포장끈을 위쪽에 묶은 훌라후프

활동방법

- 두 팀으로 나눈 후 포장끈으로 커튼처럼 묶은 훌라후프를 집어 올 선물 사이에 세워 둔다.
- 훌라후프를 통과한 후 선물을 집어 온다.

유의사항 갈 때는 훌라후프를 통과하고 올 때는 옆으로 뛰어와도 재미있다.

출처: 유아놀이창작연구회, 1996.

활동

활 동 명 균형 뺏기

활동목표 후프를 사용하여 균형 뺏기를 할 수 있다.

준 비 물 2가지 색의 후프 40개

활동방법

- 팀을 나누어 20cm 정도 간격을 두고 후프를 2줄로 늘어놓는다.
- 상대 팀끼리 후프 안에서 마주 보고 서서 손을 펴서 들고, 신호에 의해 손바닥을 서로 부딪쳐서 상대의 균형을 무너뜨려 후프 밖으로 밀어낸다.

유의사항 반드시 손바닥끼리 부딪치며, 몸의 다른 부분은 밀지 않도록 한다.

출처: 손원호, 2004.

(3) 팥주머니(Beanbag)

팥주머니는 공 대신에 던지거나 받기 기술을 연습하는 데 사용될 수 있다. 팥주머니는 색깔과 모양이 다양할 수 있으며, 크기도 다양할 수 있으나 직경 10~15cm 정도가 적당하다. 팥주머니는 가벼워야 하며 어린 유아에게는 정사각형의 팥주머니보다는 잡기 쉬운 직사각형의 팥주머니가 더 적당하다.

팥주머니는 신체의 여러 부분(머리, 어깨, 양손 등) 위에 올려놓고 떨어지지 않도록 하는 균형 감각을 기르기 위한 활동이나, 바구니 안에 팥주머니를 던져

넣는 것과 같은 공간을 인식하기 위한 활동, 받기 연습을 위한 활동, 노래 게임에서 박자를 맞추기 위한 활동을 위해 사용될 수 있다. 활동 시에는 각각의 유아가 팥주머니를 가지고 있어 사용하기 위해 기다리지 않도록 하여야 한다.

팥주머니 활동을 위한 질문의 예

* **기술**: 조작, 신체 인식, 공간 인식, 신체 조절
* **도구**: 팥주머니 한 유아당 한 개
* **질문의 유형**: ~할 수 있니?, ~나에게 보여 줄 수 있니?, ~누가 할 수 있을까?

예 마루에 팥주머니를 떨어뜨리고 그 앞에 설 수 있을까?
마루에 팥주머니를 떨어뜨리고 그 앞에 서는 것을 보여 줄 수 있니?
누가 마루에 팥주머니를 떨어뜨리고 그 앞에 설 수 있을까?

- 마루에 팥주머니를 떨어뜨리고 그 앞에 서기 / 뒤에 / 옆으로 / 다른 쪽에 / 위에
- 팥주머니를 위로 던지고 받기
- 팥주머니를 한 손에서 다른 손으로 던지기
- 팥주머니를 위로 던지고 같은 손으로 잡기
- 한 손으로 던지고 다른 손으로 받기
- 눈을 감고 한 손에서 다른 손으로 팥주머니를 던지기
- 머리 위에 팥주머니를 얹고 걷기 / 어깨 / 발 / 손등 / 팔꿈치
- 팥주머니를 무릎 사이에 끼고 앞으로 뛰기
- 팥주머니를 마루에 놓고 한 발로 그것을 주위로 밀기 / 다른 발로
- 몸의 다른 부분으로 팥주머니를 밀기 / 다른 것 / 다른 곳
- 팥주머니를 높게 던지고 주위를 돌고 잡기
- 짝과 팥주머니를 던지고 받기
- 무릎 꿇고 팥주머니를 위로 던지고 떨어지기 전에 서기
- 팥주머니를 위로 던지고 앉아서 잡기

- 팥주머니를 위로 던지고 누워서 잡기
- 앞발에 팥주머니를 올려놓고 균형을 잡기
- 팥주머니를 몸 뒤쪽의 마루에 떨어뜨리고 발을 뻗어 닿기 / 다리 주위로

(4) 리본 막대와 스카프

리본 막대는 다양한 색깔과 길이의 리본으로 만들 수 있으며, 막대의 길이는 45cm 정도, 리본의 길이는 180~360cm 정도가 적당하다. 어린 유아에게는 리본의 길이가 짧은 것이 적당하다. 유아들은 리본 막대를 위아래, 앞뒤로 흔들어 보는 활동을 경험하면서 리본이 공중에서 흐르는 경로를 시각적으로 추적할 수 있다. 리본 막대를 흔드는 움직임에 익숙해지면 유아들에게 리본 막대로 원, 달팽이 모양, 8자 모양, 지그재그 모양을 공중에 만들어 보는 활동을 제공할 수 있다.

스카프는 다양한 색깔과 모양, 재질로 만들어진 것을 사용할 수 있다. 크기는 20~30cm 정도의 정사각형 스카프가 유아들이 잡기 쉽고 사용하기에 편리하다. 스카프를 이용한 활동은 스카프가 율동적으로 움직여지는 것에 즐거움을 느낄 수 있게 하며 색깔을 인지하는 데도 많은 도움을 줄 수 있다. 스카프를 이용하여 여러 가지 움직임을 탐색해 볼 수 있는데, 스카프를 던지고 받기, 스카프를 앞뒤로 흔들기, 공간에 스카프로 그림 그리기 등의 활동을 할 수 있다.

스카프는 리본 막대보다 오히려 조작하기 쉬우며, 걸음마 시기의 유아에게는 스카프를 사용하는 것이 더 적합하다.

(5) 리듬 막대(Rhythm stick)

리듬 막대는 가벼운 것이 좋으며, 직경 1.8~2.5cm, 길이는 어린 유아는 25~30cm 정도가 적당하며 46cm 정도를 넘어서는 안 된다. 리듬 막대는 유아가 안정감 있게 잡는 것을 익숙하게 하여 어려움 없이 다루도록 해야 한다. 리듬 막대는 길지 않기 때문에 나이 어린 유아나 리듬 막대를 사용해 본 경험이 부족한

유아도 다루기에 좋은 자료이다. 리듬 막대에는 다양한 색깔을 칠할 수 있으며 어떤 활동은 리듬 막대의 양면을 다른 색깔로 칠한 것이 도움이 될 수 있다. 리듬 막대 대신 신문지와 같은 종이를 말아 사용하거나 젓가락을 사용할 수도 있다. 젓가락은 직선의 글자나 형태를 만들기에 적당한 자료이다.

리듬 막대 하나를 양손으로 들기, 각각 한 손에 들기, 한 손에 있는 리듬 막대 하나를 다른 손으로 바꿔 쥐기 등의 활동을 해 볼 수 있다. 리듬 막대는 몸의 앞뒤로 움직여 볼 수 있으며 다리 옆에 놓을 수도 있다. 또한 교사의 언어적 지시에 따르거나 교사나 다른 유아의 움직임을 모방할 수 있다(Weikart, 1987).

리듬 막대는 대개 리듬을 탐색하는 음악 활동에서 많이 사용된다. 처음에는 앉아서 리듬 막대를 가볍게 두드려 보는 활동으로 시작한다. 리듬 막대를 양손에 쥐고 엇갈리며 드럼을 치듯 바닥을 두드려 보거나, 리듬 막대끼리 부딪치며 소리를 내 보거나 하며 리듬 막대를 탐색한다. 다음에는 음악을 들으며 신체 부위(어깨, 무릎, 발끝)를 가볍게 두드리며 리듬을 맞춰 본다. 앉아서 리듬 막대를 사용하는 동작이 익숙해지면, 행진곡을 듣고 리듬 막대를 치며 행진해 보는 복합적인 활동을 해 볼 수 있다.

리듬 막대 활동을 위한 질문의 예

* **기술**: 조작, 신체 인식, 신체 조절
* **도구**: 막대(약 90cm 길이), 두 명의 유아당 1개
* **질문의 유형**: ~할 수 있니?, ~나에게 보여 줄 수 있니?, ~누가 할 수 있을까?

예 양손으로 막대를 잡을 수 있니?
양손으로 막대를 잡는 것을 보여 줄 수 있니?
누가 양손으로 막대를 잡을 수 있을까?

- 양손으로 막대를 잡기 / 당기기 / 밀기 / 위로 들어올리기 / 머리 위로 들어올리기 / 옆으로 흔들기 / 다른 쪽으로 흔들기

- 양손으로 막대를 들고 넘기
- 뒤로 넘기
- 양손으로 막대를 앞쪽으로 잡고 다리를 접고 앉은 다음 손을 사용하지 않고 다시 일어서기
- 막대로 노를 젓듯이 움직이기
- 밴드의 드럼 연주자나 밴드를 지휘하는 것처럼 움직이기
- 막대로 오른쪽 다리를 치기 / 왼쪽 다리를
- 막대로 양쪽 무릎을 치기
- 막대를 바닥에 놓고 뛰어넘기 / 양발을 함께 사용하여 점프하기
- 막대 위로 깡충 뛰기 / 뒤로
- 어깨 위에 막대를 얹고 균형 잡기
- 한 손에 막대를 올려놓고 균형 잡기
- 한쪽 무릎을 꿇고 다른 쪽 편으로 다른 다리를 뻗기
- 막대를 떨어뜨려 튀어 오르는 막대를 공중에서 잡기

(6) 종이(Paper plates)

움직임 활동에 사용하는 종이는 13~16cm 정도가 알맞다. 종이를 표적으로 사용하거나 개인적 공간을 정하기 위해 사용한다면 20~23cm 정도가 가장 적당하다. 종이를 이용한 활동은 종이를 머리에 얹고 떨어지지 않도록 걷기와 같은 균형 감각을 기르는 활동, 종이를 손에 들고 교사를 모방하거나 언어적 지시에 따라 움직여 보는 활동, 두 장의 종이에 각각의 발을 올려놓거나 한 장의 종이에 두 발을 올려놓는 것과 같은 공간에 관한 활동을 할 수 있다. 또한 심벌즈를 치듯이 종이를 마주치기, 종이를 갖고 춤추기, 리듬 막대나 젓가락으로 종이를 드럼처럼 두드리기 등의 활동을 할 수 있다.

활동

활 동 명 멍에 놀이

준 비 물 구멍 두 개를 뚫은 신문지 여러 장

활동방법

- 여러 팀으로 나누어 팀마다 두 사람이 한 조가 되어 뛰는 경기이다. 두 사람은 손을 잡으면 안 된다.
- 신문지가 도중에 찢어지면 탈락이나 감점된다.

유의사항 신문지를 여유 있게 준비하여 찢어지면 바꾸어 게임 진행에 차질이 없도록 한다.

출처: 유아놀이창작연구회, 1996.

(7) 매트

매트는 본래 격렬한 놀이를 할 때 충격으로부터 몸을 안전하게 보호하기 위하여 사용하는 푹신한 깔개이다. 매트는 주로 펼쳐 놓고 사용하나 접거나 말아서 사용할 수 있다. 매트를 이용한 활용은 매트 위에서 걷기, 서서 매트 밖으로 밀어내기, 매트 밖으로 끌어당기기(서서, 앉아서), 여럿이 매트 밖으로 밀어내기, 앞뒤로 굴러가기, 옆으로 굴러가기(혼자서, 둘이 손잡고), 상대를 굴리며 가기 등이 있다(손원호, 2004).

매트 활동을 위한 질문의 예

* **기술:** 개인 공간, 신체 인식, 공간 인식, 신체 조절
* **도구:** 개인 매트(한 유아당 한 개)
* **질문의 유형:** ~할 수 있니?, ~나에게 보여 줄 수 있니?, ~누가 할 수 있을까?

예 매트 밖으로 뛸 수 있니?

매트 밖으로 뛰는 것을 보여 줄 수 있니?

누가 매트 밖으로 뛸 수 있니?

- 매트의 가운데에 서기
- 매트 위에 서기
- 매트 밖으로 뛰기
- 매트 위에서 위아래로 뛰기
- 매트 위에서 달리기
- 매트가 얼마나 넓은지 탐색해 보기
- 매트 위에서 얼마나 키가 크게 할 수 있는지
- 매트 옆으로 기대기 / 다른 쪽으로
- 무릎으로 균형 잡기
- 몸의 다른 부분으로 균형 잡기
- 두 개의 받침 위에서 균형 잡기 / 세 개의 / 네 개의 / 다섯 개의 등
- 한 방향으로 몸을 비틀기 / 다른 방향으로
- 손과 무릎에 몸의 중량을 싣고 다른 자세로 몸을 비틀기
- 목을 비틀기 / 발목을 / 다리를 / 허리를 / 어깨를 / 무릎을
- 앉아서 몸 위를 빨리 들기 / 느리게
- 배를 대고 누워 몸을 돌리기 / 위로 / 옆으로
- 발 이외의 몸의 한 부분으로 몸을 지탱하기
- 배를 대고 누워 넓게 뻗기 / 등을 대고
- 누워서 가능한 한 길게 하기
- 몸을 작게 했다가 고무 밴드같이 뻗기
- 몸의 한 부분을 구부리기 / 손가락을 / 손목을 / 팔꿈치를 / 무릎을 / 발목을 / 엉덩이를 / 발끝을 / 목을
- 배를 대고 누워 무릎을 구부리기 / 다른 무릎 / 왼쪽 무릎 / 오른쪽 무릎
- 등을 대고 누워 발목을 구부리기 / 무릎을 / 허리를 / 목을
- 매트 위에 무릎 꿇기 / 팔을 앞으로 뒤로 흔들고 위로 뛰고 다리로 착지하기

(8) 로프

로프의 가장 대표적인 것이 줄넘기이다. 줄넘기는 주변에서 손쉽게 구할 수 있는 놀이 도구로서 고무줄이나 비닐 끈을 줄넘기와 병행하여 사용하면 좋다. 줄넘기 길이는 두 발을 모아 줄을 밟고 섰을 때 가슴에 가까이 닿는 정도의 길이가 적합하며 충분한 간격을 두고 서서 다치는 일이 없도록 하며 함부로 휘두르거나 목이나 머리, 손에 감지 않도록 주의한다(손원호, 2004).

로프 활동을 위한 질문의 예

* **기술**: 공간 인식, 신체 인식, 신체 조절
* **도구**: 하나의 긴 로프
* **질문의 유형**: ~할 수 있니?, ~나에게 보여 줄 수 있니?, ~누가 할 수 있을까?

예 로프 위로 작은 말같이 점프할 수 있을까?
로프 위로 작은 말같이 점프하는 것을 보여 줄 수 있을까?
누가 로프 위로 작은 말같이 점프할 수 있을까?

- 로프 위로 작은 말같이 점프하기
- 마루 위에 로프를 놓고 그 위로 점프하기
- 앞뒤로 점프하기
- 로프를 앞뒤로 넘기
- 마루 위에 원으로 로프를 놓고 양발로 점프하기 / 앞으로 뛰어 원 안으로 / 뒤로 뛰어 원 밖으로
- 로프를 위로 높이 들고 로프 밑에 서서 머리로 로프를 치려고 하기
- 로프를 높이 들고 점프하려고 노력하고 달리는 동안 손으로 잡기
- 두 개의 로프를 가지고 첫 번째 줄은 점프하고 두 번째 줄은 아래로 기기
- 두 개의 로프를 놓고 양발로 점프해 한 로프를 넘은 다음, 그다음 로프를 넘기. 중간에 걷기는 없음(내릴 때 무릎을 굽히기)

(9) 뜀틀

뛰어넘는 기계 체조의 도구로 '뛰어오르기', '뛰어내리기', '뛰어넘기' 등을 할 수 있고 위에 올라서서 허리 굽히기를 할 수도 있다. 위에서 뛰어내리는 놀이 시에는 반드시 바닥에 매트를 깐다. 뜀틀놀이는 뛰어내리기를 먼저 실시하고 난 후 뛰어오르기를 실시한다. 뛰어내리기 시 한 발을 딛고 반대 발을 내리게 한다.

(10) 트램펄린

원형이나 사각형 모양이 있으며, 1인용의 작은 트램펄린과 여러 명의 유아가 한꺼번에 사용할 수 있는 큰 트램펄린이 있다. 탄성을 이용하여 타이밍을 맞추어 점프한 후 내려올 때는 무릎을 굽혀 내려온다. 너무 높이 뛰지 않도록 하며 허리를 편 곧바른 자세를 하지 않으면 전후좌우 생각지 않은 방향으로 튀므로 주의한다.

(11) 철봉

철봉은 유아가 활동하기에는 힘들고 어려운 기구로 생각되나 철봉 놀이를 통하여 팔과 허리의 힘을 키워 주며 조정력, 유연성, 근력을 길러 주고 올바른 자세를 가지게 해 줄 수 있다. 철봉에 매달리기, 아래로 빠져나가기, 흔들기, 돌기 등을 해 볼 수 있다. 철봉은 충분한 놀이 공간을 확보하고 나사가 느슨하지 않은지 수시로 점검한다. 교사는 말로 길게 설명하기보다 직접 시범을 보이는 것이 효과적이다(손원호, 2004).

(12) 평균대

평균대의 높이를 다양하게 준비하거나 색을 아름답게 칠해 주면 좋고 평균대를 도입하기 전에 바닥에서 바르게 걷기, 줄 위로 걷기, 폭이 넓은 적목 위로

걷기 등의 활동을 준비 단계로 실시한다. 평균대를 이용한 활동으로는 평균대 아래로 기어가기, 손 옆으로 들고 평균대 걷기, 공 들고 평균대 위로 걷기, 평균대에서 다리 들어 중심 잡기 활동 등이 있다(손원호, 2004).

이외에 돌을 이용한 활동에는 사방치기, 비석치기, 공기놀이 등이 있고 윷, 제기, 팽이 등을 이용할 수도 있다.

6. 동작 놀이를 위한 교사의 역할

놀이중심 동작교육에서 교사는 단순한 지시자가 아니라 촉진자(facilitator), 조력자(guide), 관찰자(observer) 등의 다양한 역할을 수행해야 한다. 유아가 자발적으로 동작을 탐색하고 창의적으로 표현할 수 있도록 환경을 조성하고, 활동을 지원하는 것이 중요하다. 교사는 유아의 놀이뿐만 아니라 환경과 상황을 고려하여 놀이가 지속되거나 확장될 수 있도록 해야 한다. 또한 놀이가 확장되기 위해서는 교사의 긍정적인 피드백과 지원이 필요하다.

다음은 놀이중심 동작교육에서 교사가 수행해야 할 주요 역할이다.

1) 안전한 환경 조성자(Environment Creator)

- 유아들이 자유롭게 움직일 수 있도록 넓고 안전한 공간을 확보해야 한다.
- 미끄러지거나 다칠 위험이 있는 요소를 제거하고 적절한 교구와 도구를 제공하여 신체 활동을 돕는다.
- 유아들이 편안하게 활동할 수 있도록 심리적 안전감을 조성하여 놀이에 몰입할 수 있도록 한다.
- 비상 상황이나 위급 상황 시 대처할 수 있는 매뉴얼을 숙지한다.

2) 동작 놀이 촉진자(Facilitator of Movement Play)

- 놀이를 강요하는 것이 아니라, 유아가 자발적으로 움직이도록 동기를 유발한다.
- 다양한 움직임을 탐색하고 적용할 수 있도록 신체 표현의 예시를 제공하거나 동작을 시범 보인다.
- 유아가 특정 동작을 반복 연습할 수 있도록 신체 움직임과 관련된 흥미로운 활동이나 도전 과제를 제안하여 적극적인 참여를 유도한다.
- 유아가 할 수 있는 동작에 대해 긍정적인 피드백을 제공하고 한 단계 나아갈 수 있도록 촉진한다.

3) 유아의 개별적 발달을 고려한 지도자(Individualized Guide)

- 모든 유아가 동일한 속도로 발달하는 것이 아니므로 각 유아의 신체적 발달 수준을 고려하여 맞춤형 활동을 제공한다.
- 움직임에 어려움을 겪는 유아에게는 눈높이에 맞는 설명이나 도움을 제공하여 참여를 돕고 적극적인 유아에게는 더 다양한 움직임을 시도할 기회를 준다.
- 활동을 강요하기보다는 유아가 자연스럽게 즐기도록 자율성을 존중한다.
- 같은 신체도구를 사용하더라도 연령에 맞추어 난이도를 조절하고 만 5세 유아들에게는 추가 도구를 활용하여 복합적인 놀이 활동을 제공한다. 또한 활동 시간을 연령에 맞게 조정하도록 돕는다.
- 활동 후 충분한 휴식을 제공하여 피로감을 줄이고, 즐겁게 참여할 수 있도록 한다.

4) 창의적인 표현을 지원하는 조력자(Supporter of Creative Expression)

- 놀이중심 동작교육에서는 정형화된 동작보다 유아가 자신만의 방식으로

표현할 수 있도록 유도하는 것이 중요하다.

- 정답이 없는 열린 질문(예: "이 음악을 들으면 어떤 동작이 떠오르나요?")을 통해 유아의 상상력과 창의성을 자극할 수 있다.
- 다양한 교구(천, 공, 후프 등)나 음악을 활용하여 유아들이 새로운 동작을 시도할 수 있도록 도와준다.
- 정해진 틀 안에서만 움직이게 하지 않고, 다양한 움직임을 시도할 수 있도록 유도한다.
- 유아가 자신이 생각하는 동작을 창의적으로 표현할 수 있도록 격려한다.
- 활동에 적절한 음악을 제공하여 다양한 감각 발달을 촉진할 수 있도록 지원한다.

5) 긍정적인 상호 작용을 형성하는 관계자(Builder of Positive Interactions)

- 동작 놀이를 통해 유아가 친구들과 협력하고 소통할 수 있도록 사회적 상호 작용을 촉진한다.
- 유아가 서로 배려하고 협력할 수 있도록 짝 활동, 그룹 놀이를 적절히 활용한다.
- 활동 중 유아들이 성취감을 느낄 수 있도록 칭찬과 격려를 아끼지 않고, 작은 성공도 인정해 준다.
- 유아가 놀이 중 갈등을 경험할 경우, 스스로 해결할 수 있도록 지도하며 상황에 따라 필요시 중재하도록 한다.

6) 관찰자로서의 역할(Observer and Reflector)

- 유아가 놀이를 통해 어떻게 움직이고, 무엇을 표현하려 하는지 세심하게 관찰한다.
- 놀이 중 유아의 흥미를 파악하여 다음 활동을 계획하는 데 반영한다.
- 유아의 발달 과정과 흥미를 기록하여 개별 맞춤 지도와 피드백을 제공한다.

- 교사는 놀이 활동 관찰을 통해 유아의 발달이 지연되거나 발전해 나가는지 파악할 수 있고, 신체 발달 상담 자료로 활용할 수 있다.
- 교사의 설명을 잘 듣고 지시를 수용할 수 있는지, 친구와 협력할 수 있는지, 줄을 서거나 규칙을 잘 지키며 활동하는지 등의 관찰을 통해 유아의 인지 및 사회성 발달을 파악할 수 있다.

7) 반응적인 교육과정 운영자(Responsive Curriculum Planner)

- 놀이중심 동작교육에서는 사전에 정해진 틀을 따르기보다는, 유아의 반응에 따라 활동을 유연하게 조정하는 것이 중요하다.
- 유아가 특정 동작이나 놀이에 흥미를 보이면 이를 확장하여 더 깊이 탐색할 수 있도록 돕는다.
- 정해진 교육 목표를 달성하는 것보다, 유아가 즐겁게 놀이하며 신체적 · 정서적으로 성장할 수 있도록 지원한다.

7. 놀이중심 동작 활동의 실제

동작의 기본 요소	신체 인식
활동명	보고 듣고 움직여요
활동 목표	• 자신의 신체를 인식하고 다양한 움직임을 나타낸다.
활동 자료	움직임을 볼 수 있는 그림자 사진, 물건 사진
	활동 과정
관찰	• 유아가 거울을 보며 자신의 움직임을 살핀다. • 친구가 그 모습을 보고 따라 한다. • 똑같이 움직이는 모습을 보고 재미있어한다.  
놀이 지도 (교사 지원) 및 대근육 활동	• 그림자 사진을 보면서 움직임을 따라 한다. – 그림자가 무엇을 하고 있는 것 같니? – 그림자의 모습을 따라 해 보자. – 어떤 친구가 나와서 그림자의 움직임을 따라 해 볼까? • 한 친구가 나와서 카드를 뽑아 친구들에게 움직임을 요청한다. – 팔을 올리세요. – 다리를 흔들어요. – 팔을 벌리고 다리 하나를 올려요. • 물건 사진을 보고 내가 물건이라면 몸을 어떻게 표현할지 생각하여 나타낸다. – 내가 TV라면? 몸을 어떻게 해야 할까? – 내가 나무라면 어떤 움직임을 나타낼 수 있을까? – 다리는 무엇을 표현했니?
교사 평가	• 유아들이 자유롭게 표현할 수 있는 공간을 확보해야 한다. • 신체를 이용하여 다양한 표현을 할 수 있는 재미있는 그림 자료를 준비하는 것이 중요하다.

동작의 기본 요소	공간
활동명	공간의 이용
활동 목표	• 몸을 크게 혹은 작게 만들어 보며 공간의 변화를 이해한다.
활동 자료	다양한 공간 사진(좁은 공간, 넓은 공간, 분리된 공간 등)
	활동 과정
관찰	• 유아들이 작은 공간에 모여서 놀이를 하다가 점점 공간을 넓힌다. • 공간이 작아지고 넓어지는 것을 자유롭게 경험하면서 즐거워한다.  
놀이 지도 (교사 지원) 및 대근육 활동	• 유아들과 교실에 자유롭게 서 본다. – 내가 가고 싶은 공간을 찾아 그곳에 서 보자. • 공간을 정해 몸을 움직인다. – 서 있는 곳을 나만의 공간이라고 정하자. – 그 공간에서 몸을 아주 작게 해 볼까? – 어떻게 하면 몸을 공처럼 둥글게 하면서 아주 작게 만들어 볼 수 있을까? – 그 공간에서 몸을 아주 크게 해 볼까? – 몸을 크게 하니 더 넓은 공간이 필요하겠지? • 유아들과 풍선을 떠올리면서 신체 표현을 한다. – 아주 작은 풍선이 되어 보자. 그리고 점점 바람이 들어가면서 풍선이 커지는 것처럼 움직여 보자. – 친구와 합쳐 더 큰 풍선을 만들어 보자. – 이번엔 친구와 함께 가장 작은 공간을 만들어 보자.
교사 평가	• 유아들이 몸을 크고 작게 움직일 때의 사진을 찍은 후 비교하여 추후 활동에 보여 주면 유아들도 자신의 모습을 볼 수 있다.

동작의 기본 요소	힘
활동명	잡아당기기와 밀기
활동 목표	• 잡아당기고 밀기에 필요한 힘을 이해한다. • 친구와 협력하여 적극적으로 활동한다.
활동 자료	신문지, 천
	활동 과정
관찰	• 유아들이 바깥 놀이를 하면서 훌라후프를 하다가 훌라후프를 이용하여 서로 잡아당기기 놀이를 한다. 한 친구가 손을 놓으니 반대편 친구가 뒤로 밀려난다.  
놀이 지도 (교사 지원) 및 대근육 활동	• 교사가 잡아당기기와 밀기를 경험할 수 있도록 신문지를 지원해 준다. • '잡아당기기' 활동을 한다. 방법 ① 두 유아가 마주 보고 다리를 쭉 펴고 앉는다. ② 천을 서로 잡는다. ③ 왔다 갔다 하면서 잡아당기기를 한다. ④ 잡아당기기 활동에 익숙해지면 서로 잡아당기며 힘겨루기를 한다. • '밀기' 활동을 한다. 방법 ① 신문지를 펼쳐 놓고 올라간다. ② 두 유아가 등을 대고 서로 양쪽 팔짱을 낀다. ③ 등으로 밀면서 신문지 밖으로 친구를 밀어 본다.
교사 평가	• 신문지가 아닌 다른 느낌의 끈을 준비해 주어도 좋다. 또 여러 힘을 모을 때와 힘이 분산될 때를 느낄 수 있게 지원해 주도록 한다.

동작의 기본 요소	시간
활동명	시간 나라 여행
활동 목표	• 빠름과 느림을 이해하고 움직인다. • 리듬을 느끼고 속도에 맞추어 움직일 수 있다.
활동 자료	메트로놈 박자기, 느린 음악과 빠른 음악
	활동 과정
관찰	• 음률 영역에서 놀이하던 유아들이 박자를 맞추어 느리게 움직이면서 놀이하다가 갑자기 신나게 움직인다. • 리본 막대를 이용하여 천천히 움직이다가 빠르게 움직인다.  
놀이 지도 (교사 지원) 및 대근육 활동	• 교사는 음악을 지원하여 느리고 빠름을 경험하게 한다. • 느린 음악을 듣는다. – 들려주는 음악을 잘 들어 보자. 어떤 것이 느껴지니? – 음악을 듣고 손가락으로 음악을 그려 보자. • 빠른 음악을 듣는다. – 이번엔 다른 음악을 들어 보자. 방금 들었던 음악과 무엇이 다른 것 같니? – 음악을 듣고 손가락으로 음악을 그려 보자. – 몸 전체를 이용하여 표현해 보자. • '시간 나라 여행' 활동을 한다. 방법 ① 메트로놈 박자기를 소개한다. ② 다양한 박자를 듣는다. ③ 박자를 들으면서 박자에 맞추어 걷는다. - 메트로놈 박자기를 느림에서 빠름으로 변화시킨다. - 메트로놈 박자기를 빠름에서 느림으로 변화시킨다. ④ 메트로놈 박자기에 맞추어 움직임으로 표현한다.
교사 평가	• 다양한 박자를 경험하게 하여 재미있었던 박자를 찾아 추후에 놀이할 수 있게 지원한다.

동작의 기본 요소	흐름
활동명	음악 신호등
활동 목표	• 음악에 맞추어 움직임을 연결시킬 수 있다. • 자유롭게 움직이다가 동작을 멈춘다.
활동 자료	음악(베토벤의 「운명」), 음악 신호등 표시판
	활동 과정
관찰	• 유아들이 벽돌 블록 징검다리를 만들어 놓고, 건너며 놀다가 한 친구가 "멈춰!"라고 말하니 징검다리 위에서 멈춘다. 반복하여 놀이한다. 
놀이 지도 (교사 지원) 및 대근육 활동	• 음악 신호등을 소개한다. – 음악 신호등에는 어떤 색깔이 있니? – 빨간색은 '멈춤', 노란색은 '아주 느리게 움직임', 초록색은 '부드럽게 움직임', 파란색은 '아주 빨리 움직임'을 뜻해. • 음악 신호등 색깔을 보고 자유롭게 움직인다. – 색깔을 보면서 자유롭게 움직여 보자. – 노란색이 나오면 어떻게 표현하고 싶니? – 파란색이 나오면 어떻게 움직일까? • 베토벤의 「운명」을 듣는다. – 음악을 들어 보자. – 음악을 들으며 신호등 색깔을 생각해 보자(손으로 짚어 보자.). • 음악을 다시 들으며 '음악 신호등' 활동을 한다. 방법 ① 음악에 맞추어 교사가 색깔 신호등을 보여 준다. ② 음악과 색깔 신호등에 맞춰 몸으로 표현한다.
교사 평가	• 신호등 색깔뿐 아니라 다양한 모양을 이용하여 놀이하는 것이 바람직하다. 흐름이 분명히 느껴지는 음악을 선정하는 것이 필요하다.

동작의 기본 요소	관계
활동명	보자기 배달 차
활동 목표	• 사물과의 관계를 알고 힘을 적절히 조절하여 움직인다. • 친구와 함께 협동하여 물건을 이동시킨다.
활동 자료	커다란 보자기 또는 천, 벽돌 블록, 반환점 표식
	활동 과정
관찰	• 유아들이 역할 놀이에서 보자기에 음식을 올려놓고 놀이한다. • 음식을 이동하고 싶다며 서로 함께 잡아 올려 이동한다.  
놀이 지도 (교사 지원) 및 대근육 활동	• 사물과의 관계를 알기 위해 보자기를 지원해 준다. – 이것은 무엇이니? – 보자기와 벽돌 블록을 가지고 어떤 활동을 할 수 있을까? • 보자기를 가지고 자유롭게 놀이한다. – 보자기로 무엇을 할 수 있을까? – 어떻게 움직여 볼까? • '보자기 배달 차' 활동을 한다. 방법 ① 보자기를 펼치고 벽돌 블록을 올려 둔다. ② 혼자서 보자기를 끌고 벽돌 블록이 떨어지지 않게 움직여 반환점을 돌아온다. ③ 혼자서 하는 활동이 끝나면 둘이 짝을 지어 활동한다. ④ 3~4명이 한 팀이 되어 보자기를 움직여 반환점을 돌아온다. ⑤ 다양하게 변형하여 진행한다.
교사 평가	• 협동 놀이가 잘 이루어질 수 있도록 지원하고 격려한다.

동작의 기본 요소	구부리기(비이동 동작)
활동명	줄 아래 통과하기
활동 목표	• 통과하기 활동을 통해 몸을 구부리는 동작을 익힌다. • 신체의 여러 부분을 구부려 몸을 낮출 수 있다.
활동 자료	줄이나 끈
	활동 과정
관찰	• 유아들이 끈을 가지고 놀이한다. 올렸다가 내렸다가 하며 즐겁게 놀이한다. • 끈을 잡고 운동하는 것처럼 구부렸다 폈다 하면서 다양하게 몸을 움직인다.  
놀이 지도 (교사 지원) 및 대근육 활동	• 줄을 가지고 몸을 구부리고 펴는 놀이를 할 수 있도록 지원한다. – 줄을 잡고 팔을 쭉 펴 보자. – 발에 줄을 끼고 당겨 보자. – 일어나서 해 볼까? – 앉아서는 줄을 이용하여 어떤 동작을 해 볼 수 있니? – 줄을 뒤로 넘겨 보자. – 줄을 바닥에 놓고 건너보자. • 몸을 구부려 본다. – 몸을 구부려 보자. – 숲을 통과할 때 어떻게 구부리면서 통과할까? – 몸을 아주 작게 만들어 보자. • '줄 아래 통과하기' 활동을 한다. 방법 ① 줄의 높이를 정해 고정시킨다(유아의 가슴 높이). ② 다양한 방법으로 줄 아래를 통과한다. ③ 점점 높이를 내린다. ④ 몸을 구부려 줄 아래를 통과한다.
교사 평가	• 구부리는 활동과 더불어 다양한 자료를 활용하도록 준비한다.

<table>
<tr><th>동작의 기본 요소</th><th>뻗기(비이동 동작)</th></tr>
<tr><td>활동명</td><td>신문지 봉 뻗기</td></tr>
<tr><td>활동 목표</td><td>• 폐품을 활용하여 뻗기 기본 동작을 한다.
• 지시를 듣고 알맞은 뻗기 동작을 한다.</td></tr>
<tr><td>활동 자료</td><td>신문지 봉</td></tr>
<tr><td></td><td>활동 과정</td></tr>
<tr><td>관찰</td><td>• 블록 영역에서 유아들이 기다란 형태의 놀잇감을 만들어 누구 것이 긴지 비교하다가 "내가 더 길다."라며 경쟁하듯 팔을 쭉 뻗는다.
 </td></tr>
<tr><td>놀이 지도
(교사 지원)
및
대근육 활동</td><td>• 교사가 기지개 켜는 동작을 유도하며 몸을 쭉 뻗을 수 있게 한다.
– 손으로 깍지를 껴 볼까?
– 손바닥이 위로 향하게 해 보자.
– 손을 위로 쭉 뻗어 보자.
• 유아들과 함께 기지개 동작을 한다.
– 다리를 앞으로 쭉 펴고 기지개를 켜 보자.
– 온몸을 이용하여 기지개를 켜 보자.
– 몸을 쭉 뻗는 다른 방법은 어떤 것이 있을까?
• 신문지를 말아 만든 신문지 봉을 이용해 뻗기 활동을 한다.
– 신문지 봉을 두 손으로 잡아 보자.
– 신문지 봉이 하늘에 닿을 수 있을 만큼 쭉 뻗어 보자.
– 몸은 가만히 있는 상태에서 신문지 봉을 이용하여 커다란 원을 그려 보자.
– 신문지 봉으로 가장 멀리 있는 곳의 바닥을 찍어 보자.</td></tr>
<tr><td>교사 평가</td><td>• 다양한 방향으로 높거나 멀리 뻗게 하고 동시에 몸의 여러 부분을 뻗어 보는 활동을 추후에 진행한다.</td></tr>
</table>

동작의 기본 요소	꼬기(비이동 동작)
활동명	빨래가 되어요
활동 목표	• 꼬아지는 것을 보고 몸으로 표현한다.
활동 자료	긴 수건, 볼풀공
	활동 과정
관찰	• 미술 놀이 중 클레이를 가지고 놀이하다가 다른 색을 꼬아 본다. • 꼬아진 형태를 보며 즐거워한다.  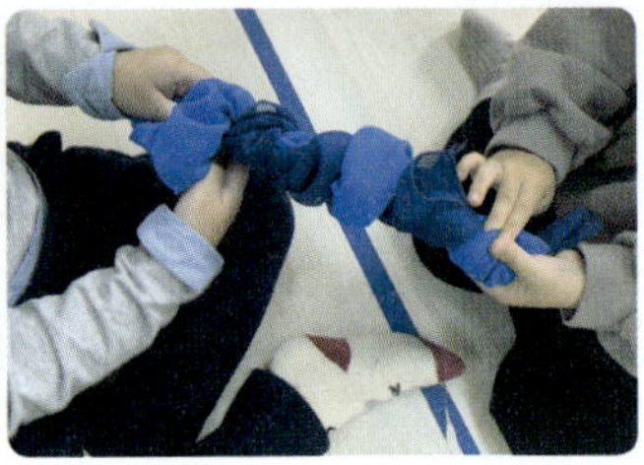
놀이 지도 (교사 지원) 및 대근육 활동	• 꼬아지기를 경험하기 위해 교사는 수건을 지원한다. • 수건을 짜 본다. – 수건을 짜 볼까? – 수건의 꼬아진 모양을 살펴보자. – 친구와 같이 짜 보자. • 수건의 꼬임 형태를 보고 몸으로 표현한다. – 우리가 수건이라면 어떻게 꼬아지는 걸 표현할 수 있겠니? – 팔을 꼬아 보자. – 다리는 어떻게 꼬을까? – 친구와 함께 꼬아 보자. • 팔을 꼰 상태로 볼풀공을 옮겨 본다. – 팔을 꼬아 보니 불편한 점이 있니?
교사 평가	• 볼풀공뿐만 아니라 다양한 크기의 물체를 옮기는 활동은 교사가 지원하도록 한다.

동작의 기본 요소	회전하기(비이동 동작)
활동명	팽이가 되어 빙글빙글
활동 목표	• 신체의 각 부분을 회전해 보고 신체의 다양한 회전을 느낀다.
활동 자료	빌리보, 회전하는 물체 동영상
	활동 과정
관찰	• 블록을 가지고 놀이를 하다가 팽이처럼 돌린다. 서로 돌리며 부딪혀 보기도 하고 누가 오래 돌리나 경쟁하며 놀이한다. 
놀이 지도 (교사 지원) 및 대근육 활동	• 회전하는 물체의 동영상을 살펴본다. – 돌아가는 것을 볼 수 있니? – 어떻게 돌아가니? • 우리의 몸에서 돌릴 수 있는 부분을 찾는다. – 우리 몸에서는 어떤 부분을 돌릴 수 있니? – 팔목, 발목을 돌려 볼까? – 목을 천천히 돌려 보자. – 허리를 빨리 돌려 보자. • 빌리보를 이용하여 팽이 놀이를 한다. – 우리가 팽이가 된다면 어떨 것 같니? – 빌리보 안에 앉아 보자. – 팽이가 되어 돌려 보자. – 친구와 함께 서로 돌려 주자.
교사 평가	• 빙글빙글 돌아갈 때 너무 좋아하긴 하지만 어지러움을 느끼는 유아들이 있어 안전에 주의해야 한다.

동작의 기본 요소	흔들거리기(비이동 동작)
활동명	몸을 흔들어요
활동 목표	• 우리 몸에 관심을 가지고 신체 부분을 다양한 방법으로 흔든다. • 신체를 이용하여 곤충의 움직임을 창의적으로 표현한다.
활동 자료	스카프
	활동 과정
관찰	• 스카프를 가지고 놀다가 나비가 되었다면서 팔랑팔랑 날갯짓을 하면 놀이한다. 몇몇 친구가 보더니 함께 팔을 흔들며 놀이한다.  
놀이 지도 (교사 지원) 및 대근육 활동	• 우리 몸의 여러 부분 중 흔들어 볼 수 있는 부분에 대해 이야기한다. – 우리 몸에서 흔들어 볼 수 있는 부분을 찾아보자. – 어떻게 흔들어 볼 수 있니? • 다양한 자세로 여러 신체 부위를 흔든다. 방법 ① 두 발을 바닥에 붙여 움직이지 않고 각 부분을 흔들어 본다. ② 몸의 한 부분만 바닥에 붙이고 나머지 부분을 흔든다. ③ 누운 자세에서 몸을 흔든다. ④ 리듬 악기 소리에 맞추어 몸을 천천히 혹은 빠르게 흔들어 본다. • 날아가는 모습을 표현해 본다. 방법 ① 새 또는 나비가 날아가는 모습을 상상하게 한다. ② 팔을 옆으로 벌리고 위아래로 크게, 작게 흔들어 본다. ③ 움직이면서 날아가는 느낌을 표현한다. ④ 음악에 맞추어 팔을 흔들며 날아가 본다.
교사 평가	• 곤충뿐만 아니라 흔들거리는 사물의 모습을 동영상으로 미리 준비하여 보여 주면 유아들이 더 쉽게 흔들리는 장면을 익히고 표현할 수 있다.

동작의 기본 요소	구르기(비이동 동작)
활동명	매트 위에서 앞, 옆구르기
활동 목표	• 신체를 이용하여 다양한 방법으로 구르기 활동을 한다. • 구르기 활동을 통해 유연성을 기른다.
활동 자료	매트, 바퀴, 블록
	활동 과정
관찰	• 바깥에서 자연물 보물찾기 놀이를 하던 중 종이에서 굴러가는 도토리를 보고 유아들이 "선생님 도토리는 자꾸 굴러가요."라고 말한다.  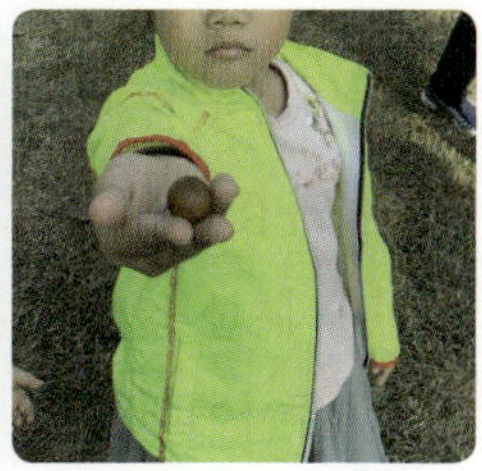
놀이 지도 (교사 지원) 및 대근육 활동	• 굴러가는 물체처럼 우리도 구르기를 해 보자고 교사가 제안한다. – 굴러가는 바퀴를 관찰해 보자. – 바퀴는 어떤 모양일 때 잘 굴러갈까? – 몸을 굴릴 수 있는 방법에는 어떤 것이 있을까? – 우리 몸이 잘 굴러갈 수 있도록 하려면 우리 몸을 어떻게 만들어야 할까? • 교사가 매트에서 구르기 시범을 보여 준다. – 양손 끝이 앞을 향하게 하고 매트를 짚고 앉아 보자. – 허리를 들어 올리고 어깨를 내밀며, 양어깨 사이로 머리를 숙여 배를 보듯이 하고 앞으로 굴러 보자. • 매트에서 다양한 방법으로 구르기를 한다. 방법 ① 매트 2~3장을 옆으로 연결해서 깔아 둔다. ② 매트 위를 한 사람씩 굴러 보도록 한다. ③ 먼저 몸을 천천히 움직여 굴러 보게 한다. ④ 구르기가 익숙해지면 달려와 구르기, 걸어와 구르기 등 다른 기본 동작과 연결한다. ⑤ 옆구르기를 해 본다.
교사 평가	• 구르기를 어려워하는 유아에게는 구르기 순서대로 자세를 잡도록 이야기해 준다.

동작의 기본 요소	균형 잡기(비이동 동작)
활동명	무게 중심 옮기기
활동 목표	• 신체를 이용하여 무게 중심 옮기기를 경험한다.
활동 자료	공
	활동 과정
관찰	• 블록을 가지고 놀이하다가 머리에 블록을 올린다. 떨어트리지 않으려고 노력하다가 친구를 불러 함께하자고 한다. 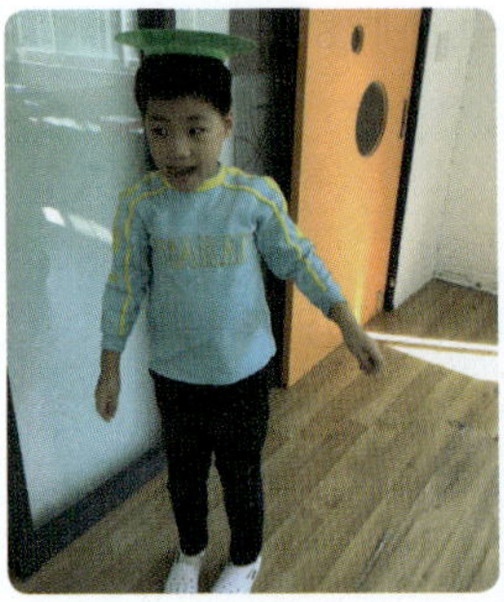 
놀이 지도 (교사 지원) 및 대근육 활동	• 무게 중심을 경험할 수 있도록 공을 지원한다. • 누워서 유아들과 함께 무게 중심 옮기기를 해 본다. 방법 ① 유아들이 바닥에 눕는다. ② 바닥에 등을 댄 상태에서 팔을 머리 위로 올려 깍지를 끼고 머리를 든다. ③ 다리를 올려 등을 둥글게 한다. ④ 등을 중심으로 머리와 다리 쪽으로 무게 중심을 옮기면서 시소처럼 움직인다. ⑤ 10~20회 정도 실시한다. • 무게 중심을 한쪽 발로 옮긴다. • 균형을 잡고 선다. • 한쪽 발에 무게 중심이 옮겨져 있는 상태에서 공을 집어 들기를 한다. • 무게 중심을 바꾸면서 균형 잡기를 한다. • 다양한 동작을 만들어 본다.
교사 평가	• 무게 중심 놀이를 하면서 잘 안되거나 힘들어하는 유아들은 다음에 다시 시도해 볼 수 있도록 추후에도 지원해 주는 것이 필요하다.

동작의 기본 요소	재빨리 피하기(비이동 동작)
활동명	신문지 눈덩이
활동 목표	• 공을 피하면서 순발력을 기른다. • 몸을 역동적으로 피할 수 있게 스스로 움직인다.
활동 자료	신문지로 만든 공, 훌라후프
	활동 과정
관찰	• 리본을 가지고 놀이하다가 친구가 리본에 맞았다. 맞은 친구는 "다시 해 봐, 내가 피해 볼게."라며 다시 새로운 피하기 놀이를 시작한다.  
놀이 지도 (교사 지원) 및 대근육 활동	• 교사는 모든 친구들이 함께할 수 있는 피하기 놀이를 지원한다. • 신문지를 구겨서 공을 만든다. – 무슨 모양이 되었니? – 이걸로 무엇을 하면 재미있을까? – 신문지를 이용하여 공을 만들어 보자. • 신문지공을 하늘 높이 올렸다가 피하기를 한다. – 하늘 높이 던졌다가 피해 볼까? • 친구와 짝을 정해 피하기 게임을 한다. 방법 ① 짝을 정한다. ② 한 유아는 훌라후프 안쪽에 들어가 있는다. ③ 거리를 정해 두고 다른 유아가 신문지공을 던진다. ④ 훌라후프 안에 있는 유아는 날아오는 신문지공을 피한다. ⑤ 이때 훌라후프 밖으로 나가지 않도록 한다.
교사 평가	• 즐거워하는 유아들이 대부분이지만 간혹 겁이 나서 소극적인 유아가 있다. 겁이 나서 소극적인 유아에게는 훌라후프에 '들어갔다 나왔다' 하는 활동을 친구와 즐겁게 진행하도록 한다.

동작의 기본 요소	걷기(이동 동작)
활동명	밤 속을 걸어요
활동 목표	• 눈을 감고 친구의 도움을 받아 걷는다. • 안전하게 걷는 방법을 익힌다.
활동 자료	눈가리개, 장애물 블록
	활동 과정
관찰	• 친구와 함께 다양하게 걸으며 즐거워한다.  
놀이 지도 (교사 지원) 및 대근육 활동	• 걷기를 놀이로 할 수 있도록 교사가 활동을 지원한다. • 교사의 신호에 맞추어 제자리 걷기를 한다. – 제자리 걷기를 해 보자. – 박자에 맞추어 걷기를 하자. • 눈을 감고 느껴지는 것을 이야기한다. – 눈을 감아 보자. – 눈을 감고 걷는다고 생각해 보니 어떤 생각이 드니? – 눈을 감고 걸을 때는 무엇을 조심해야 할까? • 친구들과 함께 '밤 속을 걸어요' 활동을 한다. 방법 ① 친구와 짝을 정한다. ② 장애물 블록을 여기저기에 둔다. ③ 한 친구가 눈가리개를 사용하여 눈을 가린다. ④ 눈을 가리지 않은 친구의 도움을 받아 도착 지점까지 걸어온다.
교사 평가	• 눈을 가리고 걸을 때 다치지 않도록 안전 규칙을 미리 이야기한다. 경쟁 게임이 되면 눈을 가린 상태에서도 빨리 가려고 하므로 급하지 않은 활동임을 소개하고, 천천히 걸어올 수 있도록 한다.

동작의 기본 요소	달리기(이동 동작)
활동명	음악을 듣고 달려요
활동 목표	• 지시를 듣고 음악에 맞추어 달린다. • 손과 발을 반대 방향으로 사용하며 바른 자세로 달린다.
활동 자료	달리는 모습 사진, 경쾌한 음악, 탬버린, 고깔 장애물
	활동 과정
관찰	• 바깥 놀이터에서 서로 잡기 놀이를 하며 즐거워한다.  
놀이 지도 (교사 지원) 및 대근육 활동	• 친구들이 함께 달려 볼 수 있도록 교사가 제안한다. • 기본 달리기를 한다. – 앞으로 바르게 달려 볼까? – 팔을 앞뒤로 흔들며 달려 보자. • 다양한 달리기를 한다. – 옆(뒤)으로 달려 볼까? – 발소리를 작게 내면서 달릴 수 있겠니? • 음악을 들으며 달린다. – 음악 소리에 맞추어 달려 보자. – 음악이 느려지면 느리게 달려 보자. • 팀을 나누어 달리기 게임을 한다. 방법 ① 팀을 나누어 출발선에 선다. ② 고깔 장애물을 피해 지그재그로 달린다. ③ 도착 장소에 있는 탬버린을 흔든다. ④ 다시 달려서 돌아오면 다음 친구가 출발한다. (상황에 따라 릴레이 형식 또는 순서대로 함께 출발할 수 있다.)
교사 평가	• 유아들이 뛸 때 주변에 위험한 물체가 없는지 넘어져도 안전한 바닥인지 미리 확인해서 사고 없이 즐겁게 놀이한다.

동작의 기본 요소	뛰어넘기(이동 동작)
활동명	유니바 뛰어넘기
활동 목표	• 집중력과 점프력을 기를 수 있다. • 신체를 조절하여 뛰어넘기를 한다.
활동 자료	유니바, 매트
	활동 과정
관찰	• 친구들이 모여서 누가 높이 뛰는지 점프를 한다.  
놀이 지도 (교사 지원) 및 대근육 활동	• 재미있는 점프 경험을 할 수 있도록 지원한다. • 제자리 뛰기를 알고 해 본다. – 토끼는 어떻게 뛰지? – 제자리에서 두 발을 모으고 뛰어 보자. – 앞으로 나가면서 뛰기를 해 보자. – 아주 높게, 낮게 뛰어 보자. • 유니바 뛰기 게임을 소개한다. 방법 ① 매트 위에 여러 개의 유니바를 일정 간격으로 가로로 세워 놓는다. ② 유아들을 팀별로 나누어 활동 소개를 한다. ③ 유니바를 뛰어넘을 때 양발을 모아 뛰어넘을 수 있도록 한다. ④ 끝까지 갔다가 돌아오도록 한다. • 게임을 할 때 지켜야 할 규칙에 대해 이야기하고 게임을 한다. – 유니바를 뛰어넘을 때 어떤 약속을 지켜야 할까?
교사 평가	• 유니바의 간격이 너무 좁으면 다칠 위험성이 있으므로 유니바 배치 시 거리 간격을 조정해야 한다. 유아들은 유니바 두 개를 합쳐 뛰어넘는 것을 흥미로워하므로 다양한 방법의 배치를 고려한다.

동작의 기본 요소	뛰기(이동 동작)
활동명	멀리멀리 뛰어요
활동 목표	• 동물의 특징을 알고 동물의 특징에 맞추어 뛰어 본다. • 멀리 뛰는 방법을 익힌다.
활동 자료	선(색 테이프), 커다란 주사위
	활동 과정
관찰	• 바깥 놀이터에서 토끼처럼 뛰며 즐거워한다. 
놀이 지도 (교사 지원) 및 대근육 활동	• 다양한 뛰기를 경험하도록 교사가 지원한다. – 두 발을 모으고 높이 뛰어 보자. – 트램펄린에서 뛸 때 어떻게 뛰니? • 동물을 떠올리며 자유롭게 뛰기를 해 본다. – 원숭이는 어떻게 뛸까? • '멀리멀리 뛰어요' 게임을 소개한다. 방법 ① 술래를 정한다. ② 술래가 1~3까지 적혀 있는 주사위를 던진다. ③ 나머지 유아들은 그 수만큼 멀리뛰기를 한다. (예: 2가 나오면 두 번) ④ 술래는 그 수보다 한 수 적게 멀리뛰기를 한다. (예: 3이 나왔으면 두 번, 2가 나왔으면 한 번) ⑤ 술래가 뛰어 도착한 곳(옆으로는 이동 가능)에서 손을 뻗어 다른 유아들을 잡아 본다. ⑥ 1~2명의 유아가 잡히면 술래가 이긴다.
교사 평가	• 처음 진행 시에는 게임에 대한 설명이 필요하다. 추후에는 게임이 아니라 자유롭게 멀리 뛰어 보거나 여러 동물이 되어 뛰어 보는 활동으로 연계해 진행하는 것이 좋다.

<table>
<tr><th>동작의 기본 요소</th><th>앙감질(이동 동작)</th></tr>
<tr><td>활동명</td><td>색깔판 밟기</td></tr>
<tr><td>활동 목표</td><td>• 앙감질의 특징을 알고 바른 앙감질을 한다.
• 신체의 부분을 인식하고 앙감질 활동으로 연결시킨다.</td></tr>
<tr><td>활동 자료</td><td>파란색 양말, 빨간색 양말, 파란색 색깔판, 빨간색 색깔판</td></tr>
<tr><td></td><td>활동 과정</td></tr>
<tr><td>관찰</td><td>• 유아들이 놀이를 하다가 바닥의 색이 다름을 알고 피해 가며 걷는다.
</td></tr>
<tr><td>놀이 지도
(교사 지원)
및
대근육 활동</td><td>• 교사는 앙감질의 바른 예를 보여 준다.
– 앙감질을 보여 줄 테니 자세히 볼 수 있겠니?
– 어떤 모습이 보이니?
– 앙감질은 어떻게 하는 걸까?
• 함께 앙감질을 해 본다.
– 혼자서 앙감질을 해 보자.
– 친구와 손을 잡고 앙감질을 해 보자.
– 앞으로 가면서 앙감질을 해 보자.
• '색깔판 밟기' 활동을 한다.
방법 ① 파란색과 빨간색의 색깔판을 펼쳐 둔다.
② 한쪽에는 파란색 양말, 다른 한쪽에는 빨간색 양말을 신는다.
③ 색깔판을 보고 색에 맞추어 앙감질을 하며 걷는다.
④ 색깔에 맞춰 앙감질을 하면서 도착 지점까지 이동한다.</td></tr>
<tr><td>교사 평가</td><td>• '앙감질'에 대한 이해가 어려우므로 교사가 바른 예에 대한 시범을 보인 후 게임으로 연결하면 즐거운 놀이가 된다.</td></tr>
</table>

동작의 기본 요소	말뛰기(이동 동작)
활동명	말처럼 뛰어요
활동 목표	• 말의 움직임에 관심을 가지고 말뛰기를 한다. • 몸의 각 부분과 기관을 고르게 활용하여 움직인다.
활동 자료	말에 관한 사진이나 영상 자료, 리듬 막대
	활동 과정
관찰	• 책을 보다가 말의 모습을 발견한 유아들이 갑자기 말 흉내를 낸다. 그러다가 말처럼 뛰려고 한다. 
놀이 지도 (교사 지원) 및 대근육 활동	• 더 자세한 정보를 위해 교사는 말이 뛰는 모습의 사진이나 영상 자료를 보며 말의 모습과 특성에 대해 알아본다. – 말은 어떻게 달리니? – 말이 멀리 뛸 때는 어떤 모습이니? – 말이 높이 뛸 때는 어떤 모습이니? • 말이 뛰는 모습을 신체로 표현해 본다. – 말처럼 달려 볼까? – 뛰면서 엉덩이 높이까지 발뒤꿈치를 올려 볼까? – 느리게 움직이다가 빠르게 움직여 보자. • 몇 가지 상황을 제시하여 말의 다양한 모습을 표현해 본다. – 장애물을 뛰어넘을 때처럼 높이 뛰어 볼까? – 피곤해서 천천히 걸을 때처럼 표현해 볼까? – 빨리 가야 하는 일이 생겼을 때처럼 빨리 뛰어 볼까? • 리듬 막대로 박자를 맞추며 다양하게 말뛰기를 한다. – 리듬 막대 박자에 맞춰 빠르게, 느리게 뛰어 볼까?
교사 평가	• 다양한 형태의 말뛰기를 지원해 주면 좋을 것 같다. 넓은 공간이 있으면 흐름이 끊기지 않고 자유롭게 뛰어 볼 수 있을 것 같다.

<table>
<tr><th>동작의 기본 요소</th><th>미끄러지기(이동 동작)</th></tr>
<tr><td>활동명</td><td>천이 미끌미끌</td></tr>
<tr><td>활동 목표</td><td>• 미끄러지는 모습을 상상하여 표현한다.</td></tr>
<tr><td>활동 자료</td><td>얼음지치기 모습 사진, 커다란 천</td></tr>
<tr><td></td><td>활동 과정</td></tr>
<tr><td>관찰</td><td>• 천을 가지고 놀이를 하다가 유아들이 바닥에서 하면 미끄러진다는 것을 알고, 바닥에서 놀이한다.
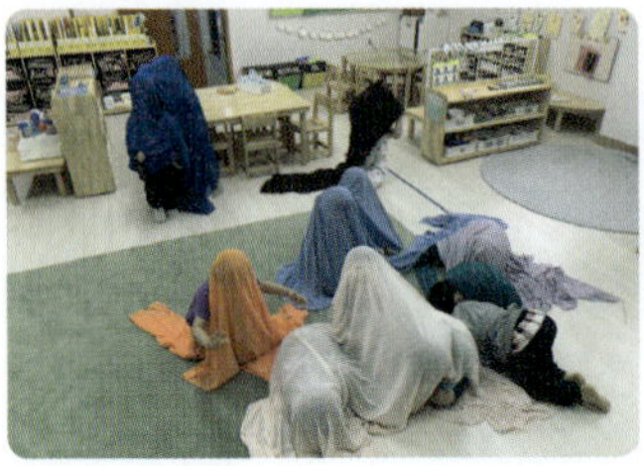 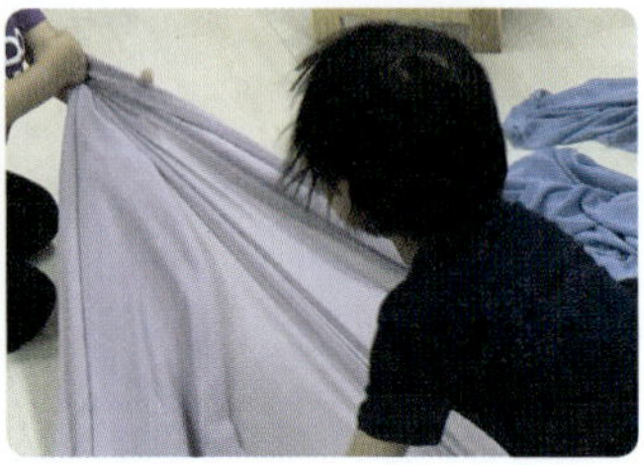</td></tr>
<tr><td>놀이 지도
(교사 지원)
및
대근육 활동</td><td>• 교사는 미끄러지는 놀이를 경험할 수 있도록 제안한다.
• 얼음 위에서 할 수 있는 놀이에 대해 이야기한다.
– 얼음이 언 빙판길을 걸어가 본 적이 있니?
– 얼음 위를 걸을 때 어떻게 걸어가게 되니?
– 얼음 위에서 할 수 있는 놀이는 어떤 것들이 있을까?
• 다양한 얼음지치기 모습을 상상하여 표현한다.
– 얼음 위를 걸어가는 모습을 상상해서 표현해 보자.
– 스케이트 타는 모습을 상상해 볼까?
– 다리를 안에서 밖으로 밀어 볼까?
• '천이 미끌미끌' 활동을 소개한다.
방법 ① 커다란 천을 나누어 준다.
② 위에 올라서서 미끄러운 느낌을 느낀다.
③ 친구와 함께 바닥에서 천을 가지고 미끌어지는 경험을 하며 놀이를 한다.</td></tr>
<tr><td>교사 평가</td><td>• 유아들이 천을 이용한 놀이를 너무 재미있어했다. 활동 시 주변에 위험한 물건은 없는지 반드시 잘 확인해야 한다.</td></tr>
</table>

동작의 기본 요소	스키핑(이동 동작)
활동명	꽃의 왈츠
활동 목표	• 스키핑의 바른 자세를 이해하고 스키핑으로 움직임을 표현한다. • 리듬에 맞추어 스키핑을 한다.
활동 자료	스키핑 관련 자료, 차이콥스키 '꽃의 왈츠' 음원, 꽃 머리띠
	활동 과정
관찰	• '백조의 호수' 영상을 함께 시청하다가 스키핑 발동작을 찾아내어 흉내 낸다. 
놀이 지도 (교사 지원) 및 대근육 활동	• 궁금해하는 유아들을 위해 스키핑 자세를 소개한다. – 스키핑 자세를 알고 있니? – 스키핑 영상을 다시 함께 보자. • 스키핑 영상을 보고 단계별로 천천히 따라 한다. • 스키핑을 익히면 다양한 방법으로 스키핑을 한다. – 느리게 스키핑해 볼까? – 빠르게 할 수 있니? – 팔을 흔들면서 스키핑해 볼까? • 차이콥스키의 「호두까기 인형」 중 「꽃의 왈츠」를 감상한다. – 노래를 들으면서 스키핑 동작을 떠올려 보자. • 꽃 머리띠를 하고 「꽃의 왈츠」를 들으며 음악에 맞추어 자유롭게 움직인다. – 어떤 동작을 표현하고 싶니? – 리듬에 맞추어 스키핑 동작을 해 보자. – 꽃이 어떻게 움직이는 것처럼 느껴지니?
교사 평가	• 스키핑 동작은 한번에 해 보기는 어려운 것 같다. 반복 놀이를 통해 충분한 연습이 필요하다.

동작의 기본 요소	오르기(이동 동작)
활동명	등산을 하자
활동 목표	• 오르기의 바른 자세를 알고 안전하게 오른다. • 몸의 각 부분을 이용하여 균형 있는 신체 발달을 돕는다.
활동 자료	등산복, 뜀틀, 오르기 매트
	활동 과정
관찰	• 바깥 놀이터에서 오르기를 하며 친구와 놀이를 한다.  
놀이 지도 (교사 지원) 및 대근육 활동	• 등산을 해 본 경험에 대해 이야기한다. – 등산을 해 본 친구가 있니? – 등산을 할 때는 무엇이 필요하니? – 무엇을 보았니? • 등산을 하는 것을 상상하여 말한다. – 산에 오를 때는 무엇을 준비해야 할까? – 산에 오를 때 자세는 어떻게 될까? – 평지에서는 어떻게 갈까? – 아주 높은 곳을 오를 때는 어떻게 할까? – 정상에 가면 '야호'를 외쳐 볼까? • '등산을 하자' 활동을 한다. 방법 ① 뜀틀 앞쪽에 오르기 매트를 고정시킨다. ② 뜀틀 뒤쪽은 매트를 깔아 둔다. ③ 오르기 매트를 올라서 뜀틀 위에 올라가면 "야호!"라고 외치고 매트 아래로 뛰어내린다(교사가 도와준다.).
교사 평가	• 오르기의 바른 자세를 정확히 전달하는 것이 중요하다. "야호!"라고 외치며 유아들이 진짜로 등산을 하는 기분을 느낄 수 있도록 한다.

동작의 기본 요소	던지기(조작적 동작)
활동명	목표를 정해 던지기
활동 목표	• 다양한 공을 이용하여 다양한 던지기를 한다.
활동 자료	콩 주머니, 바구니, 여러 가지 공
	활동 과정
관찰	• 종이컵을 쌓아 보다가 무너지자 서로 던지는 모습을 보인다.  
놀이 지도 (교사 지원) 및 대근육 활동	• 긍정적인 던지기를 경험하도록 교사가 제안한다. • 공을 큰 바구니 안에 던져 본다. – 공을 바구니에 던져 넣어 보자. – 콩주머니를 바구니에 던져 넣어 보자. • 공을 멀리 던져 본다. – 저기 표시된 선까지 공을 던져 볼 수 있겠니? – 한 발을 들고 멀리 던져 볼 수 있을까? – 어떻게 하면 멀리 던질 수 있었니? • 공을 높이 있는 바구니에 던져 본다. – 얼마나 높게 던질 수 있니? – 누가 더 높게 던질 수 있을까? – 뛰어오르면서 던져 볼까? • 친구와 함께 공 던지기를 해 본다. – 친구와 짝이 되어 공을 던지고 받아 보자. – 공을 가슴 앞에서 던져 볼까? – 공을 땅에 튀도록 던져 친구가 잡아 보자.
교사 평가	• 던지기 놀이를 하다 보면 다른 물건을 던지지 않을까 걱정스러운 부분이 있다. 안전하게 놀이할 수 있도록 지원해 주는 것이 가장 중요하다.

동작의 기본 요소	받기(조작적 동작)
활동명	스카프를 받아요
활동 목표	• 손을 사용하여 날아오는 물건을 받는다.
활동 자료	스카프, 공
	활동 과정
관찰	• 날아오는 종이비행기를 잡고 한 친구가 너무 좋아한다. 친구들이 그 모습을 보고 서로 종이비행기를 잡으려 한다.  
놀이 지도 (교사 지원) 및 대근육 활동	• 공을 던졌다가 받는다. – 공을 던졌다가 받아 보자. – 머리까지만 던졌다가 두 손으로 받아 보자. – 아주 높이 던졌다가 받을 수 있니? • 스카프를 던지고 받는다. – 스카프를 던지고 받아 보자. – 스카프를 아주 높이 던졌다가 받아 보자. – 어떻게 하면 아주 높이 던지고 받을 수 있었니? • 친구와 함께 던지고 받기 놀이를 한다. – 친구가 던지는 공을 두 손으로 받아 보자. – 친구가 받을 수 있게 공을 천천히 던져 보자. – 친구가 던져 주는 스카프를 받아 보자. • 공과 스카프의 받기 차이점을 느껴 본다. – 공을 받을 때와 스카프를 받을 때의 차이는 어떻게 다르니? – 던질 때는 어떻게 다르니?
교사 평가	• 공을 위로 올렸다가 받을 때 너무 높이 던지면 공이 생각지도 못한 곳으로 가는 경우가 있으므로, 적정한 선을 알려 준다. 유아들이 풍선에 관심이 많으므로 추후 풍선을 통한 놀이를 준비하도록 한다.

동작의 기본 요소	차기(조작적 동작)
활동명	다양하게 차요
활동 목표	• 다양하게 제시된 조건에 맞추어 공을 찬다.
활동 자료	여러 가지 공, 공을 차는 영상, 우유갑
	활동 과정
관찰	• 우유를 다 먹은 유아가 네모로 눌러 정리하는 과정에서 바닥에 떨어져 발로 찬다. 그 모습을 보고 여러 명의 유아가 함께 우유갑을 발로 찬다.  
놀이 지도 (교사 지원) 및 대근육 활동	• 다양한 공을 차는 영상을 본다. – 공을 찰 때 다리를 어떻게 했니? – 공을 차 본 적이 있니? • 발차기 연습을 한다. – 벽에 등을 대고 발차기를 해 보자. – 다리를 얼마만큼 높이 찰 수 있니? • 벽 쪽으로 공차기를 해 본다. – 교실의 한쪽 벽에 공을 차서 튕겨져 나오는 공을 잡아 보자. • 여러 명의 유아들의 함께 공차기를 해 본다. – 여러 명의 친구들과 원형으로 서서 공을 함께 차 보자. – 친구가 잘할 수 있도록 하려면 어떻게 공을 보내 주어야 할지 생각해 보자.
교사 평가	• 유아들이 우유갑을 차 보고 싶다고 하여 다 먹은 우유갑을 접어 벽에다 차기를 했는데 공차기보다 안전하고 재미있었다.

동작의 기본 요소	공 되받아치기(조작적 동작)
활동명	풍선채로 풍선 되받아치기
활동 목표	• 풍선을 풍선채로 치면서 풍선의 움직임을 탐색해 본다. • 손과 눈의 협응력을 기른다.
활동 자료	풍선채, 풍선, 의자, 줄
	활동 과정
관찰	• 풍선에 그림를 그리던 중 날아가는 풍선을 친구에게 전달하다가 서로 풍선 주고받기 놀이를 한다.  
놀이 지도 (교사 지원) 및 대근육 활동	• 교사는 유아들이 풍선을 주고받을 수 있도록 지원한다. • 풍선채를 이용해서 풍선을 쳐 본다. – 풍선채를 이용해서 풍선을 쳐 볼까? – 풍선이 땅에 닿지 않도록 하려면 어떻게 해야 할까? – 풍선채로 풍선을 계속해서 몇 번 칠 수 있을까? – 풍선을 얼마만큼 멀리 보낼 수 있을까? • 두 명의 유아가 짝이 되어 한 유아가 풍선채로 풍선을 쳐 주면, 상대편의 유아가 되받아치는 놀이를 한다. • 네트를 낮게 만들어 풍선을 상대편에게 넘겨 주고받으며 풍선 치기 게임을 한다. – 풍선이 네트에 걸리지 않으려면 어떻게 해야 할까? • 배구 놀이처럼 4~5명의 유아가 동시에 참여해 본다.
교사 평가	• 풍선과 풍선채 말고도 다양하게 되받아칠 수 있는 놀잇감을 함께 생각해 보고, 준비하여 놀이를 해 본다.

동작의 기본 요소	공 튀기기(조작적 동작)
활동명	공을 통통통
활동 목표	• 다양한 방법으로 공을 튀기고 받을 수 있다.
활동 자료	탱탱볼
	활동 과정
관찰	• 곡식을 관찰하던 유아들이 곡식을 손으로 잡고 떨어트리면서 튕겨지는 곡식을 발견하고 통통 튀긴다며 좋아한다.  
놀이 지도 (교사 지원) 및 대근육 활동	• 유아들과 바닥에 공을 떨어트려 본다. – 공을 양손으로 떨어트려 보자. – 공을 떨어트린 다음에 튀어 오르면 잡아 보자. – 한 손으로도 해 볼 수 있겠니? • 공을 다양한 방법으로 튀겨 본다. – 공을 3번 연속 튀겨 볼 수 있겠니? – 아주 높이 튀겨 보자. – 아주 적은 힘으로 튀겨 보자. – 공을 튀기며 이동해 보자. – 공을 튀기고 박수를 쳐 볼 수 있겠니? • 응용된 동작으로 활동한다. – 공을 튀기고 튀어 오르기 전에 다리로 넘어 볼 수 있겠니? • 짝과 함께 활동한다. – 짝에게 공을 튀겨 주자. – 짝이 튀겨 준 공을 받을 수 있겠니? – 누가 오랫동안 공을 튀길 수 있는지 함께해 보자.
교사 평가	• 공이 잘 튀겨지려면 적당한 공기가 주입되어 있어야 한다. 망가진 탱탱볼이 없는지, 잘 튀겨지는지 미리 확인해 보는 것이 좋다.

실제편

제 1 장

[영아편]

대근육 놀이

< 놀이 흐름 >

몸을 뒤집어요

↓

이쪽이야, 이쪽!

↓

엉금, 기어가요

↓

터널 통과하기

↓

영차! 기어오르기

↓

씩씩하게 걸어요

↓

기차놀이를 해요

↓

토끼처럼 깡충

대근육 놀이

활동목표 ＊ 몸의 움직임을 알고 즐긴다.
＊ 소리를 듣고 청각 자극을 느끼고 반응한다.
＊ 신체를 활발히 움직이고 즐거움을 느낀다.

1 몸을 뒤집어요

관찰	• 영아가 몸을 비틀며 뒤집기를 시도한다.
교사의 지원 및 활동	• 영아가 뒤집기를 시도할 수 있도록 약간 단단한 매트와 그 위에 깔아 둘 수 있는 부드러운 느낌의 천을 준비해 준다. • 준비된 자리에 영아가 편히 누울 수 있도록 한다. • 뒤집기를 시도하려고 할 때 불편해 보이는 부분을 관찰하고 약간의 도움을 준다. • 도움을 줄여 가며 뒤집기를 할 수 있도록 한다.
확장	• 뒤집기를 할 때 딸랑이 소리를 내 주어 청각 자극도 함께 준다.
유의점	• 교사는 영아의 움직임을 잘 관찰하고 필요한 만큼의 도움만을 주어 영아가 스스로 몸을 인식하고 움직일 수 있도록 지원한다.

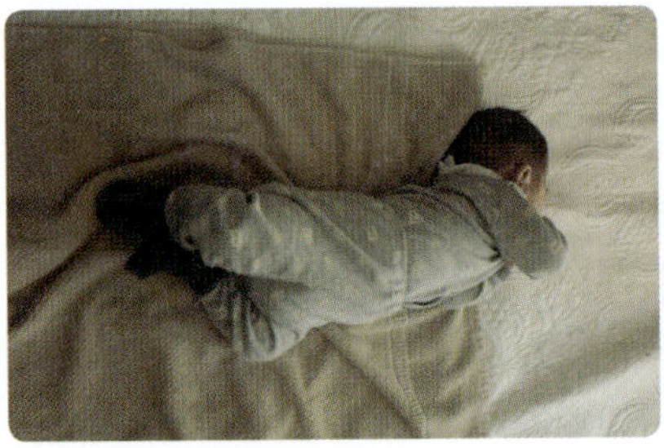

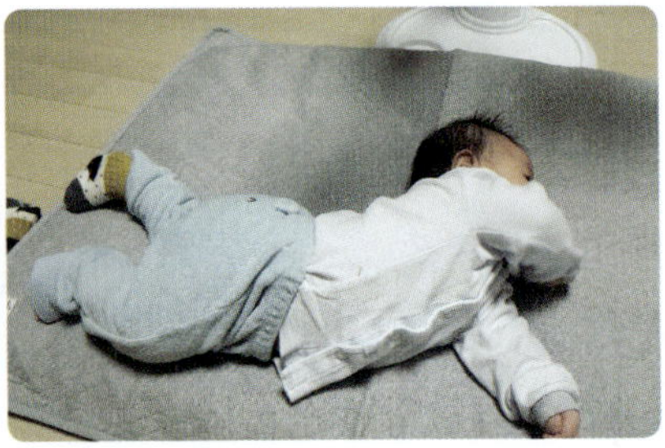

2 이쪽이야, 이쪽!

관찰	• 영아가 주변 소리에 반응하면서 움직인다.
교사의 지원 및 활동	• 영아를 매트에 편안히 엎드리거나 앉힌다. • 영아가 놀라지 않을 만한 크기로 소리를 들려준다. "무슨 소리일까? • 영아가 고개를 소리 나는 쪽으로 움직이면 반대쪽에서 소리를 내어 청각 자극을 주면서 신체의 움직임을 경험하도록 한다. • 한 가지 소리가 아닌 다양한 소리로 청각을 자극시켜 준다.
확장	• 멜로디 음악을 듣게 하여 영아의 반응을 살핀다.
유의점	• 영아가 엎드리거나 앉은 상태가 어려운 경우 편안히 눕혀서 활동한다. • 너무 놀라지 않게 소리 크기를 조절하여 소리 내 준다.

3 엉금, 기어가요

관찰	• 영아가 배를 빌며 앞으로 가려고 한다.
교사의 지원 및 활동	• 영아가 안전하게 기어 볼 수 있도록 매트를 제공하고 기어가려고 힘을 줄 때 안전하게 움직일 수 있도록 계속 관찰한다. • 기어가는 활동을 하는 데 방해되는 요소가 있는지 확인한다. • 영아의 몸을 살짝 받쳐 주거나 힘이 많이 안 들어가게 영아의 움직임을 살피며 도움을 준다. • 다양한 소리를 내고 긍정적인 목소리를 들려주며 영아가 스스로 움직여 볼 수 있도록 돕는다.

확장	• 소리가 나는 쪽으로 올 수 있도록 관심 물체를 영아에게 보여 주면서 다양한 소리를 낸다.
유의점	• 매트가 너무 푹신하거나 딱딱하면 영아가 기어가기 어려울 수 있다. • 안전하고 편안한 경험이 되도록 주변 환경을 정리해 준다.

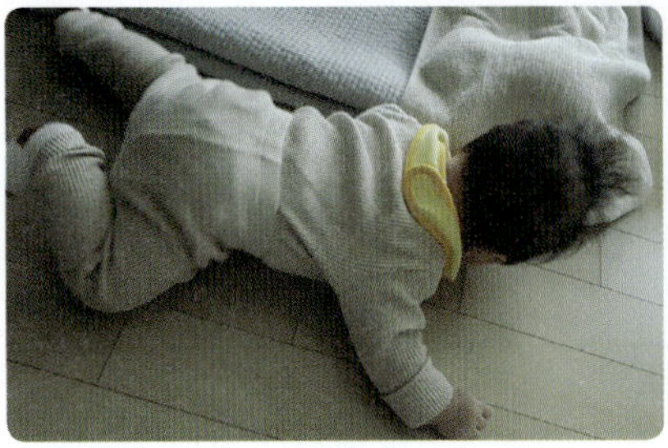

4 터널 통과하기

관찰	• 영아가 낮은 공간과 좁은 공간을 찾아 숨는 놀이를 한다. • 신체를 사용하여 기구 놀이를 경험한다.
교사의 지원 및 활동	• 영아가 좁거나 천정이 낮은 곳에 관심을 보이면 터널 활동을 할 수 있는 환경이나 자료를 제공한다. • 영아가 터널에 관심을 보이면 함께 탐색한다. "이 안은 어떤 느낌일까?" • 터널 안으로 통과하고 숨는 놀이를 하면서 다양한 자세로 갈 수 있도록 상호작용을 해 준다. "우리 거북이처럼 가 볼까?" • 영아가 터널에 들어가 자유롭게 앉거나 눕는 등의 다양한 신체의 움직임을 하도록 격려한다.
확장	• 비닐로 바닷속 터널 꾸미기 화동을 하고 바닷속 지나가기 놀이로 확장한다.
유의점	• 머리를 부딪히거나 위험한 요소가 있는지 살피고 활동한다. • 여러 영아들이 함께 활동할 때에는 터널 안에서 서로 부딪히지 않도록 지나가는 방향을 미리 소개한다.

5 영차! 기어오르기

구분	내용
관찰	• 영아가 계속 소파나 책상에 오르려 한다. • 손으로 짚고 다리를 들어 높은 곳을 오르려 한다.
교사의 지원 및 활동	• 교사는 안전하고 쉽게 오를 수 있는 계단을 지원하고 소개한다. • 계단이 없으면 안전한 매트로 계단 형태를 만들어 준다. • 계단을 만든 후 소개하고 함께 탐색한다. • 영아가 오를 수 있게 도우며 상호 작용을 해 준다. "우리 엉금엉금 올라가 보자.", "우와! 다 올라왔네. 만세! 다시 내려가 볼까?"
확장	• 계단을 올라 스펀지 느낌의 다리를 기어서 건넌다.
유의점	• 계단 또는 매트의 푹신한 정도를 확인해야 한다. 너무 푹신하면 영아들의 활동을 오히려 방해할 수 있다. • 높낮이를 적당히 맞추어 영아가 안전하게 활동하도록 한다.

6 씩씩하게 걸어요

관찰	• 영아가 친구들과 이리저리 걸어 보며 즐거워한다. • 관심이 있는 부분으로 이동할 때 걷거나 뛴다.
교사의 지원 및 활동	• 놀이를 하면서 제자리 걷기를 한다. "선생님을 따라 해요. 이렇게!" • 영아가 이동하고 싶은 방향을 찾아 걷는다. "어디로 가 볼까?" • 다양하게 준비된 길을 소개한다. "우와, 이길 따라 걸어가 볼까?" • 교사는 종이테이프를 이용하여 다양한 모양의 길 형태를 만들어 주거나 블록, 에어캡처럼 촉감을 느낄 수 있는 길을 제공할 수도 있다.
확장	• 에어캡 위를 걸으며 촉감을 느껴 보는 놀이를 한다. • 다리에 방울을 달아 걸을 때마다 소리가 나도록 하여 음악과 함께 걷는다.
유의점	• 영아들이 관심을 보일 수 있도록 다양한 길을 제공한다. • 블록 위를 걸을 때는 영아가 안전하게 걸을 수 있도록 교사가 손을 잡아 준다.

7 기차놀이를 해요

관찰	• 영아가 친구에게 관심을 보이며 따라다닌다. • 영아가 친구와 손을 잡고 걸으며 즐거워한다.
교사의 지원 및 활동	• 영아가 친구와 함께 기차놀이를 할 수 있도록 기차 사진을 보여 준다. "우리도 기차놀이를 해 볼까?" • 친구와 기차를 만들어 함께 걸어 보도록 한다. "기차는 어느 쪽으로 갈까요?" • 자유롭게 움직이면서 즐거움을 경험한다. • 다양한 방법으로 이동할 수 있도록 격려한다.

확장	• 기찻길을 만들어 주거나 터널을 만들어 주어 기차놀이를 확장시킨다.
유의점	• 줄을 사용하기 어려운 영아는 줄 없이 친구 어깨에 손을 올리고 활동한다. • 속도를 맞추기 어려울 수 있으므로 발달에 맞추어 두세 명 정도의 친구들과 함께 놀이할 수 있도록 인원수를 조절해 준다.

8 토끼처럼 깡충

관찰	• 영아가 동물 책을 보며 동물의 움직임에 대해 관심을 갖는다. • 영아가 깡충깡충 뛰며 토끼의 움직임을 흉내 내 보려고 한다.
교사의 지원 및 활동	• 영아가 토끼의 움직임에 대해 몰입하며 흥미를 가질 수 있도록 토끼 귀 모양 머리띠를 준비해 준다. "우리 토끼가 되어 볼까?", "토끼는 어떻게 움직이지?" • 두 발 모아 뛰기를 시도할 수 있도록 격려한다. "높이높이 뛰어 볼까?", "뛰어 보고 싶니?" • 토끼처럼 뛰며 놀이할 수 있도록 블록이나 유니바를 제공하여, 영아가 뛸 때 어려워하는 부분이 있는지 관찰하여 발달에 맞는 도구를 준비하도록 한다.
확장	• 음악에 맞추어 토끼처럼 움직이며 춤을 춘다. • '당근 뽑아 오기' 등의 토끼 관련 놀이로 확장한다.
유의점	• 두 발 모아 뛰기를 어려워하는 경우 넘어가는 것부터 천천히 시도할 수 있게 격려하고 옆에서 도움을 준다. • 높이를 조절하여 영아가 즐겁게 활동할 수 있는 환경을 만들어 준다.

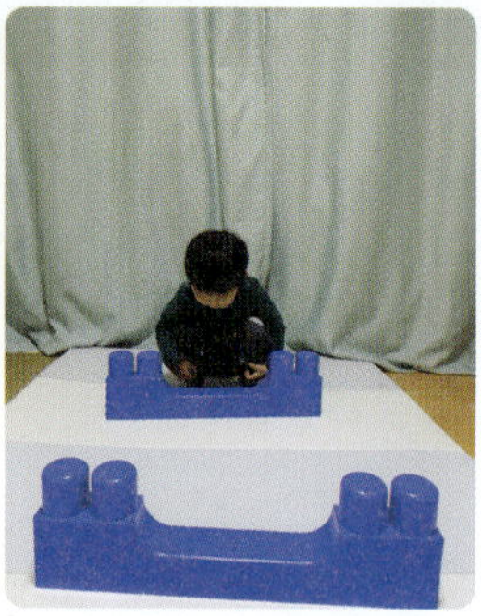

연계활동

새노래 : 악어 떼

준비물: 음원, cd플레이어나 컴퓨터, 스피커

① 노래를 들려준다.

② 교사가 노래를 부른다.

③ 반복적으로 노래를 들으며 영아들이 익숙해지도록 한다.

제 2 장

[영아편]

소근육(손) 놀이

< 놀이 흐름 >

손으로 잡아요

↓

손으로 슝! 톡!

↓

통 속에 쏘옥!

↓

탑 쌓기

↓

조물조물 밀가루

↓

휴지랑 놀아요

↓

신문지 춤추기

↓

흔들흔들 리본 막대

소근육(손) 놀이

활동목표 * 물체를 잡고 촉각을 느끼고 감각과 신체를 인식한다.
* 감각 능력을 기르고 소근육 발달을 돕는다.
* 눈과 손의 협응력을 기른다.

1 손으로 잡아요

관찰	• 영아가 손으로 장난을 치며 놀이한다. • 손으로 옷이나 주변에 있는 것을 탐색하고 잡으려 한다.
교사의 지원 및 활동	• 안전한 장소를 제공하고 편안함을 느끼도록 눕히거나 앉힌다. • 영아가 잡을 수 있는 놀잇감을 보여 준다. "이게 뭘까?", "어떤 소리가 날까?" • 영아가 물체를 탐색할 수 있도록 옆에서 도움을 준다. • 영아가 관심을 갖고 충분히 놀이할 때까지 기다려 준다.
확장	• 소리 나는 잡기 놀잇감이나 촉감을 느낄 수 있는 놀잇감을 제공하여 시각, 청각의 감각을 느낄 수 있도록 한다.
유의점	• 영아는 물체를 손으로 잡으면서 입으로 넣으려 하기 때문에 안전한 놀잇감을 제공해야 한다. • 영아가 물체를 만지며 손으로 잡을 수 있도록 잡기 가능한 놀잇감을 제공한다.

 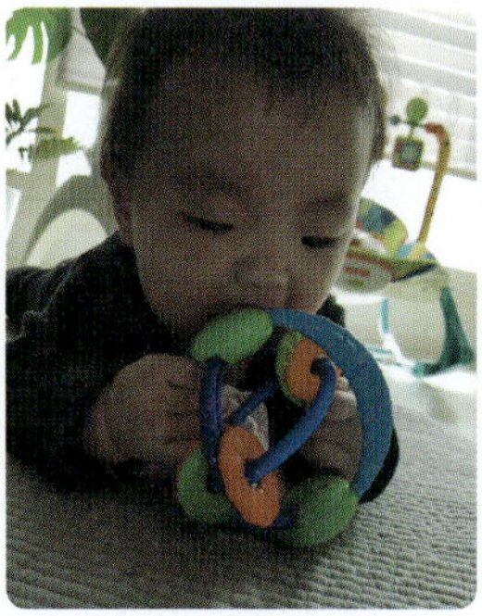 

2 손으로 슝! 톡!

관찰	• 영아가 앉아서 손이 닿을 수 있는 높이에 모빌을 달아 놓고 모빌에 관심을 보이면 교사가 상호 작용을 한다. "와~ 손으로 만지니까 모빌이 움직이네?"
교사의 지원 및 활동	• 모빌이 손에 잘 닿는지 높이를 확인하고 조절한다. • 다양한 모빌을 준비해 준다(소리가 나거나, 촉감이 다른 모빌 등). • 교사가 모빌을 손으로 밀어 모빌이 움직이는 형태를 보여 주고, 상호 작용을 해 준다. "이건 뭘까? 슝~ 밀어 보자." • 교사가 모빌을 살짝 치면서 모빌의 움직임을 보고 소리를 들을 수 있게 한다. "어떤 소리가 날까? 톡톡톡톡톡!"
확장	• 둥근 형태의 고리를 잡고 당기며 놀이한다.
유의점	• 영아가 모빌에 관심을 보일 때 함께 활동한다. • 흥미를 주는 다양한 모빌을 준비해 둔다.

3 통 속에 쏘옥!

관찰	• 영아가 물체를 짚고 떨어트리기를 반복한다. • 주변에 있는 통에 손을 넣으며 놀이한다.
교사의 지원 및 활동	• 교사는 영아 한 명당 통 1개와 안전한 다양한 물체를 제공해 준다. • 통 속에 물체를 넣는 것을 보여 준다. • 영아가 놀잇감을 잡거나 잡으려 할 때 플라스틱 통 속에 넣어 볼 수 있도록 상호 작용을 한다. "ㅇㅇ이가 공을 잡았구나.", "이 안에 쏙 넣어 볼까?" • 영아가 자유롭게 공을 넣어 볼 수 있도록 다양한 형태의 통을 제공해 준다.

확장	• 공의 색을 탐색하고, 공의 촉감을 느껴보도록 한다. • 통 속에 넣었던 물체를 다시 뺀다.
유의점	• 통 속에 넣을 때 너무 넣기 어렵거나 빼기 어려운 놀잇감은 피한다. • 소리가 나거나 움직임을 느낄 수 있는 다양한 형태의 통과 물체를 제공해 준다.

4 탑 쌓기

관찰	• 영아가 작은 블록 놀잇감을 쌓아 올린다. • 영아가 놀잇감을 쌓아 올렸다가 내렸다가를 반복한다.
교사의 지원 및 활동	• 영아가 블록을 쉽게 쌓아 올릴 수 있도록 커다란 벽돌 블록을 제공해 준다. • 영아가 활동하는 주변에 다양한 탑 사진을 붙여 탑의 형태를 알 수 있게 돕는다. • 영아가 스스로 블록을 높이 쌓아 보도록 격려한다. "높이높이 쌓아 볼까?", "우와~ 이만큼이나 쌓았구나!" • 자유롭게 쌓고 무너트리기를 반복하며 놀이한다.
확장	• 블록을 자유롭게 놓고 블록을 피해 걸어간다.
유의점	• 영아가 스스로 쌓을 수 있도록 격려한다. • 탑을 쌓고 무너트릴 때 주변에 다른 영아가 있는지 확인한다.

5 조물조물 밀가루

관찰	• 영아가 말랑말랑한 물체에 관심을 보인다. • 말랑말랑한 물체를 손으로 꾹꾹 누르는 놀이를 한다.
교사의 지원 및 활동	• 교사는 말랑한 느낌을 지원해 주기 위해 밀가루를 제공한다. • 영아가 밀가루를 탐색할 수 있게 적당히 떼어 준다. • 다양한 놀이 방법을 보여 준다. "밀가루가 쭈욱 늘어나네?", "꾹꾹 눌러 볼까?" • 영아가 밀가루 놀이에 흥미를 보이면 확장할 수 있도록 여러 가지 찍기 도구 및 통을 제공한다. • 밀가루 점토를 떼어 다양한 모양을 만들 수 있도록 격려한다.
확장	• 밀가루에 수수깡이나 빨대 등을 꽂으며 놀이한다.
유의점	• 교사는 영아가 밀가루 점토를 입에 넣지 않게 살핀다. • 찍기 효과가 확실한 도구를 제공하여 영아의 흥미를 높인다.

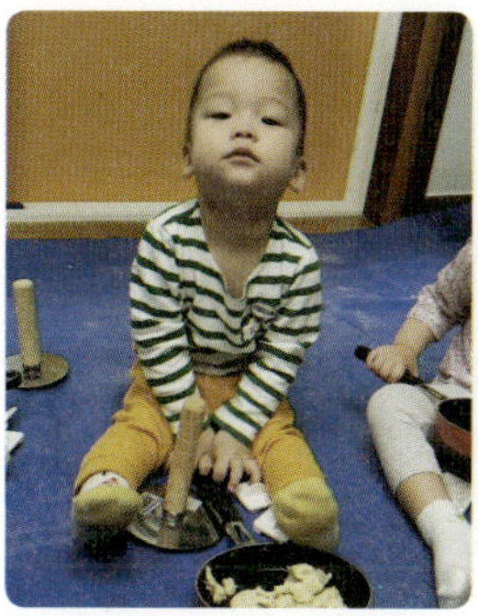

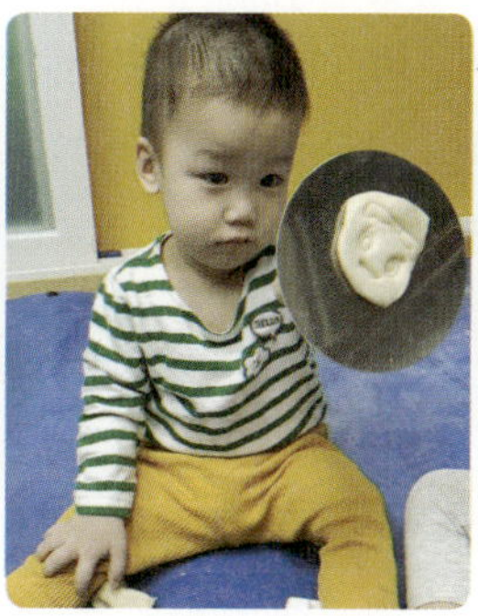

6 휴지랑 놀아요

관찰	• 영아가 우연히 두루마리 휴지나 갑티슈를 뽑는다. • 휴지를 찢으며 탐색한다.
교사의 지원 및 활동	• 교사는 영아가 놀이할 수 있는 충분한 휴지를 제공해 준다. • 휴지 대신 헝겊을 제공할 수 있다. • 휴지를 충분히 탐색하게 한다. • 자유롭게 뽑으며 놀이할 수 있도록 격려한다. “휴지 이불 덮어 줄까?”, “휴지가 찢어지기도 하네?”, “휴지가 낙엽처럼 쌓였네?”, “우와, 정말 푹신푹신하구나.” • 신체를 이용하여 충분히 탐색하고 놀이하도록 한다. “팔에 올려 볼까?” .“머리에 올려 볼까?”
확장	• 휴지를 비비거나 꼬아 보면서 소근육 발달을 위한 놀이를 한다.
유의점	• 휴지를 입에 넣지 않도록 살피며 안전하게 놀이한다. • 적절한 양의 휴지를 준비해 주어 즐겁게 활동할 수 있도록 한다.

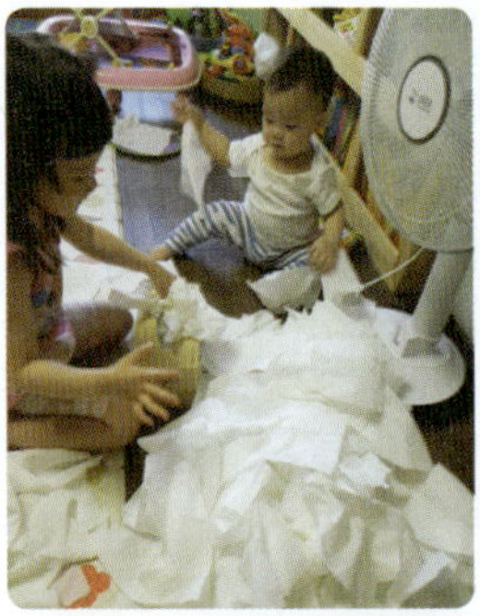

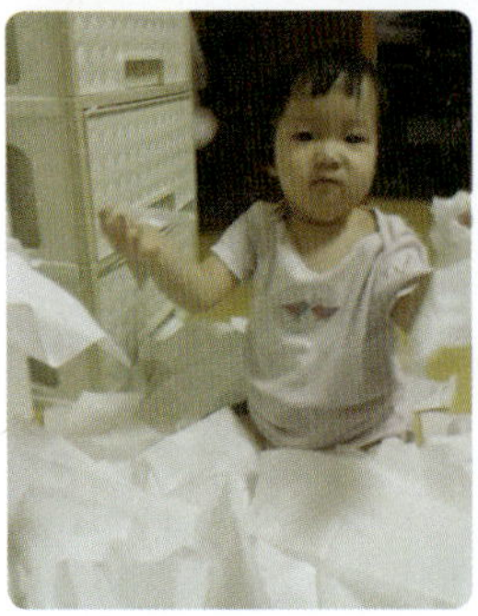

7 신문지 춤추기

관찰	• 영아가 종이를 발로 밟거나 구긴다. • 휴지를 찢으며 놀이한다.
교사의 지원 및 활동	• 교사는 영아에게 다양한 크기의 신문지를 제공한다. "이게 뭘까?", "한번 만져 볼까?" • 신체의 움직임을 이용하여 신문지를 자유롭게 탐색한다. (예: 구기기, 찢기, 접기, 뿌리기, 당기기, 비비기, 뚫기 등) • 신문지를 뿌리고 밟으며 자유롭게 놀이한다. • 교사는 신문지를 채워 넣고 뺄 수 있도록 다양한 크기의 통을 제공한다. • 신문지를 이용하여 자유롭게 놀이한다.
확장	• 신문지공을 만들어 바구니에 던진다.
유의점	• 신문지 양을 충분히 제공한다. • 놀이 후 정리하는 것으로 영아와 함께 마무리한다.

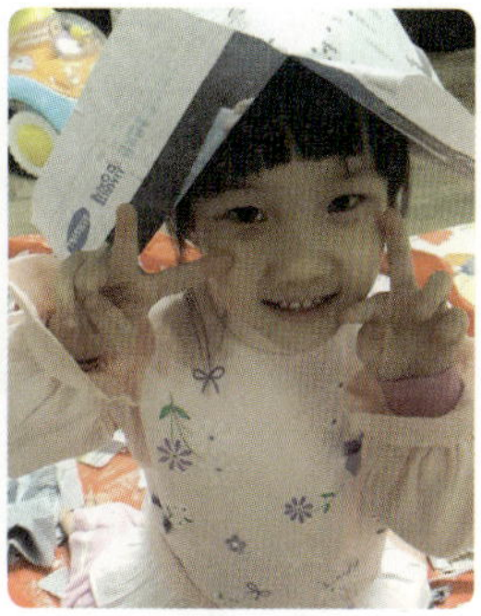

8 흔들흔들 리본 막대

관찰	• 영아가 노래를 듣고 흥얼거리며 팔을 흔들며 움직인다. • 영아가 팔을 이용한 움직임 표현을 한다.
교사의 지원 및 활동	• 교사는 팔의 움직임이 더욱 잘 표현되도록 리본 막대를 제공한다. • 리본 막대를 흔들며 탐색한다. "우와, 이게 뭘까?", "흔들어 볼까?" • 자유롭게 흔들어 본 후 교사가 리본 비를 흔들며 영아가 재미있게 리본의 움직임을 느껴 볼 수 있는 기회를 준다. • 거울을 보여 주며 팔의 움직임에 따라 리본이 어떻게 움직이는지 살펴본다. • 거울을 보며 자유롭게 놀이한다.
확장	• 훌라후프에 리본을 달아 통과하기 놀이를 한다.
유의점	• 영아의 연령이 낮으면 막대가 위험할 수 있으므로 막대 없이 손잡이가 있는 리본을 준다.

연계활동

오감 : 국수놀이

준비물: 삶은 국수 면발, 볼, 물, 큰 비닐

① 삶은 국수 면발을 볼에 담아 준다. (볼 안에 물을 살짝 넣어 준다.)

② 영아가 국수 면발을 다양한 감각기관을 통해 탐색할 수 있도록 유도한다.

③ 영아가 자유롭게 국수 면발을 쥐고 만져 보고 흔들어 볼 때마다 영아의 반응을 이야기해 준다.

제 3 장

[영아편]

팔, 다리 놀이

< 놀이 흐름 >

흔들흔들 움직여요

↓

끌고 당겨요

↓

길 따라 자동차를 굴려요

↓

붕붕, 자동차를 타요

팔, 다리 놀이

활동목표 * 팔과 다리를 움직이며 공간을 구분한다.
* 기구를 밀어 힘을 조절하여 이동할 수 있다.
* 기구를 통한 움직임을 경험한다.

1 흔들흔들 움직여요

관찰	• 영아가 음악을 듣고 몸을 흔들거나 반복되는 움직임을 보인다.
교사의 지원 및 활동	• 영아가 왔다 갔다 흔들리는 경험을 할 수 있도록 관련된 놀잇감을 제공한다. • 충분히 기구를 탐색하게 한다. "이게 뭘까?", "어떻게 움직일까?" • 영아가 안전하게 앉을 수 있도록 돕는다. • 영아가 스스로 몸의 힘을 이용해 기구를 움직여 볼 수 있게 기다려 준다. • 몸의 힘을 이용해 놀잇감을 흔들거리면서 즐거움을 충분히 느낄 수 있도록 한다.
확장	• 그네, 시소와 같은 몸의 힘으로 기구를 움직여 보는 다양한 놀이를 한다.
유의점	• 교사는 영아가 기구 위에서 균형을 잘 잡고 있는지 살핀다. • 너무 세게 흔들리면 어지러울 수 있으니 관찰을 통해 강약을 조절할 수 있도록 상호 작용한다.

2 끌고 당겨요

관찰	• 영아가 바퀴가 달린 미니 카트에 관심을 보인다. • 앉아서 미니 카트를 움직인다.
교사의 지원 및 활동	• 영아의 키 높이에 맞는 끌차나 카트를 제공해 준다. • 교사는 영아가 카트를 밀어 볼 수 있게 올바른 자세가 유지되도록 잡아 준다. • 손잡이를 잘 잡도록 격려하고 주변에 안전 매트를 깔아 준다. • 교사의 도움을 받아 영아가 카트를 밀고 앞으로 걸어가 보도록 상호 작용해 준다. "어디로 가 볼까?", "앞으로 슝 밀어 볼까?" • 영아가 움직이고 싶어 하는 방향으로 자유롭게 간다.
확장	• 인형을 태운 유아차를 끌고 움직인다. • 카트에 물건을 싣고 배달 놀이를 한다.
유의점	• 바퀴가 달려 있기 때문에 너무 빠르게 걷지 않도록 옆에서 도와준다. • 주변의 위험한 것들을 치워 주고 안전하게 놀이할 수 있는 환경을 제공한다.

3 길 따라 자동차를 굴려요

관찰	• 영아가 자동차에 관심을 보이며 손으로 잡고 앞뒤로 움직인다. • 계속해서 왔다 갔다 자동차를 반복하여 움직인다.
교사의 지원 및 활동	• 영아가 관심을 가진 자동차를 여러 개 제공해 준다. • 자동차를 움직이며 이동 범위를 넓히도록 상호 작용한다. "여기 자동차 친구가 있네? 이쪽으로 올 수 있을까?" • 자유롭게 움직일 수 있도록 한다. "자동차는 어디로 가고 싶을까?" • 자동차를 움직이는 것에 익숙해지면 교사는 도로 모양의 길을 제공해 준다. "빵빵, 자동차가 도로 위를 가요.", "차가 다니는 길이 있네."
확장	• 교사가 주차선을 만들어 주어 자동차를 움직이고 주차를 하는 놀이로 연결한다.
유의점	• 여러 영아들이 함께 놀이하며 즐거움을 느낄 수 있도록 자동차의 개수를 충분히 제공해 준다. • 다양한 길을 만들어 자동차가 여러 방향으로 움직일 수 있도록 한다.

4 붕붕, 자동차를 타요

관찰	• 영아가 장난감 자동차에 관심을 보인다. • 영아가 장난감 자동차 근처로 가서 손으로 밀어 본다.
교사의 지원 및 활동	• 교사는 영아가 장난감 자동차에 앉을 수 있도록 도움을 준다. "자~ 여기에 앉아 볼까?" • 영아가 장난감 자동차에 흥미를 느끼면 천천히 밀어 준다. "손잡이도 잘 잡고 있구나.", "부릉부릉, 어디로 갈까?" • 여러 형태의 자동차를 제공해 주어 관심 있는 자동차를 타고 손과 발을 움직여 보도록 한다. • 자동차에 앉아 균형을 잘 잡을 수 있도록 돕는다.
확장	• 친구가 타고 있는 장난감 자동차를 교사의 도움을 받아 밀어본다.
유의점	• 흥미를 느낄 수 있는 자동차를 제공하여 안전한 자동차인지 확인한다. • 자동차 위에서 영아가 중심을 잘 잡고 있는지 살핀다.

연계활동

미술 : 물감 놀이

준비물: 큰 비닐, 전지 또는 도화지, 물감, 접시, 자동차 모형

① 접시에 물을 섞은 물감과 자동차 모형, 큰 종이를 준비한다.

② 자동차 바퀴에 물감을 묻히고 자동차를 자유롭게 굴리며 표현한다.

제 4 장

[영아편]

대·소근육 놀이

< 놀이 흐름 >

비눗방울 놀이

↓

큰 공 놀이

↓

발로 슝, 공놀이

↓

통통, 공 치기

↓

풍선 채치기

대·소근육 놀이

활동목표

* 비눗방울에 호기심을 느끼고 탐색해 보며 비눗방울을 잡으려고 신체를 움직여 본다.

* 눈과 손의 협응을 기른다.

* 도구를 이용하여 대 · 소근육 발달을 돕는다.

1 비눗방울 놀이

관찰	• 바깥 놀이터에서 교사가 비눗방울을 조금씩 분다. • 영아들이 비눗방울에 관심을 보이면 영아 주변으로 비눗방울을 불어 준다.
교사의 지원 및 활동	• 비눗방울을 불어 주며 상호 작용을 한다. "동글동글하네,", "비눗방울이 하늘에 둥둥 떠 있네.", "비눗방울이 어디로 가지?" • 비눗방울이 움직이는 쪽으로 손을 가리킨다. "손가락으로 톡톡 쳐 볼까?" • 비눗방울이 날아가는 방향으로 함께 걷는다. • 다양한 모양의 도구로 여러 형태의 비눗방울을 보여 준다. • 비눗방울을 터트릴 안전한 도구를 제공한다. • 비눗방울을 이용하여 다양한 몸의 움직임을 시도할 수 있도록 격려한다.
확장	• 음악을 들으며 신체를 다양하게 움직이면서 비눗방울 놀이를 한다.
유의점	• 영아들의 키에 맞추어 불어 준다. • 눈에 들어가지 않도록 주의하고 안전한 용액을 사용한다.

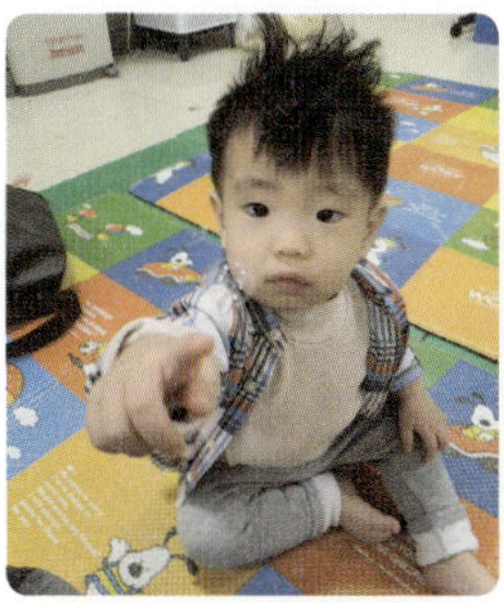

2 큰 공 놀이

관찰	• 영아가 바구니의 여러 가지 공에 관심을 보인다. • 중간 크기의 공 위에 배를 대고 엎드려서 움직인다.
교사의 지원 및 활동	• 공 위에서 균형 감각을 느낄 수 있도록 커다란 공을 제공해 준다. • 공이 굴러가는 모습을 보여 주고 공을 함께 치며 감각을 경험하게 한다. "우와~ 정말 큰 공이네. 우리 통통 쳐 볼까?" • 다양한 방법으로 공과 놀이할 수 있도록 상호 작용한다. "공을 안아 볼까?", "발로 통통 쳐 볼까?" • 영아가 공에 엎드려 천천히 움직여 볼 수 있도록 옆에서 돕는다.
확장	• 연령이 높은 영아는 친구와 함께 협동하여 굴리며 공을 이동시킨다.
유의점	• 큰 공 위에 엎드려서 활동할 때 안전할 수 있도록 교사가 주시하고 돕는다. • 큰 공을 이용하여 다양한 신체 움직임을 느낄 수 있도록 적절히 상호 작용을 한다.

3 발로 슝, 공놀이

관찰	• 영아가 동그란 물체에 관심을 갖는다. • 발을 이용한 놀이에 흥미를 보인다.
교사의 지원 및 활동	• 발로 할 수 있는 신체 표현을 함께한다. "발을 어떻게 움직여 볼까?" • 교사는 다양한 공을 제공한 후, 발로 공을 찬다. "공을 차니까 공이 저쪽으로 굴러가네", "공을 어느 쪽으로 보내 볼까?" • 다양한 방법으로 공을 찬다(걸어와서 차기, 한 바퀴 돌고 차기, 만세하고 차기 등). • 공을 이용하여 자유롭게 놀이한다. • 교사는 영아가 공을 찰 수 있는 곳에 골대를 만들어 놓거나 표시를 해 둔다.
확장	• 오뚝이를 이용한 발차기 놀이를 한다.
유의점	• 자유롭게 공을 찰 수 있는 넓은 공간을 마련해 준다. • 부드럽고 안전한 공을 사용한다.

4 통통, 공 치기

관찰	• 영아들이 공에 관심을 보이고 공을 이용하여 놀이한다. • 공을 던지거나 발로 톡톡 치며 친구와 함께 공놀이를 한다.
교사의 지원 및 활동	• 영아 한 명당 한 개씩 안전 탱탱볼을 준비해 준다. • 영아들이 공을 충분히 탐색할 시간을 준다. "공으로 무얼 할까?" • 영아들이 자유롭게 공과 놀이하면서 공과 친해질 수 있도록 하고, 시간이 지나면 탱탱볼을 스타킹 안에 넣어 준다. "공이 쏙 들어갔네?", "살살 당겨 볼까?" • 영아들이 공을 튕겨 볼 수 있도록 안내한다. • 교사가 스타킹을 잡아 주면 영아가 발로 차 보는 활동을 한다. • 다양한 방법으로 자유롭게 놀이한다.
확장	• 음악을 틀고 노래를 부르며 리듬에 맞추어 움직이며 놀이한다.
유의점	• 공을 스타킹에 넣어 활동할 때 옆 친구와의 간격을 충분히 확보한다.

5 풍선 채치기

관찰	• 풍선 놀이를 하는 도중 영아들이 풍선을 따라가면서 풍선을 잡으려고 한다. • 친구가 잡고 있는 풍선을 손으로 톡톡 친다.
교사의 지원 및 활동	• 영아들이 풍선 놀이를 즐겁게 할 수 있도록 충분한 양의 풍선을 제공한다. • 교사는 영아의 발달에 맞는 크기의 풍선채를 제공해 준다. • 적절한 크기가 없을 시에는 모루나 옷걸이, 스타킹을 이용하여 크기에 맞는 풍선채를 만들어 준다. • 풍선채를 이용하여 풍선을 자유롭게 친다. "풍선채로 풍선을 슝~ 날려 볼까?", "풍선채로 풍선을 굴릴 수도 있구나!" • 교사가 날려 주는 풍선을 보고 쳐 보는 놀이를 한다.
확장	• 친구와 협동하여 풍선 옮기기 놀이를 한다.
유의점	• 풍선 놀이 공간이 넓고 안전하여 자유롭게 돌아다닐 수 있는지 확인한다. • 풍선채를 칠 때 다른 친구와 거리를 두어 서로 부딪히지 않도록 한다.

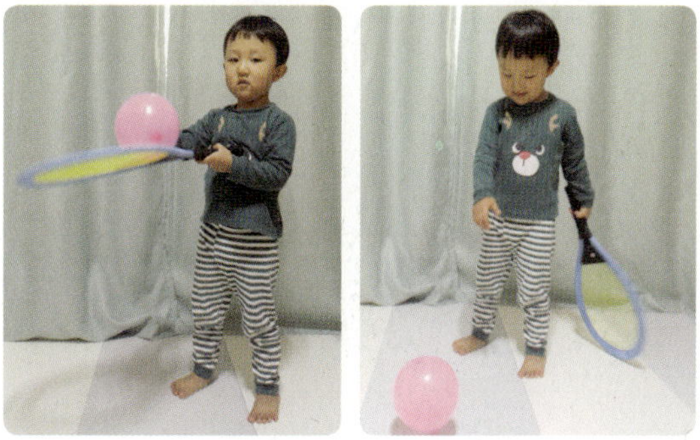

연계활동

문어 빨판 풍선 뽑기

준비물: 인쇄하여 코팅한 문어 도안, 풍선, 펀치(또는 칼)

① 코팅된 문어 도안에 펀치로 구멍을 뚫는다.
② 풍선을 도안 뒤쪽에서 앞으로 끼워, 풍선을 부는 부분이 문어 그림 앞쪽으로 나오게 한다.
③ 완성된 문어를 벽이나 책상에 붙이고, 영아가 문어 빨판처럼 풍선을 뽑아 볼 수 있도록 유도한다.

제 5 장

[유아편]

고무줄 놀이

< 놀이 흐름 >

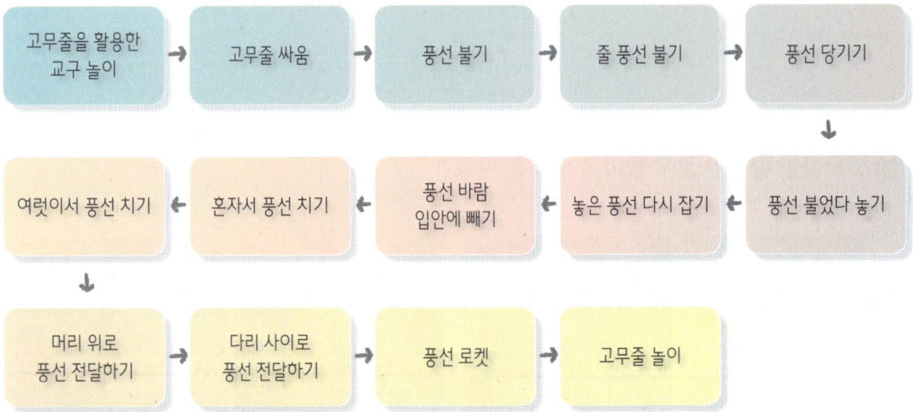

- 고무줄을 활용한 교구 놀이
- 고무줄 싸움
- 풍선 불기
- 줄 풍선 불기
- 풍선 당기기
- 풍선 불었다 놓기
- 놓은 풍선 다시 잡기
- 풍선 바람 입안에 빼기
- 혼자서 풍선 치기
- 여럿이서 풍선 치기
- 머리 위로 풍선 전달하기
- 다리 사이로 풍선 전달하기
- 풍선 로켓
- 고무줄 놀이

고무줄 놀이

활동목표 * 탄성을 이해한다.

* 고무줄과 풍선을 활용하여 다양한 놀이를 한다.
* 풍선과 고무줄의 비슷한 점을 안다.
* 안전하게 놀이한다.

동작의 기본 요소 당기기, 치기

대상 연령 만 3~5세

1 고무줄을 활용한 교구 놀이 & 고무줄 싸움

고무줄을 활용한 교구 – 직조 짜기

고무줄 싸움

관찰	• 고무줄을 이용하여 직조 짜기 활동을 하는 중 고무줄을 늘렸다가 놓는 행동을 반복하는 모습을 보인다. • 고무줄로 고무줄 총을 만들어 친구들에게 쏘는 흉내를 낸다. • 친구와 서로 고무줄을 맞대 보고 서로 미는 모습을 보인다.
교사의 지원	• 다양한 고무줄과 고무줄을 활용한 교구를 제공한다. • 고무줄과 비슷한 성질을 갖고 있는 물건은 무엇이 있을지 생각해 본다.

2 풍선 불기 & 줄 풍선 불기

일반 풍선 불기

줄 풍선 불기

관찰	• 풍선을 제공하자 처음엔 불기 시작한다. • 친구가 풍선을 부는 모습을 보고 서로 재미있어한다. • 줄 풍선을 불기 힘들어하며 “이건 절대 못 해요.”라고 말하고 풍선을 내려놓는다.
교사의 지원	• 다양한 풍선을 준비한다. • 풍선을 불어 볼 수 있는 충분한 시간을 제공한다. • 고무줄과 같이 풍선을 당겨 볼 수 있도록 한다.

3 풍선 당기기 & 풍선 불었다 놓기

풍선 당기기

풍선 불었다 놓기

관찰	• 교사가 풍선 당기기를 유도하자 유아들이 잡아당기기 시작한다. • 일반 풍선보다 줄 풍선이 많이 늘어나자 재미있어한다. • 줄 풍선이 계속 늘어나자 옆에 있는 친구와 서로 다른 쪽 끝을 잡고 뒤로 걸어가며 멀어진다. • 풍선을 불었다가 놓아 보는 활동을 하며 풍선이 마음대로 움직이는 것에 즐거움을 느낀다. • 풍선이 마음대로 움직이다가 친구의 어깨나 몸에 닿거나 올라가 있는 것을 재미있어한다.
교사의 지원	• 풍선을 가로, 세로로 당겨 볼 수 있도록 지도한다. • 친구와 함께 풍선을 당길 때 놓치지 않도록 한다. • 풍선을 불고 놓아 보는 활동으로 확장한다.

4 놓은 풍선 다시 잡기 & 풍선 바람 입안에 빼기

놓은 풍선 다시 잡기

풍선 바람 입안에 빼기

관찰	• 놓은 풍선을 다시 잡으러 쫓아다니며 유아들이 즐거워한다. • 풍선이 일정한 규칙 없이 마음대로 날아다녀 잡는 것이 어려웠다. • 풍선을 불다가 바람이 입안으로 들어오는 유아들을 발견한다. • 풍선 바람이 입안으로 들어오는 것을 즐거워한다. • 실수로 이루어진 행동이 유아들의 관심을 끌어 풍선 불어서 잡기 놀이가 풍선 바람 입안에 빼는 놀이로 변화한다.
교사의 지원	• 불었다가 놓은 풍선을 다시 잡아보도록 격려한다. • 풍선에 바람을 넣었다가 빼는 활동을 충분히 하고 나니 유아들이 풍선을 묶어서 가지고 놀자고 제안하였고 교사가 풍선을 묶어 주었다. • 유아가 서로 부딪히지 않도록 충분한 공간을 제공한다.

5 혼자서 풍선 치기 & 여럿이서 풍선 치기

혼자서 풍선 치기

여럿이서 풍선 치기

관찰	• 풍선이 움직이는 모습을 집중하여 보며, 풍선이 땅에 떨어지지 않도록 손으로 쳐서 위로 올리는 활동을 한다. • 동그랗게 서서 풍선이 땅에 떨어지기 전에 풍선을 쳐서 친구에게 패스하는 활동을 재미있어한다. • 시간이 지나며 나에게는 풍선이 잘 오지 않는다며 속상함을 표현하는 유아들이 생겼다.
교사의 지원	• 유아들에게 풍선을 치는 기회를 더 많이 제공하기 위해 풍선의 개수를 1개에서 2개로 늘려 주었다. • 그룹을 두 그룹으로 나누어 풍선을 칠 수 있는 기회를 더 많이 제공한다. • 모든 유아가 풍선을 공평하게 만져 볼 수 있는 기회를 마련한다.

6 머리 위로 풍선 전달하기 & 다리 사이로 풍선 전달하기

머리 위로 풍선 전달하기 : 앞 → 뒤

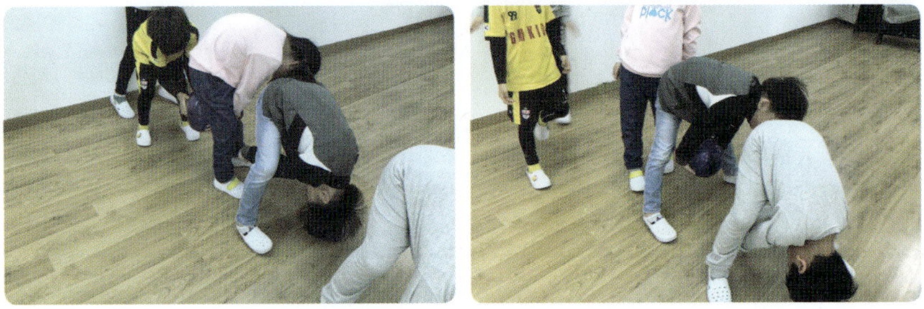

다리 사이로 풍선 전달하기 : 뒤 → 앞

관찰	• 머리 뒤로 풍선을 넘기다가 친구를 한 명을 건너뛰자 "나 못 했어."라고 말한다. 뒤로 간 풍선을 다시 앞으로 전달해 주며 건너뛴 친구도 할 수 있도록 다시 시작한다. • 머리 위로 풍선을 전달하는 활동을 여러 번 반복한 후에 다른 방법으로 전달하고 싶다고 제안한다. • 풍선을 뒤에서 앞으로 전달할 때, 다리 사이로 전달하는 방법으로 활동 규칙을 변경한다.
교사의 지원	• 풍선을 앞에서 뒤로, 뒤에서 앞으로 전달하는 활동을 여러 번 반복한 후 팀을 나누어 진행한다. • 팀을 나누고 놀이의 규칙에 대해 함께 토론한다.

7 풍선 로켓 & 고무줄 놀이

풍선 로켓

고무줄 놀이

관찰	• 풍선 로켓을 만들어 날리는 것을 재미있어한다. • 교사가 준비한 줄보다 더 긴 줄을 원한다. • 줄이 길면 로켓이 더 멀리 간다고 생각하는 유아들이 있었다. • 고무줄 놀이에 흥미를 보인다. • 고무줄을 넘는 방법과 노래를 유아들끼리 정하여 놀이를 진행한다.
교사의 지원	• 풍선 로켓을 만들 수 있는 재료 및 만드는 방법을 제공한다. • 풍선 로켓이 멀리 갈 수 있는 방법을 생각해 보도록 유도한다.

연계활동

풍선을 이용한 조명등 만들기

준비물: 풍선, 한지, 물풀, 작은 전등

① 풍선을 불어서 준비한다.
② 한지를 적당한 크기로 오린다.
③ 오린 한지에 물풀을 발라 풍선에 골고루 붙인다.
④ 완전히 건조되면 풍선의 공기를 빼고 종이 형태를 정리한다.
⑤ 건조된 종이 안에 작은 전등을 넣은 후 불을 켜 본다.

제 6 장

[유아편]

공놀이

< 놀이 흐름 >

공 굴리기 → 공 튕기기 → 축구공 드리블 → 농구공 드리블 → 다양한 높이의 공 치기 → 튕기기 → 던지기 → 머리 위로 공 던져 골대에 넣기 → 머리 위로 풍선 던져 골대에 넣기 → 친구가 던져 주는 공 골대로 받기 → 번갈아 가며 공 주고받기 → 라켓 만들기 → 만든 라켓으로 풍선 주고받기

- 공 굴리기
- 공 튕기기
- 축구공 드리블
- 농구공 드리블
- 다양한 높이의 공 치기
- 튕기기
- 던지기
- 머리 위로 공 던져 골대에 넣기
- 머리 위로 풍선 던져 골대로 받기
- 친구가 던져 주는 공 골대로 받기
- 번갈아 가며 공 주고받기
- 라켓 만들기
- 만든 라켓으로 풍선 주고받기

공놀이

활동목표 * 손과 발을 이용하여 공을 이동시킨다.
* 라켓 위에서 공을 연속하여 튕길 수 있다.
* 공놀이의 규칙을 알고 지킨다.
* 공의 특성을 알고 이해한다.

동작의 기본 요소 치기, 던지기, 튕기기

대상 연령 만 3~5세

1 공 굴리기 & 공 튕기기

공 굴리기

공 튕기기

관찰	• 블록으로 길을 만들어 원기둥 블록을 굴리거나 공을 굴리며 놀이를 하는 모습을 보인다. • 친구와 공을 굴려 서로 주고받거나, 던져서 받는 놀이를 한다. • 앉아서 놀이를 하던 친구들이 일어서서 손과 발로 공을 드리블하는 놀이를 한다.
교사의 지원	• 다양한 크기의 공, 굴릴 수 있는 다양한 물건들을 제공한다. • 공을 이용해서 할 수 있는 운동에 대해 이야기 나눈다. • 공을 움직이게 하는 다양한 방법에 대해 이야기 나눈다(치기, 튕기기, 차기, 밀기 등). • 공으로 다양한 활동을 할 수 있도록 준비한다.

2 축구공 드리블 & 농구공 드리블

축구공 드리블

농구공 드리블

관찰	• 축구공을 발로 차며 조금씩 이동한다. • 농구공을 튕기며 이동한다. • 친구와 함께 손과 발로 공을 드리블한다.
교사의 지원	• 축구공, 농구공을 제공한다. • 충분한 공간을 제공한다.

3 다양한 높이의 공 치기

눈높이의 공 치기 – 혼자 치기, 같이 치기

아래에서 치기, 밀기 – 공을 밀어 골대에 넣기

위에서 치기 – 큰 라켓을 이용하여 공을 쳐서 목표 지점으로 넘기기

위에서 치기 – 작은 라켓을 이용하여 공을 쳐서 목표 지점으로 넘기기

관찰	• 눈높이에 있는 움직이는 탁구공을 계속 맞추는 것을 어려워하였다. • 친구와 마주 보고 움직이는 탁구공을 한 번씩 번갈아 가며 칠 때, 타이밍을 맞추지 못해 못 치거나 헛손질을 하는 유아가 있었다. • 바닥에 있는 공을 게이트볼 채로 쳐서 이동시키는 것은 잘한다. • 게이트볼 채로는 공을 잘 맞추자 교사가 '골대'를 제공한다. 골대를 향해 공을 쳐서 넣는 것은 어려워하였다. • 작은 라켓으로 공을 맞혀 네트를 넘겨 볼 수 있는 활동을 재미있어하고 몇 개의 공을 넘겼는지 기록을 세기도 하였다.
교사의 지원	• 다양한 높이에서 공을 칠 수 있도록 탁구공, 볼풀공, 탁구채, 큰 라켓, 작은 라켓, 게이트볼 채 등 여러 라켓과 공을 준비한다. • 머리 위로 공을 던져 라켓으로 공을 치는 것을 재미있어하고, 유아들이 공을 라켓에 잘 맞춰 라켓을 조금 작은 크기로 변경해 주었다.

4 튕기기

튕기기 – 라켓을 이용하여 공을 연속 튕기기

튕기기 – 바닥에 공을 튕겨 목표 지점에 넣기

관찰	• 처음에는 큰 라켓을 들고 공을 연속해서 튕기는 것이 잘되지 않았다. • 여러 번 반복적으로 연습한 후에 공을 집중해서 보며 몸을 조금씩 이동해서 큰 라켓으로 공을 튕기는 모습이 관찰되었다. • 바닥에 있는 골대에 공을 바닥에 1번 튕겨 넣도록 지도하자 유아들이 여러 번 시도하며 자기 위치를 앞, 뒤로 이동한다. • 1번 튕겨서 잘 넣자 2번 튕기기, 3번 튕기기 등 점점 숫자를 늘려 가며 바닥에 튕겨 골대에 넣어 보자고 권유하였고, 유아들이 친구에게 "넌 몇 번 튕겼어?" 라고 물으며 승부욕을 보인다.
교사의 지원	• 다양한 크기의 라켓, 스펀지공, 볼풀공 등을 제공한다. • 바닥에 내려놓을 수 있는 골대(또는 소쿠리), 탁구공을 제공한다. • 라켓의 크기를 점점 줄여 가면서 활동하도록 계획한다.

5 던지기

야구공 던지기

공을 던져 목표 지점에 넣기

관찰	• 야구에 관심이 있는 유아들이 많으며, 야구공 던지는 모습을 알고 있거나 흉내 낼 수 있다. • 야구공을 들고 있는 유아가 교실에서 공을 던져 봐도 되는지 물어본다.
교사의 지원	• 야구공, 스펀지공, 볼풀공, 골대, 탁구공 등 다양한 공을 지원한다. • 야구공을 실내에서 던지는 것에 어려움이 있음을 알고 있어 다른 놀이 방법을 제시한다. • 바닥에 튕기지 않고 한 번에 골대에 넣으면서 점점 거리를 멀리해 넣어 보도록 격려한다.

6 머리 위로 공 던져 골대에 넣기 & 머리 위로 풍선 던져 골대로 받기

머리 위로 공 던져 골대에 넣기

머리 위로 풍선 던져 골대로 받기

내 모습을 비춰 보며 풍선 받기

관찰	• 머리에 골대를 쓰고 스펀지 공을 머리 위의 골대에 넣어 보도록 지도하자 유아가 여러 번 시도한다. • 공을 보지 않고 골대에 넣어야 하는 것이 어렵다고 이야기한다. • 던진 풍선이 내려올 때까지 시간이 좀 걸리지만 머리 위 골대에는 잘 들어가지 않았다. • 활동을 하고 있는 유아가 "아! 거울을 보고 해야겠네."라고 말하며 자신의 모습이 거울에 보이는 장소로 이동하여 활동을 진행한다.
교사의 지원	• 골대, 스펀지공, 풍선, 탁구공을 제공한다. • 던진 공이 너무 빨리 내려와서 골대에 넣는 것이 어려운 건 아닐까 하는 생각이 들어 풍선을 제공하였다.

7 친구가 던져 주는 공 골대로 받기 & 번갈아 가며 공 주고받기

친구가 던져 주는 공 골대로 받기

친구랑 번갈아 가며 공 주고받기

관찰	• 혼자서 공을 던져서 받는 것을 어려워하여 친구와 함께 활동하는 것으로 변경하였다. • 친구가 던져 주는 공을 받으면서 골대를 쓰고 있는 유아는 "높이", "멀리", "살살" 등의 말로 공을 컨트롤한다. • 혼자 할 때보다 공이 골대에 잘 들어가니 유아들이 더 재미를 느꼈다. • 친구와 라켓을 가지고 공을 서로 번갈아 가며 주고받는 활동을 하며 처음에는 힘 조절이 잘 안돼서 공이 친구를 넘어갔다. • 공이 친구를 넘어가자 일부러 공을 세게 쳐서 멀리 보내는 유아들이 많아졌다.
교사의 지원	• 공을 멀리, 높이 던질 수 있도록 공간을 넓게 사용하도록 한다. • 친구와 공을 주고받는 횟수를 정해 주고 성공하는 팀은 친구들 앞에서 시범을 보일 수 있도록 지도하니 공을 멀리 보내며 장난치는 유아들이 사라졌다.

8 라켓 만들기 & 만든 라켓으로 풍선 주고받기

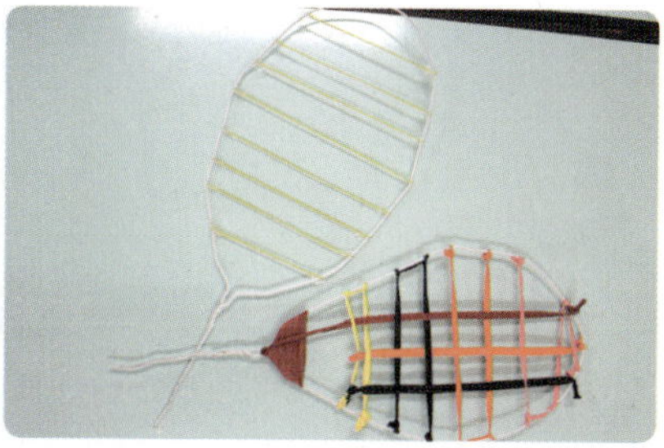

라켓 만들기

만든 라켓으로 풍선 주고받기

관찰	• 친구와 공을 주고받으면서 활동하다가 한 유아가 "나도 이 라켓 갖고 싶다." 라고 이야기한다. • 유아 나름대로 라켓을 만들고, 어려운 부분은 교사에게 도움을 요청하였다. • 내가 만든 라켓으로 풍선을 주고받는 활동을 한다. • 만든 라켓으로 활동하니 유아들이 라켓을 더욱 소중히 다루고, 내 라켓으로 친 풍선이 멀리 날아갈 때 즐거워하였다.
교사의 지원	• 유아들이 라켓을 만들 수 있는 재료를 제공하고, 라켓 만드는 과정은 토의하여 진행하였다. • 유아들이 라켓을 만드는 과정에서 손잡이 부분의 연결을 도와주었다.

연계활동

동화 "마법의 공과 친구들"

옛날 옛날, 작은 마을에 다섯 친구들이 살고 있었어요. 그들은 각각 매우 다른 성격을 가지고 있었지만, 서로를 깊이 아끼고 믿고 있었죠. 친구들의 이름은 민수, 지호, 수연, 하늘, 그리고 윤호였어요. 그들의 가장 큰 특징은 바로, 모두 공을 좋아했다는 것이었어요.

하루는 마을 공터에서 놀고 있던 친구들이 우연히 이상한 공을 발견하게 되었어요. 그 공은 평범한 공이 아니었어요. 반짝이는 금색 빛을 내며, 공이 땅에 닿을 때마다 하늘에서 별들이 떨어지는 듯한 신기한 현상이 일어났죠. 친구들은 그 공이 마법의 공임을 직감했어요.

"이 공, 분명히 뭔가 특별해!" 민수가 말했어요.

"그럼 우리가 어떻게 사용할지 알아야겠어!" 지호가 응답했죠.

모든 친구들은 그 공을 가지고 무엇을 할지 고민했어요. 그런데 바로 그때, 공이 스스로 떠오르더니 하늘로 날아가 버렸어요. 친구들은 당황했지만, 그 공을 따라가기로 결심했어요. 그 공이 어디로 가는지, 무엇을 원했는지 알아내야만 했으니까요.

공을 따라가던 친구들은 숲속 깊은 곳에 다다랐고, 그곳에서 수많은 장애물이 나타났어요. 큰 나무들이 길을 막고, 좁은 다리를 건너야 했으며, 심지어 거대한 바위들이 친구들의 앞을 가로막기도 했어요.

"이 공은 우리에게 무엇을 요구하는 걸까?" 수연이 물었어요.

"우리가 함께 협력해서 문제를 해결해 가야 한다는 걸 보여 주는 것 같아." 하늘이 말했어요.

친구들은 각자 자신이 잘하는 일을 떠올리며, 하나씩 해결책을 찾기 시작했어요.

- **민수**는 공을 던지는 데 능숙했기에, 큰 나무를 넘어서는 길을 만들기 위해 공을 던져 나무 사이를 지나갈 수 있는 길을 만들었어요.
- **지호**는 뛰어난 몸놀림으로 좁은 다리를 건널 때 균형을 잡아주었어요.
- **수연**은 바위를 넘을 수 있는 길을 찾아내었고, 하늘은 문제를 해결하는 방법을 아이디어로 제시하며 모두를 이끌었어요.

이렇게 친구들은 각자의 능력을 발휘하며 협력했고, 마침내 마법의 공이 떨어져 있는 곳에 도달하게 되었어요. 그곳은 아름다운 꽃밭이었고, 공이 떨어지자 꽃들이 활짝 피며 환한 빛을 발했어요.

"우리가 함께했기에 가능한 일이었어!" 윤호가 기뻐하며 말했어요.
마법의 공은 그들이 협동하여 문제를 해결한 것에 대한 보답으로, 마을 사람들에게 행복을 가져다줄 수 있는 힘을 부여했어요. 그날 이후, 마을에서는 모두가 서로 돕고 협력하는 분위기가 만들어졌고, 친구들은 더욱 끈끈한 우정을 쌓았답니다.
그리고 그 공은 다시 하늘로 떠나, 새로운 모험을 떠날 준비를 했답니다. 마법의 공이 말해 준 것처럼, 진정한 힘은 혼자서가 아닌, 서로 협력하며 이루어낸다는 것을 모두가 깨달은 순간이었어요.

[교훈] 협력과 팀워크는 어려움을 이겨낼 수 있는 가장 강력한 무기라는 사실을 알게 되며, 진정한 친구란 서로 돕고 함께 성장하는 존재임을 깨닫게 됩니다.

출처: 챗GPT

제 7 장

[유아편]

스카프 놀이

< 놀이 흐름 >

스카프 흔들기 → 스카프 타고 이동하기 → 스카프 말기 → 스카프 꼬기 → 스카프 당기기 → 스카프 던져서 받기 → 슈퍼맨 놀이 → 깃발 흔들기 → 청기 백기 게임 → 소리 듣고 움직이기

- 스카프 흔들기
- 스카프 타고 이동하기
- 스카프 말기
- 스카프 꼬기
- 스카프 당기기
- 스카프 던져서 받기
- 슈퍼맨 놀이
- 깃발 흔들기
- 청기 백기 게임
- 소리 듣고 움직이기

스카프 놀이

활동목표 ＊ 소리를 듣고 움직일 수 있다.

＊ 스카프의 특성을 알고 스카프를 활용하여 다양한 놀이를 한다.

＊ 안전하게 놀이한다.

동작의 기본 요소 순발력, 던지기, 받기

대상 연령 만 3~5세

1 스카프 흔들기 & 스카프 타고 이동하기

스카프 흔들기

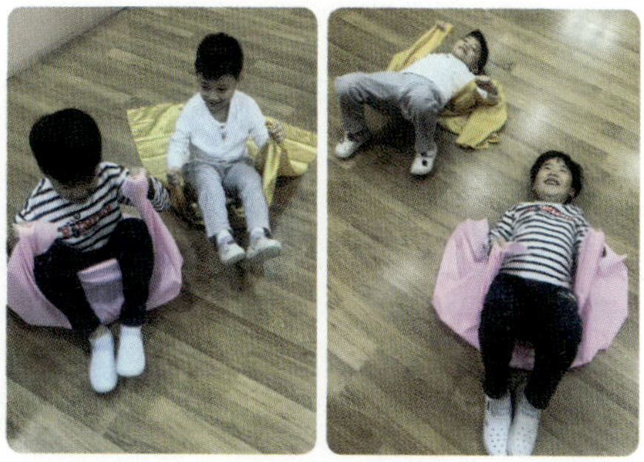

스카프 타고 이동하기

관찰	• 어느 날 역할 영역에 있는 스카프를 흔들며 놀이하는 모습이 관찰되었다. • 음식을 담기 위해 바닥에 펼쳐 놓은 스카프를 지나가던 친구가 밟고 미끄러졌다. • 미끄러지는 모습을 보고 다른 유아들이 흥미를 보인다.
교사의 지원	• 여러 색깔의 스카프를 준비한다. • 다양한 신체 부위로 스카프를 타고 이동할 수 있도록 지도한다.

2 스카프 말기 & 스카프 꼬기

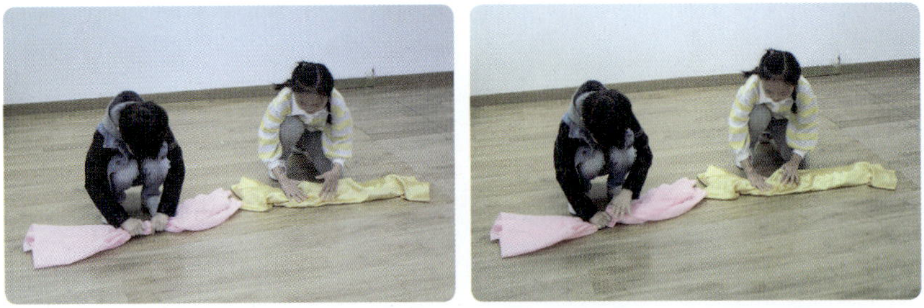

스카프 말기

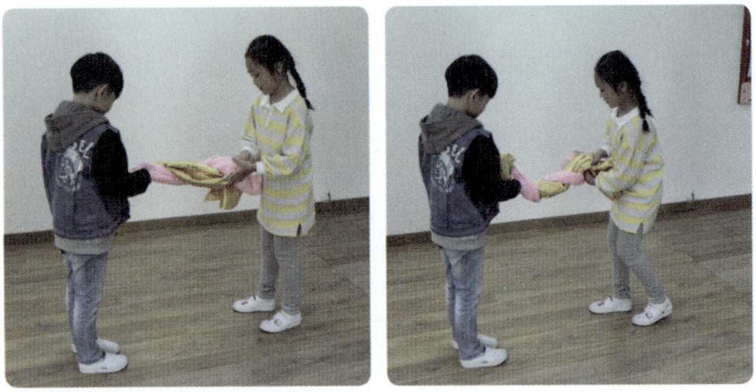

스카프 꼬기

관찰	• 항상 스카프를 펼쳐서만 놀이하는 모습을 보인다. • 교사가 유도하자 스카프를 돌돌 말아 줄다리기를 하기도 하고, 빨래라며 두 개의 스카프를 꼬기도 하였다.
교사의 지원	• 스카프를 펼쳐서 놀이하는 방법 이외에 어떤 방법으로 놀 수 있는지 유아들과 함께 토의한다. • 다양한 재질과 크기의 스카프를 제공한다.

3 스카프 당기기 & 스카프 던져서 받기

스카프 당기기

스카프 던져서 받기

관찰	• 스카프 하나를 가지고 줄다리기를 할 때는 돌돌 말았던 스카프가 펼쳐졌지만 두 개의 스카프를 서로 꼬아 줄다리기를 하니 스카프가 풀리지 않았다. • 스카프를 하늘로 던졌다 손으로 받기도 하고, 머리로 받기도 한다. • 던지고 박수 한 번 치고 스카프 받기, 박수 두 번 치고 스카프 받기 등 박수 치는 수를 늘려 가며 받기 활동을 한다. • 스카프를 다양하게 활용할 수 있도록 유도한다.
교사의 지원	• 스카프를 던지고 받을 때 친구와 부딪히지 않도록 지도한다. • 안전하고 넓은 공간을 제공한다.

4 슈퍼맨 놀이 & 깃발 흔들기

슈퍼맨 놀이

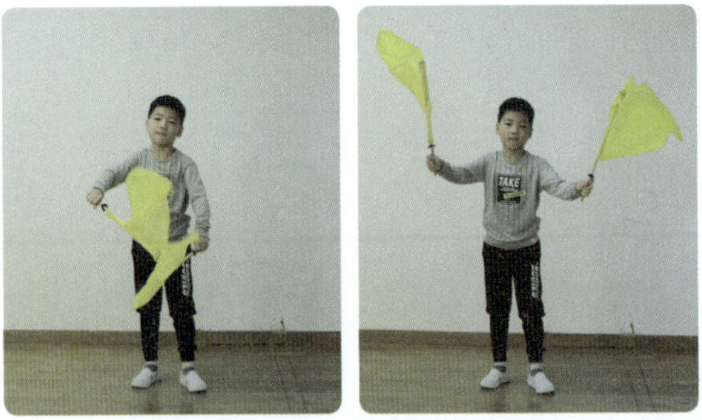

깃발 흔들기

관찰	• 스카프를 던졌다 받으며 스카프가 움직이는 모습을 관찰하여 말로 표현하는 유아들이 있었다. • 스카프를 목에 묶고 슈퍼맨 놀이를 한다. • 움직일 때마다 스카프가 펄럭펄럭하는 것을 재미있어한다.
교사의 지원	• 교사가 깃발을 준비해 흔들어 보며 스카프와 어떤 점이 같은지, 다른 점은 무엇인지 생각해 보도록 한다. • 다양한 방법으로 놀이하는 것을 격려한다.

5 청기 백기 게임 & 소리 듣고 움직이기

청기 백기 게임

악기 소리 따라오기(1 : 1)

여럿이서 소리 듣고 움직이기

관찰	• 친구와 깃발을 하나씩 나눠 갖고, 깃발 게임을 진행한다. 교사의 이야기를 경청하며 깃발을 들었다 내리는 활동을 재미있어한다. • 스카프를 머리에 쓴 채로 소리를 듣고 움직여야 하는 것에 무서워하는 모습을 보이긴 했지만 활동을 흥미로워하였다. • 여러 명의 유아가 악기 소리를 따라 이동할 때는 앞의 모습이 살짝 보여서 그런지 스카프를 쓴 유아들이 서로 모였다.
교사의 지원	• 두 가지 색 이상의 깃발, 신호 악기, 두꺼운 스카프, 얇은 스카프를 준비한다. • 1:1로 악기 소리를 따라올 때는 두꺼운 스카프로 눈을 가려도 되지만, 다수의 유아들이 함께 소리를 따라올 때는 만일의 안전사고를 대비하여 밖의 모습이 살짝 비치는 얇은 스카프로 활동한다.

연계활동

낙하산 만들기

■ 준비물: 비닐 포장지 or 네모나게 자른 비닐봉지, 테이프, 털실, 열쇠고리

① 비닐을 정사각형 모양으로 잘라서 준비한다.
② 털실을 비닐의 한쪽 면의 길이만큼 잘라 네 개를 준비한다.
③ 자른 털실을 비닐의 네 모서리에 테이프로 붙여 준다.
④ 반을 접어 양 귀퉁이를 접은 뒤 테이프로 붙여 준다.
⑤ 한 번 더 반을 접은 후 털실을 모아 매듭을 지어 준다.
⑥ 털실의 매듭 끝에 열쇠고리를 묶어 준다.
⑦ 날개를 펴서 위에서 아래로 떨어뜨려 본다.

제 8 장

[유아편]

신문지 놀이

< 놀이 흐름 >

신문지 탐색하기 → 신문지 찢기 → 신문지 찢어 연결하기 → 신문지 모으기 → 신문지 더미에 눕기 → 신문지 비 뿌리기 → 신문지 뭉치기 → 신문지 공 던지고 받기 → 신문지 눈싸움 → 신문지 위에서 중심 잡기 → 신문지 격파 → 신문지 칼싸움 → 신문지 펜싱

- 신문지 탐색하기
- 신문지 찢기
- 신문지 찢어 연결하기
- 신문지 모으기
- 신문지 더미에 눕기
- 신문지 비 뿌리기
- 신문지 뭉치기
- 신문지 공 던지고 받기
- 신문지 눈싸움
- 신문지 위에서 중심 잡기
- 신문지 격파
- 신문지 칼싸움
- 신문지 펜싱

신문지 놀이

활동목표 ＊ 신문의 역할을 안다.

＊ 신문을 활용하여 던지기, 받기를 한다.

＊ 소근육을 활용하여 신문을 가늘고, 길게 찢을 수 있다.

동작의 기본 요소 찢기, 던지기, 받기

대상 연령 만 3 ~ 5세

1 신문지 탐색하기 & 신문지 찢기

신문을 만져 보고, 냄새 맡아 보고, 신문 생김새 등을 탐색하기

신문 찢어 보기

관찰	• 교사가“신문에서 내가 아는 글자를 찾아보세요.”라고 말하자 유아들이 신문의 글자들을 살펴본다. • “어떤 글자를 찾았는지 말해 줄 수 있는 친구 있나요?”라고 묻자, 모든 유아들이 손을 든다. 한 명을 지목하여 물으니 “저는 ‘이’라는 글자를 찾았어요.”라고 답한다. 그러자 여러 친구들이 “어? 나도 ‘이’ 찾았는데.”라고 이야기를 한다. • 신문을 길게 찢은 것을 여기저기 흩어 놓는다.
교사의 지원	• 신문을 자유롭게 찢을 수 있도록 격려하고 충분한 신문지를 제공한다. • 신문지를 시각, 촉각, 청각, 후각으로 탐색해 보도록 지원한다.

2 신문지 찢어 연결하기 & 신문지 모으기

찢은 신문을 연결하기

신문지 모으기

관찰	• 찢은 신문지를 연결하려고 이동하다 신문지가 날아가는 상황이 발생하였다. • 신문을 찢어 연결하는 것에 처음에는 흥미를 보이지 않다가 길이가 점점 길어지고 친구와 길이 차이가 생기는 것을 알게 되자 재미있어하고, 신문을 더 얇게 찢으려고 하였다. • 교실 끝에서 끝까지 신문을 연결했지만 아직 신문이 남자 있자 "이제 어떻게 해요?"라고 교사에게 묻는다. • 길이를 재 본 후 신문을 한곳으로 모으기로 약속하고 모으기를 시작하자 "청소차가 지나갑니다. 비키세요."라고 말하며 놀이한다.
교사의 지원	• 찢은 신문을 교실 끝까지 연결하였을 때, 다시 돌아오며 신문을 계속 연결할지, 끝까지 연결하고 남은 신문의 크기를 비교하여 볼지 제안한다. • 신문을 모을 때 다툼이 일어나지 않도록 지도한다.

3 신문지 더미에 눕기 & 신문지 비 뿌리기

신문지 더미에 누워 보기, 누운 친구에게 신문지 이불 만들어 주기

신문지 비 뿌리기

관찰	• 다 모은 신문지를 다시 뿌리는 유아가 관찰된다. • 모은 신문에 누워 보는 친구도 있고, 신문 위로 점프하는 친구도 있다. • 눕거나 점프하는 유아들을 본 다른 유아들은"나도 하고 싶어요."라고 말하며 교사를 쳐다본다. • 신문지를 비라고 생각하고 하늘에서 뿌리는 활동을 하는 중 옆에 있는 친구에게 신문을 던지는 유아가 있음을 발견한다.
교사의 지원	• 모은 신문지 위에 누워 보고, 누워 있는 친구에게 신문지 이불을 덮어 주는 활동으로 확장한다. • 바닥에서 점프할 때와 신문지 위에서 점프했을 때, 바닥에 누웠을 때와 찢어 놓은 신문지 위에 누었을 때의 다른 점이 있을지 생각을 나눠 보고 활동해 보도록 지도한다. • 활동 후 처음 생각과 같은지, 다르다면 어떤 점이 다른지 이야기해 보는 시간을 갖는다.

4 신문지 뭉치기 & 신문지 공 던지고 받기

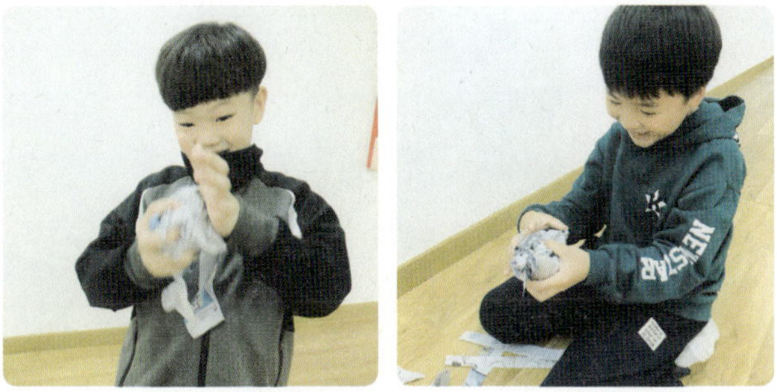

신문지 뭉치기

신문지 혼자 던지고 받기, 친구와 함께 던지고 받기

관찰	• 혼자 던지고 받을 때 흩어지는 신문을 보고"선생님 저 이거 다 잡아 볼게요." 라고 말하며 흩날리는 신문을 잡으려고 하는 모습을 보여 준다. • 여러 명의 친구들이 릴레이로 던지고 받는 활동도 재미있어하였지만, 내 차례를 기다리는 것을 지루해하기도 하고 내 차례가 짧게 지나가는 것을 아쉬워한다. • 공이 아닌 신문을 뭉쳐서 던지는 것을 재미있어하고 던졌을 때 흩어지는 신문을 보며 즐거워한다.
교사의 지원	• 뿌리는 활동을 하던 중 친구에게 신문을 던지는 친구를 발견하고 신문을 뭉쳐서 던지고 받는 활동으로 확장한다. • 혼자 던지고 받는 활동을 지도한다. • 친구와 둘이서 던지고 받는 활동으로 확장한다. • 여러 명의 친구가 두 줄로 마주 보고 서서 릴레이로 던지고 받는 활동으로 확장한다.

5 신문지 눈싸움

신문지 눈싸움

관찰	• 처음에는 유아들이 신문을 뭉쳐서 던졌지만, 눈싸움이 진행될수록 신문을 뭉치지 않고 던지는 유아들이 많이 생겨났다. • 진짜 눈은 아니지만 유아들이 신문지 눈싸움을 즐거워하였다.
교사의 지원	• 신문지를 뭉쳐서 던지는 활동을 충분히 연습한 후, 신문지 눈싸움으로 놀이를 확장한다. • 필요한 놀이 규칙을 유아와 함께 논의한다.

6 신문지 위에서 중심 잡기

작아지는 신문지 위에서 중심 잡기

관찰	• 눈싸움이 끝나고 유아들이 "아~ 더 놀고 싶어요."라며 아쉬움을 많이 표현한다. • 작아지는 신문지 위에서 혼자서 중심 잡기를 할 때 "이거 완전 쉬운 거잖아요."라며 자신감을 보인다. • 혼자서 중심 잡기 활동을 할 땐 신문이 더 이상 접히지 않을 때까지 중심을 잘 잡는다. • 두 명 또는 세 명 그 이상의 친구와 함께 신문지 위에서 중심 잡기를 할 때는 "야, 네가 내 발을 밟아.", "내가 안아 줄까?" 등 신문지 밖으로 발이 나가지 않고 중심을 잡으려고 다양한 방법을 생각해 낸다.
교사의 지원	• 신문으로 또 어떤 놀이를 할 수 있을지 이야기 나눈다. • 이야기 나눈 놀이 중에서 몇 가지 활동을 더 해 볼지 유아들과 함께 결정한다.

7 신문지 격파 & 신문지 칼싸움 & 신문지 펜싱

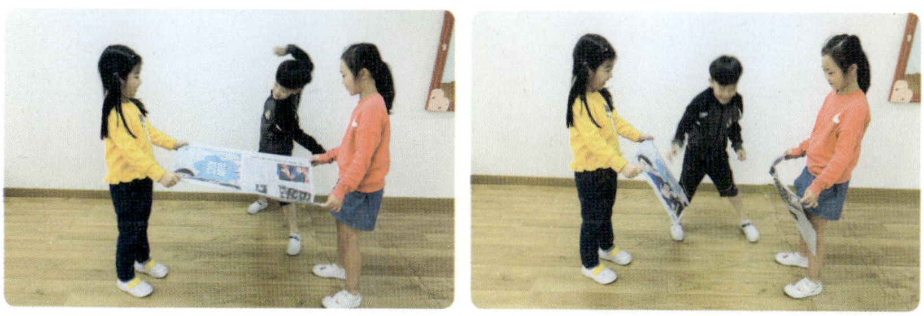

신문지 격파

신문지 칼싸움

신문지 펜싱

관찰	• 평소 신체 활동에 소극적인 유아도 신문지 격파 활동에 흥미를 보이고, 신문지 격파 후 신문지가 찢어지니 환하게 웃는다. • 처음 칼싸움을 하고 싶어 하였을 때, 교사가 조금 머뭇거렸으나 유아와 함께 약속을 정하고 칼싸움을 시작하니 서로 약속을 지키며 놀이하는 모습을 보인다. • 펜싱하는 모습을 영상으로 보여 준 후 다시 놀이를 진행하니 유아들 나름대로 펜싱을 따라 하는 모습이 관찰되었다.
교사의 지원	• 칼싸움 놀이가 점차 과격해지는 팀이 생겨 칼싸움과 비슷한 펜싱 놀이를 제안하였다. • 펜싱 놀이를 시작해 보니 가만히 있거나 친구들이 노는 것을 보고만 있는 유아들이 있어, 펜싱이 어떻게 하는 운동인지 모르는 유아들을 위해 동영상으로 펜싱을 소개하였다.

연계활동

신문지 비행기 만들기

■ 준비물: 신문지

목표 공기의 흐름과 비행 원리 이해

활동 ① 신문지를 여러 장 겹쳐서 크고 넓은 종이를 만든다.
② 종이를 접어 비행기 모양을 만든다.
③ 아이들과 함께 여러 가지 방법으로 비행기를 던져 보며 어느 방식이 더 멀리 날아가는지 실험한다.

배울 수 있는 점 공기 저항, 무게 중심, 비행의 원리

신문지로 만드는 실험적인 '부표'

■ 준비물: 신문지, 수조, 물

목표 부력과 물의 원리 이해

활동 ① 신문지를 여러 겹 겹쳐서 작은 배나 보트를 만든다.
② 물이 담긴 그릇에 신문지 배를 띄워 본다.
③ 그 후, 다양한 형태의 배를 만들어 보고 어느 형태가 더 잘 뜨는지 실험한다.

배울 수 있는 점 부력, 물체의 형태에 따른 물속에서의 행동

제 9 장

[유아편]

점프 놀이

< 놀이 흐름 >

제자리 뛰기 → 토끼처럼 점프하기 → 음악에 맞춰 점프하기 → 다양한 간격 점프하기 → 제자리멀리뛰기 → 에어캡 위에서 점프하기 → 높이 뛰기 → 달려가 높이 뛰기 → 캥거루 게임(캥거루 뛰기)

- 제자리 뛰기
- 토끼처럼 점프하기
- 음악에 맞춰 점프하기
- 다양한 간격 점프하기
- 제자리멀리뛰기
- 에어캡 위에서 점프하기
- 높이 뛰기
- 달려가 높이 뛰기
- 캥거루 게임(캥거루 뛰기)

점프 놀이

활동목표 * 제자리에서 점프를 한다.
* 점프하여 앞, 뒤, 옆으로 이동한다.
* 동물의 모습을 흉내 내어 표현한다.

동작의 기본 요소 점프, 제자리멀리뛰기

대상 연령 만 3~5세

1 제자리 뛰기

제자리 뛰기

관찰	• 유아들이 화장실을 갈 때나 이동할 때 뛰어가는 유아들도 있지만, 점프해서 이동하는 유아들이 많아졌다. • 서로 누가 더 멀리, 더 높이 점프하는지 시합한다. • 한 발로 누가 더 오래 점프하는지 시합한다.
교사의 지원	• 다양한 점프 방법을 소개한다. (예: 두 발 모아 뛰기, 한 발 뛰기, 높이 뛰기, 멀리뛰기, 3단 뛰기 등) • 친구들과 점프를 해 볼 수 있는 공간을 제공한다.

2 토끼처럼 점프하기 & 음악에 맞춰 점프하기

토끼처럼 점프하기

음악에 맞춰 점프하기 – 동요 '통통통'

관찰	• 노래를 부르며 점프하고, 기고, 이동하고, 구르고, 수영하는 등 노래에 맞춰 신체를 표현하는 것을 즐거워한다. • 토끼 머리띠를 쓰고, 토끼처럼 쭈그려 앉아 점프해 보는 것을 즐긴다. • 연속해서 점프하자 머리띠가 흘러내렸다.
교사의 지원	• 점프를 하는 동물들에 대해 관심을 유도한다. • 피아노 연주를 하며 자연스럽게 점프를 해 볼 수 있도록 유도한다. • 토끼 머리띠와 토끼 머리띠를 고정할 수 있는 도구를 제공한다(핀, 고무줄 등).

3 다양한 간격 점프하기

좁은 간격을 두 발 모아 점프하기

살짝 더 떨어트린 중간 간격을
두 발 모아 점프하기

넓은 간격을 두 발 모아 점프하기

관찰	• 토끼, 거북이, 개구리 등을 흉내 내는 유아가 있다. • 연꽃잎이 가까울 땐 모든 유아들이 두 발 모아 뛰기를 할 수 있다. • 연꽃잎이 점점 멀어지자 재미있어하는 유아들도 있는 반면 포기하는 유아도 생겼다. • 두 발 모아 뛰기를 3단계 간격으로 해 보고, 한 발 뛰기로 똑같은 활동을 했지만 유아들이 흥미로워한다. • 한 발 뛰기로 할 때 점프를 하며 발을 바꾸는 유아들이 여럿 있다.
교사의 지원	• 토끼 말고 또 점프해서 이동하는 동물이나 파충류, 양서류는 무엇이 있을지 이야기 나눈다. • 연꽃잎의 간격을 조절하며 점프를 해 볼 수 있도록 지도한다. • 두 발 모아 뛰기, 한 발 뛰기 등 다양한 뛰기를 경험해 볼 수 있도록 지도한다. • 간격이 넓어져 포기하는 유아는 교사가 손을 잡고 점프해 볼 수 있도록 한다.

4 제자리멀리뛰기

제자리멀리뛰기

날개의 도움을 받아 제자리멀리뛰기

관찰	• 제자리멀리뛰기 방법을 소개하고 각 유아들이 움직여 본다. • 유아들이 각자 제자리멀리뛰기를 하며 서로의 기록에 관심을 보인다. • 두 팀으로 나눠 토끼와 개구리 머리띠를 쓰고 제자리멀리뛰기를 한다. • 친구와 함께 제자리멀리뛰기를 하니 혼자 연습할 때보다 기록이 좀 더 잘 나왔다. • 더 멀리 뛰기 위해서 어떤 방법이 필요할지 생각을 나누는 과정에서 한 유아가 "새처럼 날아서 가면 되잖아요."라고 이야기한다. • 날개를 어떻게 만들지 이야기 나누던 중 역할 영역에 있는 스카프로 슈퍼맨처럼 만들어서 해 보자고 유아들이 제안한다. • 토끼와 개구리로 점프해 보는 것도 재미있어하였지만, 스카프로 날개 또는 망토를 만들어 걸치고 점프해 보는 것을 더 즐거워하였다.
교사의 지원	• 동물 머리띠, 스카프를 제공한다. • 제자리멀리뛰기 방법을 소개한다. • 어떤 방법으로 뛰면 더 멀리 뛸 수 있을지 생각을 나눈다.

5 에어캡 위에서 점프하기

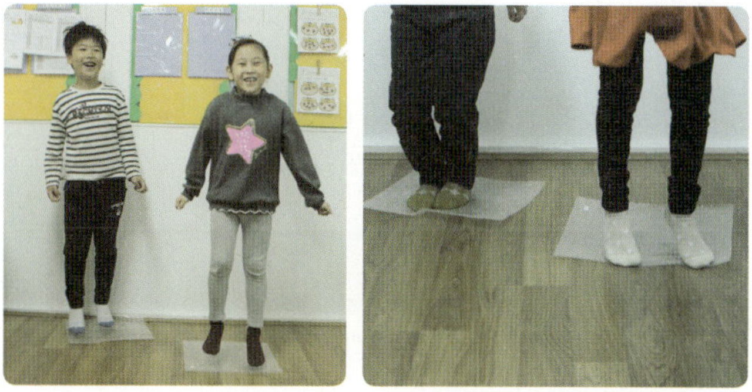

에어캡 위에서 나 혼자 점프하기

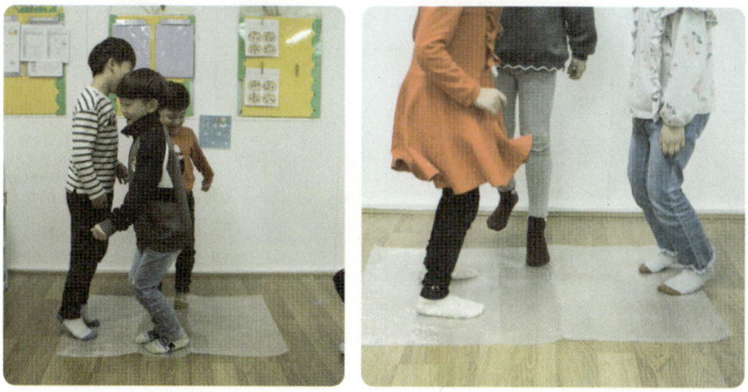

에어캡 위에서 친구와 함께 점프하기

관찰	• 처음 에어캡을 제공하였을 때 유아들은 손으로 에어캡을 터트린다. • 한 명씩 공간을 정해 주고 에어캡 위에서 점프해 보는 활동을 진행한다. • 두 발로 점프해서 에어캡을 터트리는 친구들도 있고, 한 발씩 빠르게 번갈아 가며 에어캡을 터트리는 친구도 있다.
교사의 지원	• 손으로 에어캡을 터트리는 놀이를 하는 유아들에게 발로 터트려 보자고 제안한다. • 좀 더 큰 크기의 에어캡을 제공하며 3명씩 팀을 정하여 에어캡을 터트려 보는 활동으로 확장한다.

6 높이 뛰기 & 달려가 높이 뛰기

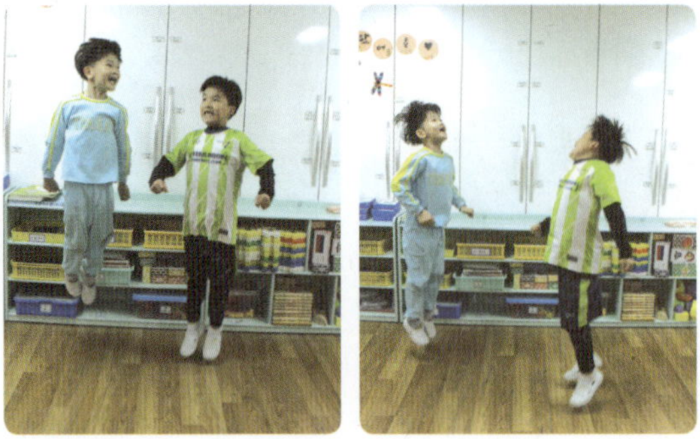

높이 뛰기

달려가 높이 뛰기

관찰	• 교사가 처음 제시한 높이에서 모든 유아가 점프하여 목표물을 잡았다. • 유아들이 점점 높이를 올려가며 도전하여, 제일 높은 곳에 있는 목표물을 잡는 사람이 누구인지 궁금해하였다. • 높이 뛰기 연습이 충분히 이루어진 후 교사가 제시하는 새로운 활동을 소개하고 활동하였다.
교사의 지원	• 긴 줄에 유아들이 점프하여 잡을 수 있는 목표물을 달아 준다. • 유아들과 함께 놀이 규칙을 정한다. • 유아의 신장에 따른 높이 조절을 해 준다. • 유아들이 점프하여 붙일 수 있는 그림 자료를 준비한다. (예: 나뭇잎, 구름, 연, 나비, 잠자리, 풍선 등).

7 캥거루 게임(캥거루 뛰기)

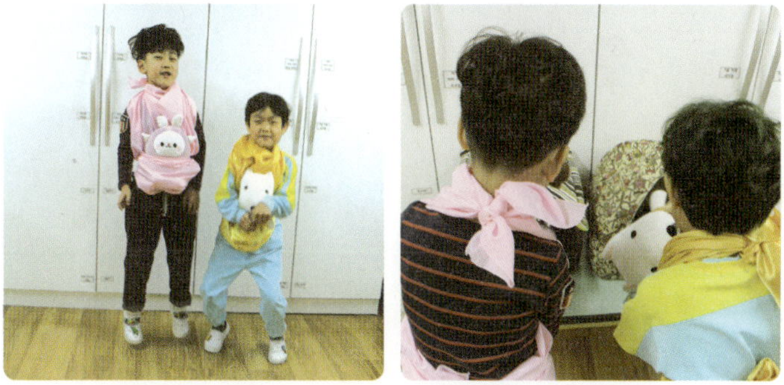

캥거루가 되어 주머니 속의 아기 안전하게 이동시키기

캥거루 주머니에 음식 담아 오기

관찰	• 처음 캥거루 활동을 할 때 캥거루 주머니를 잡고 점프하여 캥거루 주머니 속에 있는 인형이 떨어지는 유아는 없었다. • 룰을 캥거루 주머니를 잡지 않고 점프하도록 바꾸었다. • 2명의 친구들끼리 게임을 진행하고 아기 캥거루를 안전하게 이동시켜 준 친구와 게임 규칙을 잘 지킨 친구에 대해 피드백을 하자, 유아들이 릴레이로 게임을 하고 싶다고 제안한다. • 유아들의 의견에 따라 릴레이 게임을 진행한다.
교사의 지원	• 캥거루 주머니 2개, 인형 2개, 인형집 2개, 역할 놀이 음식 소품을 준비한다. • 유아들이 릴레이 게임을 진행하기 위한 안전한 공간을 마련한다.

연계활동

개구리 접기

- 준비물: 색종이

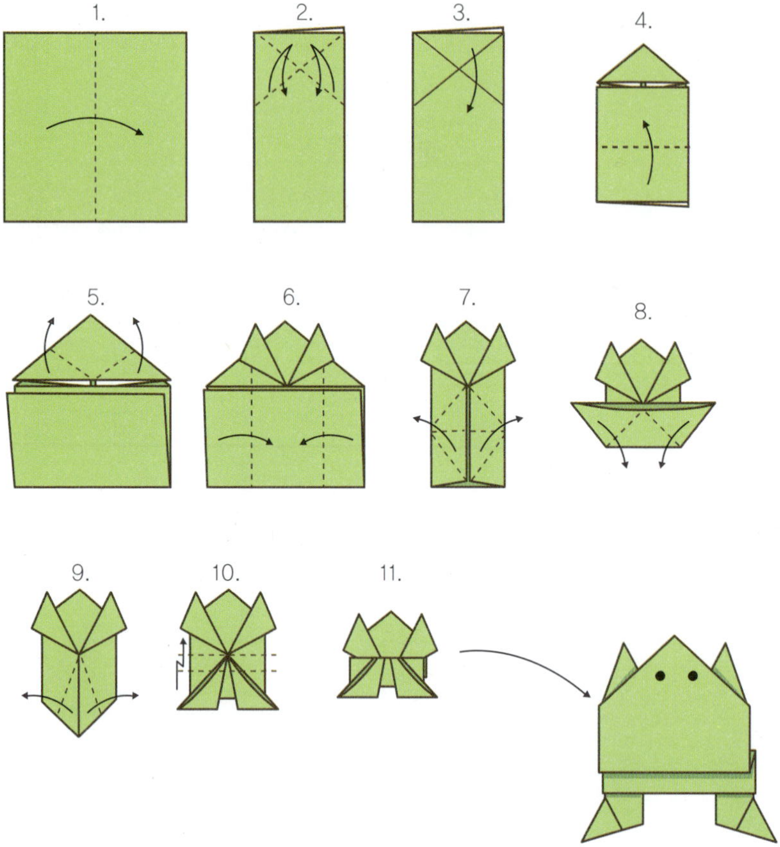

제 10 장

[유아편]

줄 놀이

< 놀이 흐름 >

줄로 자유롭게 놀기 → 줄 위 걷기 → 줄 안과 밖으로 이동하기 → 줄 밟지 않고 이동하기 → 공중에 있는 줄 뛰어넘기 → 1인 줄넘기 → 2인 줄넘기 → 단체 줄넘기 → 줄다리기 → 기차놀이

- 줄로 자유롭게 놀기
- 줄 위 걷기
- 줄 안과 밖으로 이동하기
- 줄 밟지 않고 이동하기
- 공중에 있는 줄 뛰어넘기
- 1인 줄넘기
- 2인 줄넘기
- 단체 줄넘기
- 줄다리기
- 기차놀이

줄 놀이

활동목표 * 안전하게 줄을 이용하여 놀이한다.
* 혼자서, 2명, 단체로 줄넘기를 한다.
* 줄 위에서 중심 잡기, 줄 위로 점프하기를 한다.
* 줄의 특성을 알고 특성을 활용한 놀이를 한다.

동작의 기본 요소 중심 잡기, 점프하기, 당기기

대상 연령 만 5세

1 줄로 자유롭게 놀기 & 줄 위 걷기

역할 영역에 제공된 줄로 자유롭게 놀기

줄 위 걷기

관찰	• 줄을 잡아당기기도 하고 돌돌 말아 보기도 한다. • 역할 영역 그릇에 줄을 담고 국수를 만든 것 같은 놀이를 한다. • 줄을 탐색하면서 짧은 줄은 혼자서 당기거나 묶어 보는 모습을 보이고, 긴 줄은 친구와 함께 줄을 당기거나 줄넘기를 하는 것처럼 자세를 잡기도 한다. • 줄 위를 중심 잡고 걸으며 일부러 줄 밖으로 나가는 유아도 있고, 줄 양옆으로 점프하며 왔다 갔다 이동하는 유아도 있었다.
교사의 지원	• 다양한 길이의 줄을 준비한다(긴 줄, 짧은 줄, 두꺼운 줄, 얇은 줄 등). • 실내에서 줄넘기를 하는 것은 공간이 좁아 위험하므로 강당이나 실외의 넓은 공간을 제공한다.

2 줄 안과 밖으로 이동하기 & 줄 밟지 않고 이동하기

줄 안과 밖으로 이동하기

줄 밟지 않고 모아 뛰어 이동하기

관찰	• 남자 유아 중에서 점프를 멀리 하여, 교사가 7번의 점프를 할 수 있도록 구성해 놓은 공간을 3~4번의 점프만에 오는 유아들이 있었다. • 앞으로 뛰어 동그라미 안으로 들어올 때는 모든 유아가 두 발 모아 뛰기로 점프하지만, 앞을 보며 뒤로 점프하여 동그라미 밖을 나갈 때는 거의 반 정도의 유아만 두 발 모아 뛰기로 나갈 수 있었다. • 앞을 보고 뒤로 뛰는 것을 조금 어색해하기도 하고 겁을 먹는 것 같다. • 교사의 점프 신호가 천천히 시작하여 점점 빨라지는 것을 즐거워한다.
교사의 지원	• 줄넘기를 이용하여 동그라미를 만든다. • 교사의 신호에 맞춰 동그라미 안으로 점프했다 밖으로 나가는 활동을 진행한다. • 앞을 보고 앞, 뒤로 점프하기를 할 수 있도록 의도적으로 활동을 계획한다. • 긴 줄을 이용하여 유아가 줄 사이를 밟지 않고 점프할 수 있도록 구성한다.

3 공중에 있는 줄 뛰어넘기 & 1인 줄넘기

공중에 있는 줄 뛰어넘기

1인 줄넘기

관찰	• 친구가 잡아 준 줄을 점프해서 뛰어넘을 수 있다. • 점점 높아지는 줄을 재미있어하고 도전하는 유아들이 많았다. • 줄넘기를 혼자 할 수 있는 친구가 50% 정도 되었다. • 한 박자로 뛰기, 두 박자로 뛰기 등 줄넘기하는 방법이 각자 조금씩 달랐다.
교사의 지원	• 한 박자로 넘는 방법, 두 박자로 넘는 방법을 지도한다. • 줄넘기를 연습할 수 있는 시간을 충분히 제공한다. • 줄넘기의 다양한 방법을 소개한다. • 혼자 줄넘기를 할 수 있는 유아는 둘이 넘기를 해 보도록 권유한다.

4 2인 줄넘기 & 단체 줄넘기

2인 줄넘기

단체 줄넘기

관찰	• 혼자서 줄넘기를 잘 넘는 유아는 다른 친구에게 2명이서 줄넘기를 하자고 제안한다. • 유아들이 "이 줄로 그냥 줄다리기나 해요."라고 제안한다. • 긴 줄로 하고 싶은 놀이가 줄다리기 말고 무엇이 있는지 물어보니, "기차놀이요."라고 대답하였으며, 기차놀이로 진행되었다.
교사의 지원	• 둘이 넘기도 충분히 연습이 되었으면 여럿이 하는 단체 줄넘기를 시도해 보도록 유도한다. • 줄로 할 수 있는 놀이 또는 하고 싶은 놀이에 대해 생각해 보도록 한다. • 단체 줄넘기를 몇 번 더 도전해 볼지 유아들과 상의하고, 단체 줄넘기를 도전해 본 후 줄다리기와 기차놀이를 진행한다.

5 줄다리기 & 기차놀이

줄다리기

기차놀이

관찰	• 유아들이 줄다리기의 경험이 있어 규칙을 잘 알고 있다. • 기차놀이를 할 때 앞 친구가 속도를 내자 뒤에 있는 친구들이 넘어졌고 넘어진 친구가"잠깐 멈춰."라고 소리쳤고 맨 앞에 있는 친구가 뒤를 돌아보며 멈춘다. • 교사의 중재나 지도가 없이 맨 앞의 자리를 번갈아 가며 기차놀이가 진행되었다.
교사의 지원	• 안전하게 놀이하도록 놀이 규칙을 의논한다. • 교사는 줄다리기 심판을 맡아 유아의 흥미를 존중하며 진행한다. • 기차놀이 줄 세팅 시 유아의 안전을 고려한다.

연계활동

게임 : 미션임파서블

- 준비물: 다양한 줄(밧줄, 고무줄, 리본끈, 등). 테이프, 보물(장난감), 바구니 2개, 신호악기

① 테이프를 이용해서 다양한 줄을 높낮이를 다르게 하여 벽에 붙인다.

② 출발 지점에서 도착 지점까지 줄에 닿지 않게 조심히 이동한다.

③ 도착 지점에 있는 보물을 가지고 다시 출발 지점에 온다.

④ 시간 안에 줄에 닿지 않고 더 많은 보물을 가지고 온 팀이 승리한다.

제 11 장

[유아편]

중심 잡기 놀이

< 놀이 흐름 >

중심 잡기에 대한 관심 발견 → 머리 위에 물건 올리고 중심 잡고 이동하기 → 등에 블록 올리고 이동하기 → 중심 잡고 걷기 → 발 바꾸어 뛰기 → 계단 오르기 → 도구 위에서 중심 잡기 → 높은 곳에서 중심 잡기 → 친구와 신체를 이용하여 배 만들기 → 막대 위에 접시 올리고 중심 잡기 → 막대 위에 접시 올리고 이동하기 → 빌리보 안에서 중심 잡기 → 빌리보 위에서 중심 잡기 → 빌리보 밟고 건너기

- 중심 잡기에 대한 관심 발견
- 머리 위에 물건 올리고 중심 잡고 이동하기
- 등에 블록 올리고 이동하기
- 중심 잡고 걷기
- 발 바꾸어 뛰기
- 계단 오르기
- 도구 위에서 중심 잡기
- 높은 곳에서 중심 잡기
- 친구와 신체를 이용하여 배 만들기
- 막대 위에서 접시 올리고 중심 잡기
- 막대 위에 접시 올리고 이동하기
- 빌리보 안에서 중심 잡기
- 빌리보 위에서 중심 잡기
- 빌리보 밟고 건너기

중심 잡기 놀이

활동목표
* 머리 위에 물건을 올려놓고, 물건이 떨어지지 않도록 중심을 잡아 이동한다.
* 평균대, 유니바 같은 도구 위에서 균형을 잡는다.
* 무게 중심을 안다.

동작의 기본 요소 균형 잡기

대상 연령 만 3 ~ 5세

1 중심 잡기에 대한 관심 발견

블록을 이용한 젠가 활동

도시락통을 정리할 때 머리에 올리고 이동

구분	내용
관찰	• 블록을 활용하여 젠가를 만들어 게임을 하는 모습이 관찰된다. • 도시락을 준비하거나 정리할 때 머리 위에 올리고 중심을 잡고 걷는 유아들이 여럿 있었다.
교사의 지원	• 중심 잡기에 관한 놀이를 계획한다. • 중심 잡기에 필요한 도구들을 제공한다.

2 머리에 물건 올리고 중심 잡고 이동하기 & 등에 블록 올리고 이동하기

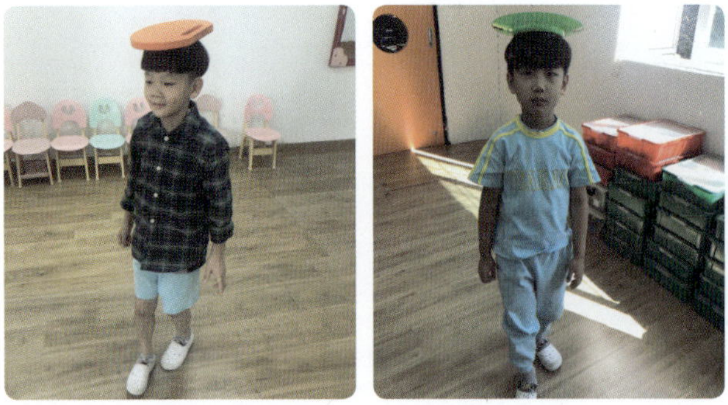

머리에 물건 올리고 중심 잡고 이동하기

등에 블록 올리고 이동하기

관찰	• 유아들이 조심하며 걸으며, 머리나 등 위에 있는 물건이 떨어지지 않도록 걷다 멈추다를 반복한다. • 일정 거리를 이동해 볼 수 있도록 지도하자, 빨리 다녀오기 위해 속도를 내는 유아들이 머리 위나 등에 올린 물건을 자꾸 떨어트렸다.
교사의 지원	• 머리 위에 올릴 수 있는 물건을 준비한다(블록, 접시, 스펀지 등). • 머리나 등 위에 물건을 올리고 이동해 볼 수 있도록 지도한다.

3 중심 잡고 걷기

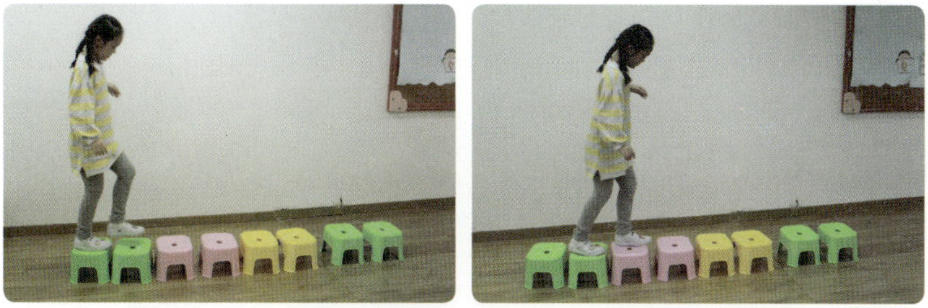

좁은 간격 중심 잡고 걷기

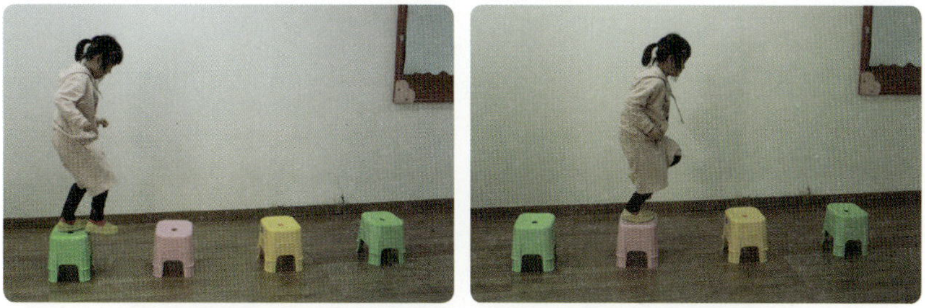

넓은 간격 중심 잡고 걷기

관찰	• 평소에는 교실에서 의자를 밟고 건너다닐 수 없어 놀이 도구로 의자를 제시하자 유아들이 좋아한다. • 의자를 다 이어 붙이고 그 위를 건너가 보는 활동은 어려워하지 않았다. • 간격을 두고 의자 사이를 건너가 보는 활동은 겁을 내는 유아들도 있었다. • 의자를 포개어 의자 높이를 조절하여 활동을 다시 반복해 보도록 확장한다.
교사의 지원	• 중심을 잡을 수 있는 다른 놀이를 계획한다. • 목욕탕 의자 여러 개를 준비한다. • 간격을 조절하며 세팅한다.

4 발 바꾸어 뛰기 & 계단 오르기

발 바꾸어 뛰기

혼자 오르기, 친구의 도움을 받아 오르기

관찰	• 의자 위에서 발을 바꾸며 번갈아 뛰는 활동을 즐거워한다. • 발을 바꾸다 의자를 차 버리는 유아들이 있어 고정할 수 있는 무언가가 있으면 활동이 끊기지 않고 좋을 것 같다. • 의자로 계단을 만들어 중심 잡고 오르기 활동을 할 때 유아들의 키만큼의 의자를 쌓아 오르고 싶어 하였다.
교사의 지원	• 높낮이를 조절하여 중심을 잡을 수 있도록 안전을 고려한 의자 세팅을 한다. • 의자를 활용한 다양한 중심 잡기 활동을 소개한다.

5 도구 위에서 중심 잡기

반원기둥 위에서 중심 잡기

평균대, 유니바 등 균형을 잡을 수 있는 도구 위에서 앞, 옆으로 걷기

관찰	• 균형판 위에서 두 발로 중심 잡기, 한 발로 균형 잡기, 균형판 위에서 방향 바꾸기 등 활동을 할 때 유아들이 중심을 잡기 위해 집중하는 태도가 관찰된다. • 균형판을 연결하여 그 위를 앞으로 걸어 보고, 옆으로도 걸어 보며 떨어지지 않도록 팔을 벌리거나 휘저으며 중심을 잡는다.
교사의 지원	• 균형과 관련된 놀이를 소개한다. • 유니바, 평균대 등 균형을 잡을 수 있는 도구를 제공한다.

6 높은 곳에서 중심 잡기

1m 정도 되는 담벼락 위에서 중심 잡아 앞으로 걷기

1m 정도 되는 담벼락 위에서 중심 잡아 옆으로 걷기

관찰	• 다양한 높이에서 중심을 잡고 걷는 모습이 관찰되었다. • 1m 정도 되는 높이에서 중심을 잡고 앞으로, 옆으로 걸으며 이동하는 것을 어려워하지 않았다.
교사의 지원	• 안전하게 활동할 수 있는 환경을 제공한다. • 무서워하는 유아는 교사가 손을 잡아 주며 정서적 지원을 통해 안정을 느끼게 한다. • 낮은 곳부터 천천히 경험할 수 있도록 활동을 계획한다.

7 친구와 신체를 이용하여 배 만들기 & 막대 위에 접시 올리고 중심 잡기

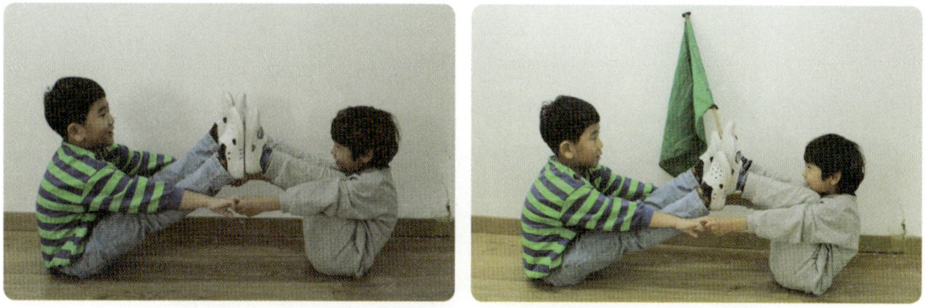

친구와 함께 신체를 이용하여 배 만들기

막대 위에 접시 올리고 중심 잡기

관찰	• 교사가 제시한 그림 자료를 보고 친구와 함께 배를 만들어 보았다. • 처음 만들었을 땐 손을 놓치거나 유아들이 옆으로 쓰러지는 경우가 많았으나, 여러 번 연습 끝에 제법 중심을 잡았다. • 중심 잡는 시간이 길어지자 교사가 발에 깃발을 끼워 주었다. • 내 몸의 중심도 잡으며 깃발이 쓰러지지 않도록 조심하는 모습을 보인다. • 접시 가운데 홈이 들어가 있어 유아들이 중심 잡는 것을 어려워하지 않았다.
교사의 지원	• 유아들이 중심을 잘 잡아 접시를 위로 던지고 다시 받아 보는 활동으로 변형하였다. • 던지고 받은 접시가 떨어지지 않도록 중심을 잡기 위해 유아들이 무릎을 굽히거나 팔을 움직여 보도록 격려하였다.

8 막대 위에 접시 올리고 이동하기 & 빌리보 안에서 중심 잡기

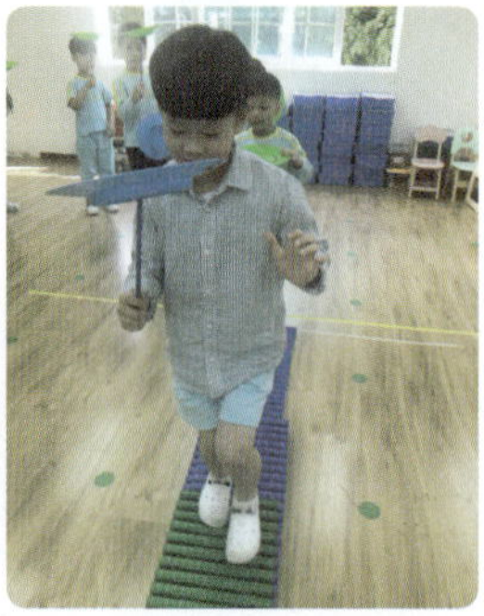

막대 위에 접시 올리고 이동하기, 장애물 위 건너기

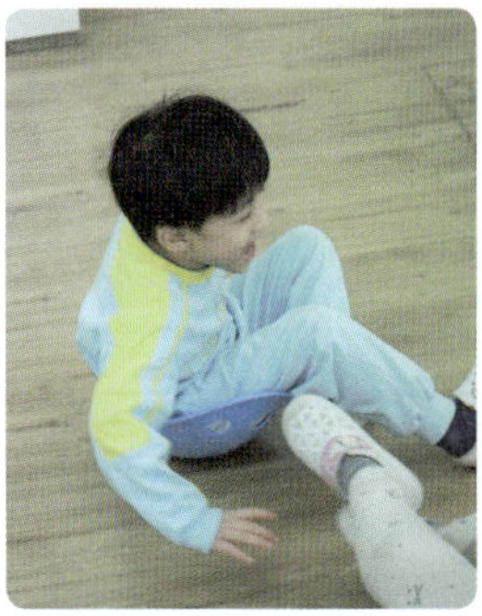

빌리보 안에서 중심 잡기

관찰	• 막대 위에 접시를 올리고 접시가 떨어지지 않게 조심히 움직이는 모습이 관찰되었다. • 막대 위에 접시를 올리고 장애물 위를 조심조심 건넌다. • 빌리보 안에 들어가 중심을 잡고 손과 발을 바닥에서 떼어 보는 활동을 재미있어한다. • 손과 발을 떼니 빌리보가 빙그르르 돌아가자 한두 명의 유아들이 스스로 빌리보를 돌리기 시작한다.
교사의 지원	• 막대, 잘 돌아가는 접시, 빌리보를 제공한다. • 빌리보를 10바퀴 돌리고 중심을 잡아 보는 활동으로 확장한다. • 다양한 물건을 회전할 수 있도록 활동을 확장시켜 준다.

9 빌리보 위에서 중심 잡기 & 빌리보 밟고 건너기

빌리보 위에서 서서, 앉아서 중심 잡기

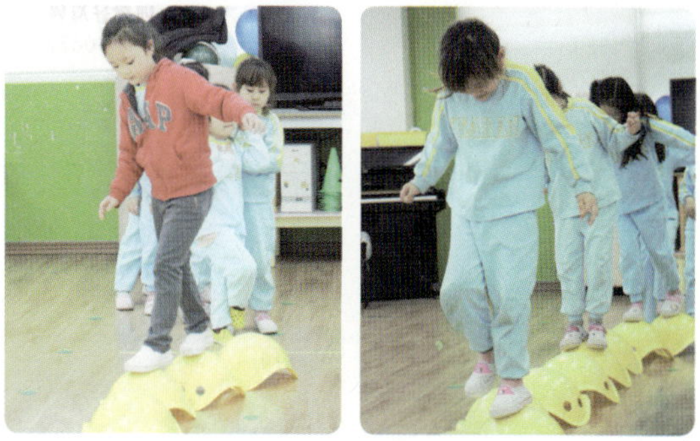

빌리보 위를 중심 잡고 건너기

관찰	• 빌리보를 뒤집어 놓고 교사가 그 위에서 해야 할 동작(두 발로 서기, 한 발로 서기, 두 발로 앉았다 일어나기, 한 발로 앉았다 일어나기 등)을 이야기하면 유아들이 그 동작을 바로 실행하며 빌리보 위에서 떨어지지 않도록 중심을 잡는 모습이 관찰되었다. • 의자 위를 중심 잡고 건너가는 활동을 해 보아서 유아들이 빌리보 위를 건너가는 것에 자신감을 보인다. • 의자와 달리 빌리보는 발이 미끄러지기도 하여 유아들이 더 신중히 건너는 모습이 관찰되었다.
교사의 지원	• 빌리보 위에서 다양한 신체 동작을 할 수 있도록 소개한다. • 하나 이상의 빌리보를 밟으며 중심 잡기를 하도록 격려한다.

연계활동

젠가 게임

- 준비물: 젠가

① 블록을 쌓아 탑을 만든다.

② 순서를 정한다.

③ 맨 위층의 블록 3개를 제외한 나머지 막대 중 하나를 선택해서 빼낸다. 단, 블록을 빼낼 때는 한 손만 사용해야 하고, 빼낼 때 한 손만 쓴다면 손을 바꿔도 상관없다.

④ 빼낸 건 맨 위에 처음 쌓을 때처럼 아래층과 엇갈리게 쌓으면 된다. (만약 내 차례에 블록을 빼다가 다른 걸 빼고 싶을 땐 빼내던 블록을 원래 자리로 돌려놓는다.)

⑤ 빼낸 걸 맨 위에 쌓은 후 3초~10초 사이로 플레이어들과 시작 전에 결정한 시간을 함께 세고, 그 시간 동안 블록이 무너지지 않으면 다음 사람 차례로 넘어간다.

⑥ 결정한 시간을 세는 도중 쓰러지거나 블록을 빼내다가 탑이 무너지면 종료되고 무너지게 한 사람이 패배한다.

※ 패배한 사람의 전 차례 사람의 승리

제 12 장

[유아편]

회전 놀이

< 놀이 흐름 >

공 굴리기 → 앞구르기 → 옆구르기 → 경사 조절하여 공 굴리기 → 훌라후프 돌리기 (허리, 팔) → 훌라후프 굴리기 → 굴러가는 훌라후프 흉내 내기 → 굴리기 교구 놀이 → 팽이 돌리기 → 굴렁쇠 굴리기

- 공 굴리기
- 앞구르기
- 옆구르기
- 경사 조절하여 공 굴리기
- 훌라후프 돌리기(허리. 팔)
- 훌라후프 굴리기
- 굴러가는 훌라후프 흉내 내기
- 굴리기 교구 놀이
- 팽이 돌리기
- 굴렁쇠 굴리기

회전 놀이(구르기, 돌기)

활동목표 ＊ 굴러가는 물건의 움직임을 관찰하여 신체로 표현한다.
＊ 신체의 여러 부분을 이용하여 훌라후프 돌리기를 한다.
＊ 안전하게 놀이한다.

동작의 기본 요소 구르기, 중심 잡기

대상 연령 만 3~5세

1 공 굴리기 & 구르기

공 굴리기

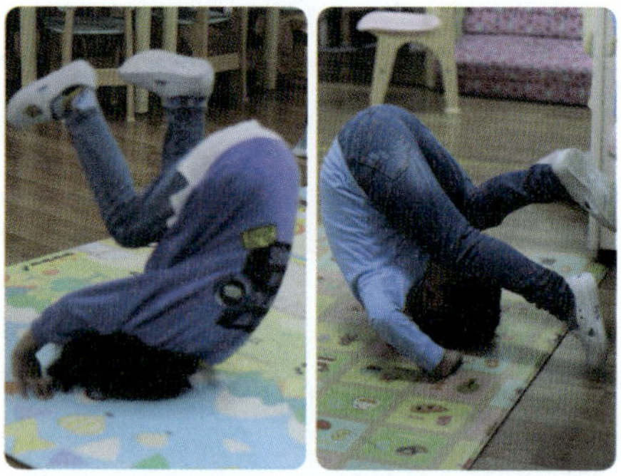

앞구르기

관찰	• 공을 굴리거나 던져 받으며 친구와 놀이한다. • 공이 굴러가니 한 유아가 매트에서 구르기를 한다. 다른 유아들도 하고 싶다고 매트 밖에 줄을 서기 시작한다.
교사의 지원	• 다양한 크기의 공, 원기둥 등 구르고 놀 수 있는 교구를 제공한다. • 안전하게 구르기를 할 수 있도록 장소를 제공한다.

2 앞구르기 & 옆구르기

앞구르기

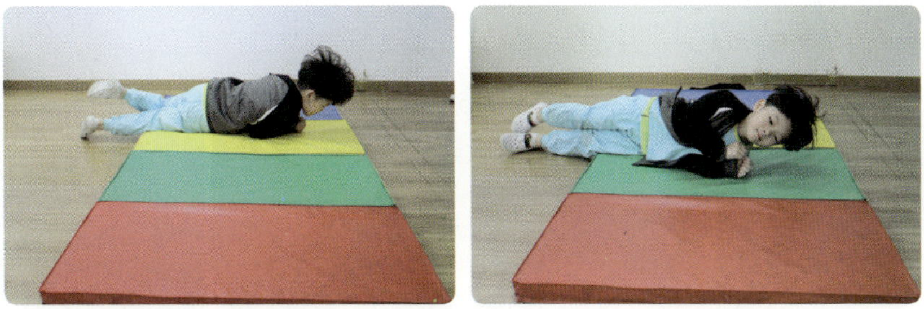

옆구르기

관찰	• 앞구르기를 정확히 할 수 있는 유아들이 있는 반면 방향을 잘 잡지 못하여 직선으로 구르지 못하는 유아들도 있었다. • 구르고 나서 부딪힐 곳이 없다는 걸 알자 유아들이 빠른 속도로 구르기를 하였다. • 앞구르기를 잘 못하는 유아들이 구르기 놀이에 참여율이 낮아졌다. • 다른 방법으로 구르기 지도를 한 후 구르기 놀이를 해 볼 수 있도록 권유하자 다른 구르기 방법을 시도하는 모습이 관찰되었다.
교사의 지원	• 강당이나 교실을 넓게 사용할 수 있도록 구성한 후 매트를 제공한다. • 여러 방법으로 구르기를 해 보도록 지도한다. • 구르기를 어려워하는 유아는 교사가 도와준다.

3 경사를 조절하여 공 굴리기

평지에서 공 굴리기

45도 정도 되는 경사로에서 공 굴리기

구분	내용
관찰	• 구르기 활동이 오랜 시간 지속되자 유아들이 새로운 놀이를 찾았다. • 교사가 터널과 공을 제공하자 유아들이 터널 안으로 공을 굴리기 시작한다. • 굴리는 방법에 새로운 방법이 없는지 생각해 보며, 유아가 공을 잡고 터널 안을 굴러 보려는 시도를 한다. • 구르며 터널 안으로 들어가는 것이 어려워 실패하자 다른 놀이를 찾았다. • 터널에 기울기를 주어 공을 굴려 본다.
교사의 지원	• 터널, 공을 제공한다. • 생각을 자유롭게 실행해 볼 수 있도록 필요한 물건이나 도움을 준다.

4 훌라후프 돌리기

허리로 훌라후프 돌리기

팔로 훌라후프 돌리기

관찰	• 허리로 훌라후프 돌리는 것은 대부분의 유아들이 방법을 알고 있다. • 허리 말고 어느 부분으로 또 훌라후프를 돌릴 수 있을지 이야기해 보니, '팔'이라는 대답이 가장 많았고 다음으로'목'이었다. • 팔로 돌리는 방법을 알아보고 유아들이 팔로 훌라후프를 돌려 본다. • 다양한 신체 부위로 훌라후프를 하던 중 훌라후프 돌리기에 성공한 유아들은 교사 앞에 와서 훌라후프 하는 모습을 보여 준다.
교사의 지원	• 훌라후프를 제공한다. • 팔 이외의 다른 신체 부위를 이야기해 주며, 새로운 신체 부위로 훌라후프를 해 볼 수 있도록 지도한다.

5 훌라후프 굴리기 & 굴러가는 훌라후프 흉내 내기

훌라후프 굴리기

굴러가는 훌라후프 흉내 내기

관찰	• 여러 신체 부위로 훌라후프를 돌린 후 훌라후프를 굴려 본다. • 혼자서 훌라후프를 굴려 보는 활동도 재미있어하였지만 친구와 훌라후프를 굴려서 주고받는 활동에 더욱 흥미를 보인다. • 우리가 해 보았던 옆구르기로 표현하는 유아들이 많았고, 몇몇 유아는 옆 돌기를 하며 굴러가는 훌라후프를 표현한다.
교사의 지원	• 유아들이 표현하고 싶은 모양을 신체로 표현해 보도록 격려한다. • 옆 돌기나 옆구르기를 어려워하거나 무서워하는 유아는 교사가 도와준다.

6 굴리기 교구 놀이 & 팽이 돌리기

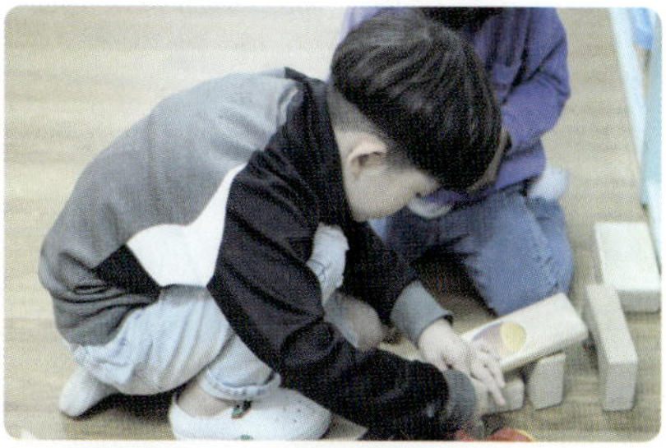

굴리기를 활용한 교구 놀이

팽이 돌리기

관찰	• 다른 친구가 굴리기 교구를 가지고 놀고 있으면 쌓기 영역에서 비탈길을 만들어 공이나 구슬, 원기둥 등을 굴리며 긴 길을 만든다. • 팽이를 가지고 팽이 돌리기 놀이를 하다가 끼우기 블록을 활용하여 더 큰 팽이를 직접 만들어 팽이 돌리기 놀이를 한다.
교사의 지원	• 굴리기를 활용한 교구 놀이를 소개한다. (예: 미니 볼링, 컬링, 팽이 놀이, 구슬치기 등). • 다양한 도구를 활용하여 굴리기를 해 본다.

7 굴렁쇠 굴리기

굴렁쇠 굴리기

관찰	• 수수께끼를 통해 옛날에 하던 굴리면서 할 수 있는 놀이에 대해 물어보았지만 알고 있는 유아가 없었다. • 교사가 굴렁쇠를 설명하고 하는 방법을 소개하자 유아들이 관심을 많이 보인다. • 균형을 잡으며 굴려야 하는 굴렁쇠가 잘 굴러가지 않자, 유아들 나름대로 방법을 생각하며, 굴렁쇠를 굴리는 속도를 조절한다.
교사의 지원	• 굴렁쇠의 활동 방법을 소개한다. • 충분히 놀이할 수 있도록 안전한 공간을 마련해 준다.

연계활동

과학 : 상상하기(감각놀이)

■ 준비물: 쇠구슬, 탁구공, 나무 구슬, 블록, 색연필, 바퀴, 페트병 뚜껑, 비밀 상자 등

① 교사가 준비한 다양한 물건을 소개한다.
② 비밀 상자에 준비한 물건을 하나씩 넣어 굴리며 소리를 들려준다.
③ 어떤 물건이 굴러가는 소리 일지 예상해 본다.
④ 예상한 소리가 맞는지 확인해 본다.

참고문헌

강상조, 신선식 (1983). 아동체육의 이론과 실제. 서울: 형설출판사.

강정훈, 최훈 (2001). 유아교육기관의 체육교육의 현황에 대한 조사. 한국유아체육학회지, 1(1), 155-165.

공갑례 (1997). 통합적 동작활동 프로그램이 유아의 창의적 신체표현력 발달에 미치는 영향. 한국교원대학교 대학원 석사학위논문.

교육부 (1998). 유치원 교육과정 해설. 대한교과서주식회사.

교육과학기술부 (2008a). 유치원 교육과정 해설(Ⅱ) –건강생활 · 사회생활.

__________ (2008b). 유치원 교육과정 해설(Ⅲ) –표현생활 · 언어생활 · 탐구생활.

__________ (2019). 2019 개정 누리과정 고시문.

교육과학기술부, 보건복지부, 육아정책연구소 (2012). 3～5세 연령별 누리과정 운영을 위한 교사 연수 자료집.

김길숙 (2003). 유아의 동작 개념 발달에 관한 연구. 경남대학교 대학원 박사학위논문. 김명희 (1993). 손놀이와 신체표현. 서울: 교문사.

김상국, 이광욱, 이성진 (1998). 유아체육 프로그램이 긍정적 자아개념과 친사회적 행동에 미치는 영향. 한국체육학회지, 37(4), 111-119.

김수연 (2002). 통합적 동작 활동이 유아의 신체 발달 및 사회성 발달에 미치는 영향계명대학교 교육대학원 석사학위논문.

김옥련 (1992). 유아교육사. 서울: 정민사.

김은심 (1994). 유치원 동작교육 현황에 관한 연구, 유아교육연구, 14(2), 135-151.

_____ (1997). 유아동작교육. 서울: 정민사.

김은정 (2003). 유아체육활동이 5～6세 유아의 운동능력과 인지발달에 미치는 영향. 명지대 학교 사회교육대학원 석사학위 논문.

김인희 (1994). Movement Education의 가치와 중요성. 한국체육학회지, 33(2), 87-96.

김재은 (2000). 21세기 유아교육과 창의성 신장. 88년도 학술세미나-성신여자대학교 교육문제연구소. 서울: 창지사.

김정아 (2002). 유아의 자아개념 발달에 있어 창의적 동작 활동 프로그램이 미치는 효과. 한국사회체육학회지, 3, 153-167.

김현지, 오연주 (1997). 유아를 위한 체육활동 이론과 실제. 서울: 양서원.

김혜옥 (1984). 유아의 동작활동 효과에 관한 기초연구. 이화여자대학교 교육대학원 석사학위논문.

노순주 (2003). 통합적 운동놀이 프로그램이 유아의 운동능력 및 행동발달에 미치는 효과. 아동교육, 12(2), 103-120.

류진희 외 (1999). 유아의 발달에 적합한 신체 활동. 서울: 양서원.

문연경 (1999). 유리드믹스 1(교수법). 현대음악출판사.

문화체육부 (1995). 취학 전 아동의 체격 및 체력 육성을 위한 체육 놀이 프로그램 개발.

민현숙 (1997). 운동놀이 활동이 유아의 기초체력에 미치는 영향. 중앙대학교 교육대학원 석사학위논문.

박경화 (2001). 조기체육활동이 유아의 체격과 기초운동 능력에 미치는 영향. 용인대학교 교 육대학원 석사학위논문.

박장근, 이현자(2002). 유치원 체육 프로그램이 유아의 신체적 자아개념에 미치는 영향. 한국유아체육학회지, 3, 101-118.

박정민, 윤애희 (2002). 유아실의 체육 활동의 실시 현황 연구. 경북논총, 355-376.

박철 (2001). 유아체육이 사회 정서 발달에 미치는 영향. 동아대학교 교육대학원 석사학위논문.

배인자, 한규령 (1996). 유아를 위한 동작교육의 이론과 실제. 서울: 양서원.

백민호 (2002). 유아체육교육이 유아의 자아개념과 친사회적 행동에 미치는 영향. 국민대학 교 교육대학원 석사학위논문.

보건복지부, 중앙보육정보센터 (2012). 제3차 표준보육과정 연수자료집.

서봉연 (2007). 발달의 이론. 서울: 중앙적성출판사.

서연태, 김종탁 (2000). 발달적 측면에서 체육수업이 유아의 협응력 향상에 미치는 영향. 한국유아체육학회지, 1, 17-32.

손원호 (2004). 지도자를 위한 유아체육교육의 이론과 실제. 서울: 창지사.

송수남 (1995). 한국무용사. 서울: 금광.

오연주 (2000). 한국의 유아체육 연구 동향. 한국유아체육학회지, 129-140.

______ (2001). 4, 5세 유아의 운동 능력에 영향을 미치는 관련 변인 연구. 한국유아교육학회지, 21(4), 45-65.

원영신, 윤용진 (1998). 유아 및 아동을 위한 움직임 교육의 이론과 실제. 서울: 다음세대.

원정자 (1987). 유치원에서의 동작교육 실태에 관한 연구. 이화여자대학교 교육대학원 석사학위논문.

유아놀이창작연구회 (1996). 소풍, 캠프, 자모 유아게임 튼튼놀이.

육완순 (1986). Rudolf van Laban에 관한 연구: Human Movement를 중심으로. 한양대학교 대학원 박사학위논문.

육완순, 이희선 (1992). 무용교육과정. 서울: 금광.

윤애희 (2000). 유아발달에 적합한 유아체육교육 내용의 선정 방향 모색. 한국체육학회지, 1(1), 117-127.

윤정림 (1993). 유치원 무용교육의 현황 조사 연구. 이화여자대학교 교육대학원 석사학위논문.

이기숙 (1992). 유아교육과정. 서울: 교문사.

이기숙, 이영자 (1990). 유아를 위한 교수–학습 방법. 서울: 창지사.

이상금 (1995). 해방 전 한국의 유치원. 서울: 양서원.

이상헌 (2001). 리듬운동이 취학 전 아동의 기초체력 향상에 미치는 영향. 중앙대학교 대학원 석사학위논문.

이숙재 (1996). 창작무용 학습이 유아의 지적 발달에 미치는 영향. 한국초등무용학회지, 1(1), 41-52.

______ (1998). 어린이의 거친 신체놀이와 사회적 능력 연구. 아동학회지, 19(1), 131-140.

이순례 (1985). 유아들을 위한 Movement Education에 관한 연구, 강남사회복지학교 논문집, 15, 293-311.

______ (2003). 통합적 유아 국악음률활동의 효과에 관한 연구. 성신여자대학교 대학원 석사학위논문.

이순례, 오연주, 유재경 (2004). 유아체육(움직임)교육의 연구 동향. 유아교육연구, 24(7), 263-284.

이영 (1993). 유아를 위한 창의적 동작교육. 서울: 교문사.

이은희 (2009). 움직임 개념에 기초한 유아 동작교육 프로그램 개발 및 효과. 전남대학교 대학원 석사학위논문.

이정우, 김영훈 (2003). 남녀 유아의 체격과 체력과의 상관-유아 스포츠단 6세를 중심으로. 한국유아체육학회지, 4, 19-32.

이혜영 (1994). 유아기의 체격과 체력에 관한 연구. 경희대학교 교육대학원 석사학위논문.

이희선 (2003). 한국의 유아체육 지도자 양성 문제와 발전적 활동 영역, 한국유아체육학회지, 4, 69-88.

임미경 (1992). 5~6세 유아의 체격과 비만도에 관한 연구. 원광대학교 교육대학원 석사학위 논문.

정경미 (2001). 유아체육 프로그램이 정서지능에 미치는 효과 연구. 고려대학교 교육대학원 석사학위논문.

정경숙 (1992). Rudolf von Laban의 무용사상이 체육교육에 미친 영향. 경북대학교 교육대학원 석사학위논문.

정금자, 석은조 (2000). 창의적 동작 프로그램이 유아의 창의적 그리기 표현에 미치는 효과. 아동교육, 9(1), 45-59.

정성자 (1988). 어린이 국악교육. 서울: 창지사.

정세호, 엄정애 (2002). 통합적 동작활동이 종일제 유아의 기본운동능력 및 신체표현에 미치 는영향. 아동학회지, 23(5), 153-166.

조복희 (2010). 유아발달. 서울: 교육과학사.

최진옥 (1992). 유아를 위한 움직임교육의 이론 탐색 및 지도모형 설계에 관한 연구. 이화여자대학교 교육대학원 석사학위논문.

하상훈 (2003). 유아기의 체육프로그램 참여가 체격과 체력에 미치는 영향. 경성대학교 교육 대학원 석사학위논문.

홍용희, 이한영, 최혜로, 원영신 (1997). 유아를 위한 동작교육의 이론과 실제. 서울: 다음세대.

황순각 (2003). 유아신체 활동. 서울: 양서원.

황옥운 (1995). 유치원 교육의 체육 프로그램 운영 실태에 관한 연구: 전라남도를 중심으로. 전남대학교 교육대학원 석사학위논문.

Barret, K. (1977). Physical education for children. Philadelphia: Lea & Febiger.

________ (1988). Two views: the subject matter of children's physical education. *Journal of Physical Education, Recreation and dance*, *59*(2), 42-46.

Bently, W. G. (1970). *Learning to move and moving to learn*. NY: Citation Press.

Bredekamp, S. (ed.) (1987). *Developmentally appropriate practice in early childhood programs serving children from birth through age 8*. Washington, D.C.: National Association for the Education of Young Children.

Brown, C. A. (1986). Elementary school dance: Teaching rhythms and educational forms. *Journal of Physical Education*, 39-44를 인용한 이영(1993)의 유아를 위한 창의적 동작교육에서 재인용.

Cassell, D. (1978). Traveling program works to develop motor skills. *Day Care and Early Education*, *7*(1), 52-53을 인용한 김현지 · 오연주(1997)의 유아를 위한 체육활동의 이론과 실제에서 재인용.

Charlesworth, R. (1992). *Understanding development*. Albany, N.Y.: Delmar를 인용한 Pica. R.

(1995). *Experiences in movement*에서 재인용.

Copple, C., Sigel, I. E., & Saundert, R. (1984). *Education the young thinkerclassroom strate- gies for cognitive growth*. New Jersey: Lawrence erlbaum associates, Publishers.

Curtis, S. R. (1982). *The joy of movement in early childhood*. New York: Teachers College.

Dauer, V. P. (1972). *Essentials of movement experience for preschool and primary children*. Minneapolis: Burgess.

Day, B. (1994). *Early childhood education-Developmental experiential teaching and learning*. (4ed.), NY: Merrill, and imprint of Macmillan College Publishing company.

DeMaria, C. R. (1974). *Dimensions of Physical Education*. Saint Louis: The C. V. Mosby Co.

Dougherty, N. J. & Bonanno, D. (1979). *Contemporary approaches to the teaching of physical education*. Minneapolis: Burgess Publishing Company.

Emerson, P. & Seigh, C. (1979). Movement: Enchantment in the life of a child. *Childhood Education. November/December*, 84-87.

Gabbard, C., Leblanc, B., & Lowy, S. (1988). *Physical education for children: Building the foundation*. Englewood cliffs, NJ: Prentice-Hall.

Gerhardt, L. A. (1973). *Moving and knowing: The young child orients himself in space*. Englewood Cliffs: Prentice-hall.

Gallahue, D. L. (1976). *Motor development and movement experiences for young children*(3-7). NY: John Wiley & Sons.

__________ (1982). *Developmental movement experiences for children*. New York: John Wiley & Sons를 인용한 이기숙 · 이영자(1987), 유아를 위한 교수-학습 방법에서 재인용.

__________ (1993). *Developmental Physical education for today's children*. Dubugue, Ia.: Brown & Benchmark를 인용한 Pica. R. (1995). *Experiences in movement*에서 재인용.

__________ (1996). *Developmental Physical Education for Today's children* (3th ed.), Brown & Benchmark.

Gallahue, D. L. & Ozmun, J. C. (2009). 운동발달의 이해. 서울: 레인보우북스. (원전은 2001년에 출판).

Garnet, E. D. (1982). *Movement in life*. Princeton Book Co.

George, G. (1992). Development appropriate physical education for Children. *Journal of physical Education Recreation and Dance*, *63*(6), 30-31.

Gilliom, B. C. (1970). *Basic movement education for children: Rational and teaching units*. Reading, Mass.: Addison-Wesley.

Halsey, E. & Porter, L. (1970). Movement exploration. In R. T. Sweeney, ed., Selected readings in movement education(pp.71-77). Reading, Mass: Addison Wesley를 인용한 Pica, R. (1995), *Experiences in movement*에서 재인용한 배인자 · 한규령 (1996)에서 재인용.

Hoffman, H. A., Young, J., & Klesins, S. E. (1981). *Meaningful movement for Children*. Florida: Allun & Bacott Inc.

Huetting, C., Sanborn, C. F., DiMarco, M., Popejoy, A., & Rich, S. (2004). The generation of our youngest children are a risk for obesity. *Young Children*, *March*, 50-55.

Joyce, M. & Haley, P. (1993). *First Steps in Teaching Creative Dance to Children*. McGraw-Hill.

Lynch-Fraser, D. (1991). *Playdancing: Discovering and developing creativity in young chil dren*. Pennington, NJ: Princeton Book Co.

Mayesky, M. (1995). *Creative activities for young children*. Albany, N.Y.: Delmar Publish- ers Inc.

Mayesky, M. & Ashworth, S. (1990). *The spectrum of teaching styles: From command to discovery*. White Plains, N.Y.: Longman.

Mersereau, Y., Glover, M., & Cherland, M. (1989). Dancing on the edge. *Language arts*, *66*(2), 109-118.

Monsour, S., Cohen, M., & Lindel, P. (1966). *Rhythm in music and for children*. Belmont., CA: Wasworth Publishing Company Inc.를 인용한 이영(1993)의 유아를 위한 창의적 동작 교육에서 재인용.

Morris, G. M. (1992). Movement as an indication of musical understanding in preschool children. Doctoral Dissertation University of Illinois at Urbana-Champaign, USA. Dissertation Abstracts, AAT9236546.

Mouing into the future: national standards for physical education(2th ed). Reston, VA: NASPE.

National Association for Sport and Physical Education (1995). *Moving into the future: National physical education standards: A guide to content and assessment*. Reston, VA: NASPE.

Nichols, B. (1986). *Moving and learning*. ST. Louis : The C. V. Mosby Company.

North, M. (1973). *Movement Education*. London: Maurice Temple Swith Ltd.

Pica, R. (1995). *Experiences in movement with Music Activities and Theory*. Albany, N.Y.: Delmar Publishers Inc.

Purcell, T. M. (1986). Creative dance: A systematic approach to teaching children. *Journal of Physical Education, Recreation and Dance*, *78*.

Riston, R. J. (1986). Creative dance: A systematic approach to teaching children. *Journal of Phys-*

ical Education, Recreation and Dance, 78.

Rodger, L. (1996). Adding movement throughout the day. *Young Children, 51*(3), pp. 4-6 를 인용한 김은심(1997)의 유아동작교육에서 재인용.

Sanders, S. W. (2002). *Active for Life: Developmentally Appropriate Movement Programs for young Children*. Human Kinetics publishers.

Seefeldt, C. (1976). *Curriculum for the preschool-Primary child: A review of the research*. Columbus. Ohio: Charles E. Merill Publishing Co.

Skinner, L. (1979). *Motor development in the preschool years*. Springfield, Illinois : Charles C. Thomas.

Slater, W. (1993). *Dance and movement in the primary school: A Cross-Curricular approach to lesson planning*. UK: Northcote house.

Spache, E. (1982). *Reading activities for child involvement*. Boston: Allyn & Bacon, Inc.를 인용한 김현지 · 오연주(1997) 유아를 위한 체육활동의 이론과 실제에서 재인용.

Spodek, B. (1985). *Teaching in the early years* (3ed). New Jersey: Englewood Cliffs. Pren- tice-hall, Inc.

Sullivan, M. (1982). *Feeling strong, feeling free: Movement exploration for young children*. Washington, D.C.: National Association for the Education of Young children.

Watson, M. (1976). *Physical Education, Houston Independent School District Houston*, Texas.

WeiKart, P. S. (1987). *Round circle-key experiences in movement for Children*. Ypsilanti: High Scope press.

Weikart, P. S. (1989). *Teaching Movement Dance*, Ypsilanti: High Scope press.

저자소개

오연주 이화여자대학교 사범대학 유아교육학과 졸업
이화여자대학교 교육대학원 졸업
경희대학교 아동학과 박사
현재: 대림대학교 유아교육과 교수
저서: 『유아를 위한 체육활동의 이론과 실제』(공저)
『유아를 위한 창의성 활동』(편저) 외

이경실 이화여자대학교 사범대학 유아교육학과 졸업
이화여자대학교 교육대학원 졸업
이화여자대학교 대학원 박사

조신희 안양대학교 교육학과 박사과정

김수진 안양대학교 교육학과 박사과정 수료

제2판
놀이중심 영유아 동작교육

초 판 1쇄 발행 2020년 4월 22일
초 판 3쇄 발행 2022년 1월 12일
제2판 1쇄 발행 2025년 8월 11일

지 은 이 | 오연주 · 이경실 · 조신희 · 김수진
펴 낸 이 | 김기섭
편 집 인 | 이윤희 · 이혜란
펴 낸 곳 | **창지사** www.changjisa.com
08589 서울시 금천구 가산디지털 1로 83 파트너스타워 1차 9층
전화 (02)719-2211~3
팩스 (02)701-9386
등 록 | 1977년 4월 28일 · 제1-421호

ISBN 978-89-426-1935-1 (93370)

KOMCA승인필

값 25,000원